EL PODER
DE LAS
RELACIONES

EL PODER
DE LAS
RELACIONES

QUÉ HACEN *las* PERSONAS
EFICACES PARA RELACIONARSE

JOHN C. MAXWELL

GRUPO NELSON
Una división de Thomas Nelson Publishers
Desde 1798

NASHVILLE   DALLAS   MÉXICO DF.   RÍO DE JANEIRO

Traducción: *Redactores en Red*

Adaptación del diseño al español: *Grupo Nivel Uno, Inc.*

Edición revisada por Lidere

www.lidere.org

ISBN: 978-1-60255-3095

Impreso en Estados Unidos de América

11 12 13 14 BTY 9 8 7

Este libro está dedicado a John Wesley Maxwell, nuestro
quinto nieto, quien ya estableció relación
con su Mimi y su Papa. Oramos porque,
a medida que crezca, aprenda a relacionarse
de manera eficaz con el prójimo.

ÍNDICE

AGRADECIMIENTOS

Gracias a
Charlie Wetzel, mi escritor
Stephanie Wetzel, quien revisa y edita el manuscrito
Sue Caldwell, quien pasa a máquina el primer borrador
Linda Eggers, mi asistente

Y gracias a
las cientos de personas que
leyeron el manuscrito en
JohnMaxwellonLeadership.com
y brindaron sus comentarios
(y cuyos nombres se mencionan comenzando en la página 261).

PRÓLOGO

El mes pasado recibí un llamado del exterior; era Sangeeth Varghese, escritor, columnista y fundador de LeadCap, una organización de la India dedicada a la formación de líderes. El propósito de su llamado era entrevistarme para la revista *Forbes*. Me gustó conversar con Sangeeth, pero tuvimos un problema: la conexión telefónica era mala. Me arriesgaría a decir que la llamada se desconectó más de diez veces. Por un instante, disfrutábamos de nuestra conversación sobre liderazgo y, a los pocos segundos, la línea quedaba muerta.

A todos nos pasó eso alguna vez durante una conversación telefónica. Por ese motivo, Verizon, la compañía telefónica, realizó una campaña cuyo lema era: «¿Me oyes ahora?» Cuando se corta una llamada telefónica, te das cuenta inmediatamente, ¿verdad? ¿Cómo reaccionas? ¿Cómo te sientes? ¿Enfadado? ¿Frustrado? ¿Furioso?

¿Alguna vez pensaste por qué reaccionas así cuando se pierde la conexión? Quedar desconectado te hace perder el tiempo, interrumpe el fluir de lo que intentas hacer, socava tu productividad, de allí que la conexión sea primordial cuando se trata de comunicarse.

Cuando no tienes una buena conexión telefónica lo notas enseguida pero, ¿qué ocurre cuando te comunicas personalmente con los demás? ¿Sabes cuándo se establece una conexión, una relación? ¿Percibes cuando la conexión comienza a fallar? ¿Puedes identificar el momento en el que se corta la «llamada»?

La mayoría de las personas advierte fácilmente cuando tiene una buena conexión telefónica no obstante ignora por completo si logran relacionarse con los demás en las situaciones cotidianas.

¿Cómo lo sé? ¿Cómo sé si logré relacionarme con los demás? Busco indicios. Cuando interactúo con las personas, ya sea con un solo individuo, con un grupo o con un auditorio, sé que logré relacionarme cuando percibo las siguientes señales:

- ESFUERZO ADICIONAL: las personas hacen más de lo estrictamente necesario
- VALORACIÓN ESPONTÁNEA: dicen cosas positivas
- APERTURA TOTAL: demuestran confianza
- AUMENTO DE LA COMUNICACIÓN: se expresan con mayor facilidad
- EXPERIENCIAS QUE SE DISFRUTAN: les agrada lo que están haciendo
- VÍNCULOS AFECTIVOS: demuestran una conexión emocional
- ENERGÍA POSITIVA: sus «baterías» emocionales se cargan cuando nos encontramos
- MAYOR SINERGIA: su eficacia es superior a la suma de sus contribuciones
- AMOR INCONDICIONAL: aceptan sin reservas.

Cada vez que interactúo con personas y percibo estas señales, sé que se está estableciendo una relación. Con el tiempo, aprendí qué es lo que hace falta para relacionarse con los demás y también a medir el éxito de la conexión.

¿Qué hay de ti? Cuando interactúas con alguien importante en tu vida, ¿recibes esas señales? Cuando diriges una reunión o asistes a alguna actividad grupal, ¿observas estas características propias de la relación? Cuando hablas en público, ¿te relacionas tanto con la audiencia que no sólo te comunicas con eficacia sino que, además, el resultado es una experiencia muy placentera tanto para tus oyentes como para ti? Si no puedes responder estas preguntas con un sí rotundo, necesitas mejorar tu habilidad para relacionarte con los demás. Todo el mundo habla, todo el mundo se comunica: pero son pocos los que se relacionan verdaderamente: los que llevan sus relaciones personales, su trabajo y sus vidas un poco más allá.

Tengo buenas noticias para ti si deseas aprender cómo establecer relaciones y ser así más eficaz en todo lo que hagas. Aun cuando hoy no seas bueno a la hora de relacionarte con los demás, puedes aprender a hacerlo y mejorar en este arte el día de mañana, por eso escribí este libro. Con el tiempo pude aprender a relacionarme bien con las personas; esa es una de mis mayores fortalezas y es una de las razones principales por las que puedo comunicarme con los demás. Es uno de los pilares de mi capacidad de liderazgo. Incluso estoy aprendiendo a relacionarme con los demás mediante el uso de la nueva tecnología. De hecho, incluí este manuscrito en mi ciberbitácora, conocida comúnmente como *blog*, JohnMaxwellonLeadership.com, para poder comunicarme con las personas respecto a este tema y recibir sus comentarios y opiniones. Hubo más de 100 000 visitas a los capítulos durante las once semanas en las que estuvieron publicados. Más de setenta comentarios, historias y anécdotas de los lectores de Internet se incorporaron al libro, y a partir de las contribuciones del público hice alrededor de cien cambios y mejoras al manuscrito.

Pero ese no fue el motivo principal por el que publiqué el manuscrito en mi *blog*; tampoco es la motivación por la que estoy en Twitter ni por la que uso otras tecnologías modernas. Hago este tipo de cosas porque quiero darle un valor agregado a las personas. Comencé a escribir libros en 1979 para influir en aquellas que jamás podría conocer cara a cara. En 2009 comencé a usar los *blogs* y los medios de comunicación sociales para ampliar aún más mi círculo de relaciones. Ahora también puedo agregar valor a personas que tal vez nunca lean mis libros. Simplemente es otro modo de relacionarme con el prójimo.

Estoy convencido de que puedo ayudarte a aprender a establecer relaciones con los demás. Por eso escribí *El poder de las relaciones*. En la primera parte del libro, te enseñaré los cinco principios fundamentales para comprender cómo relacionarte con las personas. En la segunda parte, aprenderás los cinco ejercicios que cualquiera puede realizar para relacionarse con los demás, sea cual sea su edad, experiencia o talento natural. Aprender a relacionarte puede cambiar tu vida.

¿Estás listo? Entonces, comencemos.

PARTE 1

PRINCIPIOS PARA ESTABLECER RELACIONES

1

LAS RELACIONES AUMENTAN TU INFLUENCIA EN CUALQUIER SITUACIÓN

Según los expertos, todos los días sufrimos el bombardeo de treinta y cinco mil mensajes.[1] Vayamos donde vayamos, miremos donde miremos, alguien intenta captar nuestra atención. Todos los políticos, publicistas, periodistas, miembros de nuestra familia y conocidos tienen algo que decirnos. Todos los días nos encontramos con correos electrónicos, mensajes de texto, carteles publicitarios, la televisión, las películas, la radio, el Twitter, el Facebook y los *blogs*. A esto debemos sumar los periódicos, las revistas y los libros. Nuestro mundo está atestado de palabras. ¿De qué modo decidimos qué mensajes recibir y qué mensajes rechazar?

Al mismo tiempo, nosotros también deseamos transmitir ciertos mensajes a los demás. Leí que, en promedio, la mayoría de las personas pronuncia unas dieciséis mil palabras por día.[2] Si transcribieras esas palabras, llenarías un libro de trescientas páginas por semana. A fin de año, tendrías varios anaqueles llenos de palabras. En una vida, ocuparías todo el edificio de una biblioteca. Pero, ¿cuántas de esas palabras serían significativas? ¿Cuántas marcarían una diferencia? ¿Cuántas llegarían a los demás?

Hablar es fácil, todo el mundo habla. El asunto es cómo puedes hacer para que tus palabras tengan importancia. ¿Cómo puedes comunicarte *realmente* con los demás?

LAS RELACIONES TE HACEN O TE DESHACEN

Si no nos comunicamos de manera eficaz, no podemos triunfar en la vida. Trabajar duro no es suficiente, tampoco lo es ser excelentes en lo que hacemos. Para ser exitoso, debes aprender a establecer una verdadera comunicación con los demás.

¿Alguna vez te sentiste frustrado durante una presentación porque tu público no la entendía? ¿Alguna vez esperaste que tu jefe comprendiese cuánto valor agregas a la compañía para que te diera un merecido aumento o ascenso? Si tienes hijos, ¿alguna vez deseaste que te escucharan para poder ayudarlos a tomar buenas decisiones? ¿Alguna vez quisiste mejorar tu relación con un amigo o ejercer una influencia positiva en tu comunidad? Si no hallas la manera de comunicarte con eficacia, no podrás desarrollar todo tu potencial, no triunfarás de la forma en que lo deseas y siempre te sentirás frustrado.

> *Trabajar duro no es suficiente, tampoco lo es ser excelentes en lo que hacemos. Para ser exitoso, debes aprender a establecer una verdadera comunicación con los demás.*

¿Cuál es el secreto? ¡Establecer relaciones con las personas! Después de más de cuarenta años de matrimonio, una larga y exitosa carrera de orador, décadas de trabajo como líder de organizaciones y vasta experiencia en la formación de muchas personas en los Estados Unidos y en docenas de otros países, puedo asegurarte que si deseas tener éxito, debes aprender a relacionarte con los demás.

LA CLAVE ES RELACIONARSE

Cada vez estoy más convencido de que para tener una buena comunicación es necesario establecer una relación con el interlocutor. Si puedes interaccionar con los demás en todas las situaciones comunicativas, ya sea con un solo individuo, con grupos o con un auditorio, tus relaciones serán más sólidas, te sentirás más integrado a la comunidad, aumentará tu capacidad para promover el trabajo en equipo, se incrementará tu influencia y se disparará tu productividad.

¿A qué me refiero cuando hablo de «relacionarse»? Relacionarse es la aptitud de identificarse y establecer lazos con las personas de modo tal que aumente la influencia que se tiene sobre ellas. ¿Por qué es importante esto? Porque la habilidad para comunicarse e interaccionar con los demás es un factor esencial y determinante para alcanzar nuestro máximo potencial. Para tener éxito, debes trabajar con otras personas, y para hacerlo de la mejor manera posible debes aprender a relacionarte con ellas.

¿Cuánto más sanas serían tus relaciones si tu capacidad para establecer lazos con los demás fuera excelente? ¿Cómo mejorarían tu matrimonio y tu vida familiar? ¿Cuánto más felices serían tus relaciones de amistad? ¿Cuánto mejor te llevarías con tus vecinos si fueras capaz de interaccionar con ellos?

> *Relacionarse es la aptitud de identificarse y establecer lazos con las personas de un modo tal que aumenta la influencia que se tiene sobre ellas.*

¿Qué efecto tendría en tu carrera el poder de relacionarte mejor con las personas? ¿Qué sucedería si pudieras establecer relaciones maravillosas con tus colegas? ¿Cómo cambiaría la situación en el trabajo si lograras relacionarte mejor con tu jefe? Según la publicación *Harvard Business Review*, «El factor decisivo para que los profesionales puedan crecer y ascender es la habilidad para comunicarse de forma eficaz».[3] ¡Eso equivale a relacionarse! ¡Si aprendes a relacionarte mejor con los demás, cambiarás tu vida!

RELACIONARSE ES FUNDAMENTAL PARA LOS LÍDERES

Probablemente, soy más conocido por mis libros y mis conferencias sobre liderazgo. Si deseas ser más productivo e influyente, debes aprender a ser un mejor líder porque todo surge o se desploma a causa del liderazgo. Los mejores líderes siempre son sumamente habilidosos para relacionarse con los demás.

> «El factor decisivo para que los profesionales puedan crecer y ascender es la habilidad para comunicarse de forma eficaz».
>
> —HARVARD BUSINESS REVIEW

Si te interesa estudiar un caso práctico sobre la cuestión de las relaciones respecto al liderazgo, sólo tienes que observar a los presidentes de los Estados Unidos de los últimos treinta años. Dado que cada uno de sus movimientos está documentado en la prensa estadounidense y mundial, la mayoría de las personas sabe quiénes son.

Robert Dallek, historiador dedicado al estudio de los presidentes, asegura que los mandatarios exitosos tienen cinco cualidades que les permiten lograr cosas que otros no consiguen: visión, pragmatismo, capacidad para generar consenso, carisma y confiabilidad. Como observa John Baldoni, consultor de liderazgo y comunicación:

Cuatro de estos factores dependen más que nada de la habilidad para comunicarse en diversos niveles. Los presidentes, al igual que todos los líderes, deben ser capaces de informar hacia dónde se dirigen (visión), convencer a las personas para que los acompañen (consenso), establecer relaciones con las personas (carisma) y demostrar credibilidad, es decir, hacer lo que dicen que harán (confianza). Incluso el pragmatismo depende de la comunicación... Entonces, no mentimos cuando decimos que la eficacia del liderazgo, tanto en el caso de los presidentes como en el de cualquier persona que ocupe un puesto de autoridad, depende en gran medida de tener buenas habilidades comunicativas.[4]

¿De qué dependen esas habilidades comunicativas? ¡De la capacidad para establecer relaciones!

Olvídate de tu tendencia y prejuicios políticos por un instante y presta atención a las aptitudes de algunos ex presidentes de los Estados Unidos. Observa las diferentes habilidades para establecer relaciones que tenían Ronald Reagan y Jimmy Carter cuando se disputaron la presidencia. El 28 de octubre de 1980, en su debate final, Carter se mostró frío e impersonal. A todas las preguntas que le formulaban, Carter respondía con cifras y datos. Walter Cronkite dijo que Carter «carecía de humor». Según Dan Rather, Carter tuvo una actitud estoica e indiferente. La táctica de Carter para que lo reeligieran parecía oscilar entre impresionar al público con meros datos e intentar que su audiencia sintiera compasión por el pesado trabajo que cargaba sobre los hombros. En un momento, afirmó: «Yo solo tuve que ocuparme de los intereses de mi patria y del beneficio de mi país», y agregó: «Es un trabajo solitario». Nunca se enfocó en la audiencia ni en las preocupaciones de esta.

Por el contrario, Reagan se involucró con el público e incluso con Carter. Antes del debate, Reagan se acercó a Carter y le estrechó la mano, actitud que pareció sorprender al mandatario. Durante el debate, cuando su oponente hablaba, Reagan escuchaba y sonreía, y cuando era su turno, solía hablarle directamente al público. Si bien brindó algunas cifras y cuestionó algunos de los datos mencionados por Carter, Reagan no intentaba sonar como un experto, intentaba relacionarse. Muchos recuerdan las frases con las que finalizó el debate: «¿Estamos mejor que hace cuatro años?» Reagan dijo al público: «Este pueblo engrandeció al país». Tenía el enfoque puesto en los ciudadanos. No podría haber existido una diferencia mayor entre el gran comunicador y su predecesor.

Puede observarse un contraste similar entre Bill Clinton y su sucesor, George W. Bush. Durante sus años de mandato, Clinton llevó la comunicación un paso más allá. Era igual de habilidoso que Reagan cuando se trataba de relacionarse tanto con un solo individuo como con la cámara. Cuando afirmó: «Yo siento tu dolor», la mayoría de las personas del país se relacionaron con él. Clinton tenía la misma capacidad de Reagan para interaccionar con las personas y además dominaba el formato de los programas de entrevistas, algo de importancia crítica durante su candidatura. Parecía que nunca desperdiciaba una oportunidad para crear lazos. Hasta ahora, ningún político superó su capacidad para establecer relaciones con los demás.

Por el contrario, parecía que Bush se perdía *casi todas* las oportunidades de llevarlo a cabo. Pero hubo un único e indudable momento de interacción: fue inmediatamente después del 11 de septiembre de 2001, cuando Bush dio un discurso en la Zona Cero. De allí en más, normalmente tartamudeaba y se expresaba con torpeza cuando intentaba comunicarse. Su incapacidad para relacionarse se ganó la antipatía de las personas y opacó todo lo que hizo como presidente.

Todos los años, el experto en comunicación Bert Decker publica una lista con los diez mejores y los diez peores comunicadores del año. Adivina quién fue el peor comunicador de la lista todos los años de su último mandato. Así es, el presidente George W. Bush. En 2008, Decker escribió sobre Bush: «Poco después de ese acontecimiento [11/9] volvió a caer en sus sonrisas de suficiencia, sus encogidas de hombros y sus enredos con la sintaxis y la gramática. Quizás su peor momento fue cuando habló después del huracán Katrina. Ese no es el estilo de comunicación propio de un líder. Este último año tuvo muy poca

> «Si asistiera de nuevo a la universidad, me concentraría en dos áreas: aprendería a escribir discursos y a hablar en público. No hay nada más importante en la vida que la capacidad de comunicarse de manera efectiva.»
>
> —GERALD FORD

influencia; es triste tener que ubicar a nuestro presidente en el primer puesto de la lista de los peores comunicadores de 2008».[5]

Si te interesa la política, seguramente tienes una opinión muy definida acerca de Jimmy Carter, Ronald Reagan, Bill Clinton y George W. Bush. Podrás decir lo que quieras, ya sea algo positivo o negativo, sobre la personalidad, la filosofía o las políticas de estos ex presidentes. Sin duda, su eficacia como líderes se vio afectada por su capacidad o incapacidad para relacionarse con los demás.

Establecer relaciones es fundamental, ya sea para criar a un niño o para dirigir una nación. En una ocasión, el presidente Gerald Ford comentó: «Si asistiera de nuevo a la universidad, me concentraría en dos áreas: aprendería a escribir discursos y a hablar en público. No hay nada más importante en la vida que la capacidad de comunicarse de manera efectiva». El talento no es suficiente, con la experiencia no basta. Para dirigir a otros, debes ser capaz de comunicarte bien, y para esto es crucial crear lazos.

Relacionarse es útil
en todas las áreas de la vida

Por supuesto, establecer relaciones con los demás no sólo es útil para los líderes; lo es para cualquiera que desee ser más eficaz en lo suyo y disfrutar de mejores relaciones. Muchas personas lo afirmaron en mi *blog*, JohnMaxwellOnLeadership.com, y dejaron allí sus comentarios al respecto.

Me escribieron personas vinculadas con el mundo de los negocios, por ejemplo, Tom Martin, quien describió la importancia de establecer relaciones en su trabajo: «Relacionarse es unir, pero para establecer una relación debe haber confianza», escribió Tom. «Intento que nuestro equipo de ventas comprenda que eso es lo que deben lograr desde su lugar para luego poder hacer que un dato se convierta en un cliente potencial, que un cliente potencial se convierta en un cliente ocasional, y que un cliente ocasional se convierta en cliente habitual. Son los clientes con los que tenemos una relación quienes más nos recomiendan y nos ayudan a expandir nuestro negocio».[6]

También me escribieron muchos maestros. Cassandra Washington comentó: «En el aula, enseño a los alumnos que la relación entre las personas es clave. El liderazgo tiene que ver con establecer vínculos con los demás. Para atender a los clientes hay que relacionarse con ellos, para criar niños también hay que interaccionar».[7] Lindsay Fawcett enseña inglés como segunda lengua y escribió que cuando estuvo en Hong Kong y en China continental observó que, antes de cualquier reunión, siempre había un momento programado para establecer lazos: servían comida y bebida para que los participantes pudieran conocerse de antemano. Eso cambió su perspectiva. «Soy una de esas personas que crecieron siendo capaces de hacer las "cosas" bien, pero nunca comprendí del todo de qué se trataba relacionarse con los demás. Finalmente aprendí a hacerlo con mis alumnos, y eso me ayudó a ser mejor maestra».[8]

Jennifer Williams, quien acababa de mudarse a un nuevo barrio, contó que se tomó el trabajo de conocer a sus nuevos vecinos, hablar con ellos, averiguar a qué se dedicaban y aprender los nombres de sus hijos y mascotas. En consecuencia, los vecinos comenzaron a relacionarse entre sí. Un vecino le comentó: «Vaya, antes de que llegaras, apenas si nos hablábamos, no nos conocíamos y, por las noches, jamás habríamos salido a sentarnos fuera de casa a conversar y socializar. ¡Tú vives aquí desde hace menos de dos meses y ya nos conoces a todos!» Jennifer dice que eso se debe a que «las personas desean sentirse enlazadas, sentir que forman parte de algo».[9] Estoy de acuerdo con Jennifer, ¡pero además hay que reconocer que ella es muy buena para relacionarse!

Cuando las personas son capaces de relacionarse, eso marca una diferencia abismal en lo que pueden lograr. No hace falta ser presidente ni un ejecutivo de gran jerarquía para interaccionar con los demás y agregar valor a lo que se hace. Crear lazos es fundamental para cualquiera que desee alcanzar el éxito, es esencial para todo aquel que desee construir excelentes relaciones. Sólo serás capaz de alcanzar tu máximo potencial, sea cual fuere tu profesión o camino elegido, cuando aprendas a relacionarte con los demás. De lo contrario, serás como una planta de energía nuclear desconectada de la red eléctrica: contarás con recursos increíbles y con un gran potencial, pero nunca podrás utilizarlos.

El deseo de relacionarse

Estoy convencido de que casi todo el mundo puede aprender a establecer vínculos con los demás. ¿Por qué? Porque yo mismo aprendí cómo hacerlo. Relacionarme con los demás no era algo que me saliera de manera natural. De niño, deseaba comunicarme con mis padres, no sólo porque los quería, sino porque sospechaba que, si tenía una buena comunicación con mi madre, quizás me salvaría de alguna zurra cuando me portase mal.

También aprendí que el humor podía resultar muy útil a la hora de relacionarme con alguien. Recuerdo que en una ocasión, Larry, mi hermano mayor, y yo, nos metimos en problemas, y la risa me salvó. A menudo, cuando nos castigaban, nos hacían inclinar sobre una silla. Luego mi mamá nos daba un par de azotes en el trasero con una espátula de cocina. Como Larry era el mayor, le solía tocar primero; en una ocasión, cuando mi mamá le asestó el primer golpe, se oyó un sonoro *pum* y del trasero de Larry salió una nube de polvo. ¿Cuál es la explicación? Larry tenía un rollo de municiones para pistola de juguete en el bolsillo trasero. Mi mamá pegó un alarido. ¡Todos terminamos riendo y lo mejor del asunto fue que ese día no me castigaron! Durante tres semanas llevé municiones de juguete en los bolsillos traseros, por si acaso.

Cuando fui un poco mayor y comencé a ir al colegio, me di cuenta de que algunos niños se relacionaban con los maestros mientras que yo no lo hacía. En primer grado, la alumna que se relacionaba con los profesores era Diana Crabtree. En segundo grado era Elaine Mosley, y en tercero, Jeff Ankrom. Yo notaba que los maestros los adoraban; quería que mis maestros me adorasen a mí también y comencé a preguntarme qué es lo que hacían mis compañeros que yo no hacía.

Durante los primeros años de secundaria sucedió lo mismo. Cuando me probaron para el equipo de basquetbol logré entrar, aunque no pude comenzar a jugar a pesar de que yo era mejor que dos de los otros jugadores novatos. Sentía que había una barrera invisible que me impedía llegar adonde me proponía. Me sentía frustrado. Me preguntaba por qué esos estudiantes le agradaban al entrenador Neff más que yo y descubrí que habían establecido una interacción con el entrenador el año anterior, cosa que yo no había hecho. Lo que me impedía avanzar era mi falta de relación.

¿Alguna vez experimentaste algo similar? Quizás eres la persona más talentosa en tu trabajo y sin embargo no logras que te asignen ese proyecto que deseas. Tal vez te esfuerzas y eres productivo, mas parecería que los demás no valoran lo que haces. Quizás deseas entablar relaciones con las personas que te rodean pero, al parecer, no te escuchan del mismo modo en que escuchan a otros. Puede que desees formar un grupo de trabajo eficaz, o simplemente ser parte de un buen equipo, no obstante, te sientes excluido. ¿Cuál es el problema? La relación. Para tener éxito con los demás, debes ser capaz de relacionarte con ellos.

> *Cuando interaccionas con otros, accedes a un lugar que te permite aprovechar al máximo tus aptitudes y talentos.*

Finalmente, en el bachillerato, comencé a aprender algo al respecto. Margaret (mi esposa) y yo nos hicimos novios en ese entonces. Ella era muy popular y, además de mí, había otros tres jóvenes interesados en Margaret. A decir verdad, ella tenía sus dudas con respecto a mí. Yo siempre intentaba impresionarla, pero desconfiaba cada vez que me deshacía en elogios. «Mmm», solía decir. «¿Cómo puedes decir eso? ¡No me conoces tanto!»

¿Cómo hice para seguir en la carrera? ¡Decidí establecer una relación con su madre! Una vez que me gané a la madre, conseguí un poco de tiempo para ganarme a la hija. Cada vez que hacía alguna estupidez, debo admitir que eso ocurría demasiado a menudo, la madre de Margaret me defendía. Así gané la confianza de Margaret y, algunos años más tarde, gané su mano en matrimonio.

Para el momento en el que ingresé a la universidad, ya era muy consciente de la importancia de relacionarse con las personas. Sabía que eso marcaba la diferencia entre el éxito y el fracaso. Noté que quienes creaban lazos con los demás tenían mejores relaciones, padecían menos conflictos y obtenían más logros que aquellos que no lo hacían. ¿Alguna vez oíste hablar de esas personas cuyas vidas parecen «tocadas por una varita mágica»? Por lo general, son las que aprendieron a establecer relaciones con los demás. Cuando interaccionas con otros, accedes a un lugar que te permite aprovechar al máximo tus aptitudes y tus talentos. Cuando no lo haces, debes vencer muchos obstáculos sólo para llegar a un lugar promedio, un punto de partida neutral.

Yo partía de una posición de desventaja. Durante mis años de universidad y el comienzo de mi vida profesional, era muy ambicioso y tenía objetivos definidos, pero mi incapacidad para relacionarme con los demás era un obstáculo que me impedía alcanzar el éxito.

EL VALOR PARA CAMBIAR

¿Conoces la Oración de la Serenidad que se hizo famosa gracias al teólogo Reinhold Niebuhr y que fue adoptada por muchos programas de recuperación de doce pasos? Dice así:

> Dios, concédeme la serenidad para aceptar
> las cosas que no puedo cambiar,

el valor para cambiar aquellas que sí puedo y
la sabiduría para reconocer la diferencia.

Esta plegaria describe cómo me sentí cuando me di cuenta de mi incapacidad para relacionarme con los demás. Sentía que estaba atascado entre mi sensación de insuficiencia y mi deseo de cambiar. Lo que necesitaba era «reconocer la diferencia» entre lo que podía y lo que no podía mejorar. No bastaba con reconocer que no podía lograrlo, si no podía modificar y mejorar en esta área fundamental de mi vida, el éxito me estaría vedado por siempre. Quería ser capaz de relacionarme todo el tiempo, no sólo de forma ocasional y al azar.

Por esa época, evalué mis habilidades a la hora de comunicarme y descubrí lo siguiente:

Había cosas que podía cambiar, pero no sabía cómo hacerlo

Me daba cuenta de que no creaba lazos con los demás, mas no comprendía por qué no lograba hacerlo ni sabía cómo solucionarlo. Deseaba que alguna persona de mi entorno pudiese ayudarme, sin embargo, aquellos a los que podía recurrir tampoco se relacionaban con el prójimo. Lo bueno de esa época fue que me sirvió para comenzar a pensar en cómo resolver el problema.

Mi capacidad para sobrellevar los problemas era superior a mi capacidad para establecer relaciones

¿Qué haces cuando fracasas o cuando te sientes frustrado? La mayoría de las personas se desmorona, sobrelleva la situación o cambia. Por suerte, tuve una buena crianza, tengo una imagen positiva de mí mismo y una actitud favorable. Esto me permitía sobrellevar las situaciones. Por desgracia, sobrellevar no significa avanzar, sino que es una actitud de naturaleza estática y defensiva, es una reacción. Con el solo hecho de sobrellevar un problema no se logra nada; es una postura que simplemente sirve para mantenerse a flote. Lo que yo quería era cambiar.

Para comunicarte de manera eficaz y liderar a otros, debes tomar la delantera. Debes tener iniciativa. Debes hacer algo más que simplemente sobrellevar la situación. Esto es algo de lo que tomé conciencia. Si quería avanzar, liderar a otros y estar al frente de una organización exitosa, debía hacer algo más que sólo sobrellevar los problemas: necesitaba ser capaz de relacionarme con la gente.

DESEABA DISTINGUIRME, NO SÓLO SABER QUE EXISTÍA UNA DIFERENCIA

Hay momentos en la vida en los que nos damos cuenta de que hay cosas que no podemos hacer. En esos momentos, debemos decidir entre aceptarlo o luchar. Yo decidí luchar. ¿Por qué? Porque quería marcar una diferencia en la vida de los demás y sabía que si no aprendía a relacionarme con otras personas mi capacidad siempre sería limitada. No tenía intención de convivir con mis defectos, quería hacer algo al respecto.

NECESITABA ALGO MÁS QUE VALOR PARA CAMBIAR LAS COSAS: NECESITABA HABILIDAD PARA RELACIONARME

A decir verdad, la Oración de la Serenidad era un poco pasiva para un líder como yo, que por naturaleza tiene iniciativa. Quería algo más que el simple valor para reconocer y aceptar la diferencia entre lo que podía y no podía cambiar. Deseaba tener el valor, la energía y la capacidad para realizar los cambios necesarios para convertirme en quien deseaba ser: alguien capaz de establecer buenas relaciones para así ejercer una influencia positiva en la vida de otros. Quería aprender a relacionarme con cualquier persona en cualquier momento.

HABLAR MÁS NO ES LA SOLUCIÓN

Sean cuales fueren tus objetivos, relacionarte con la gente puede ayudarte. Si no lo puedes hacer, te costará caro. Por supuesto, aprender a lograrlo y comunicarte de forma eficaz tiene otras ventajas, como bien lo ilustra una historia cómica que me envío un amigo sobre Jorge Rodríguez, un asaltante de bancos del viejo oeste que provenía de México y operaba en la frontera con Texas alrededor de 1900. A Rodríguez le iba tan bien que los Texas Rangers, el cuerpo policial de Texas, crearon una fuerza especial para detenerlo.

Un atardecer, un policía vio que Rodríguez cruzaba la frontera a hurtadillas para regresar a México, entonces lo siguió a una distancia prudencial. Observó cómo el bandido volvía a su pueblo y se mezclaba con las personas que había en la plaza. Cuando Rodríguez se dirigió a su cantina preferida a descansar, el policía entró y logró acorralarlo.

> *Sean cuales fueren tus objetivos, relacionarte con la gente puede ayudarte.*

El representante de la ley le apuntó a la cabeza y dijo: «Jorge Rodríguez, sé quién eres. Vine a recuperar todo el dinero que robaste a los bancos de Texas. Si no me lo entregas, te volaré los sesos».

Rodríguez vio la placa del hombre y percibió sus intenciones hostiles, pero había un problema: no hablaba inglés. Comenzó a hablar en español rápidamente, sin embargo, el policía no comprendía lo que Rodríguez le decía porque él, a su vez, no hablaba el idioma de su interlocutor.

En ese momento, llegó un muchachito y dijo en inglés: «Yo puedo ayudarlo, hablo inglés y español. ¿Quiere que sea su traductor?»

El policía asintió. El muchachito explicó rápidamente a Rodríguez lo que había dicho el oficial.

Muy nervioso, Rodríguez contestó: «Dile al policía que no gasté ni un centavo de ese dinero. Que vaya al pozo del pueblo, que mire hacia el norte y que cuente cinco piedras; allí encontrará una roca suelta. Que la corra de lugar, todo el dinero está allí. Por favor, díselo rápido».

El muchacho miró al policía y afirmó: «Señor, Jorge Rodríguez es un hombre valiente; dice que está listo para morir».

Es verdad, probablemente la historia no sea tan cierta como graciosa, pero tiene una moraleja. Si bien interaccionar con los demás quizás no sea un asunto de vida o muerte para la mayoría de nosotros, nuestro éxito o nuestro fracaso a menudo dependen de esa capacidad. Creo que cuanto más maduramos, más conscientes somos de lo importante que es relacionarnos con los demás. La relación es la base del movimiento de las redes sociales de Internet. Los individuos ansían entrar en contacto con otros, y la mayoría hace todo lo posible por sentirse conectado.

LA ACTITUD ES LO PRIMERO

La capacidad para relacionarse con los demás comienza con la comprensión del valor de las personas. Jim Collins, el autor de *Empresas que sobresalen,* observa: «Los que construyen grandes compañías son aquellos que comprenden que el factor principal del crecimiento de cualquier gran firma no es el mercado, ni la tecnología, ni la competencia ni los productos. Es lo único que está por encima de todas las demás variables: la capacidad de obtener y conservar la cantidad suficiente de gente indicada». Eso se logra estableciendo relaciones con ellas.

> *La capacidad para relacionarse con los demás comienza con la comprensión del valor de las personas.*

Herb Kelleher, el ex presidente y director ejecutivo de Southwest Airlines, lo hizo. Lo recordé cuando, el 21 de mayo de 2008, vi un anuncio de la Asociación de Pilotos de Southwest Airlines en el *USA Today*. La imagen del anuncio consistía en una servilleta con rutas aéreas dibujadas y en un texto que decía:

¡Gracias, Herb!

De una servilleta de papel a la cabina de mando, Herb Kelleher allanó el camino de la compañía aérea más vigorosa de la historia.

Herb, ahora que dejas de formar parte de la junta directiva de SWA, los pilotos de Southwest Airlines deseamos agradecerte por el servicio extraordinario que brindaste durante treinta y ocho años a nuestra compañía y a nuestros pilotos. Para nosotros fue un honor y un privilegio.

Herb Kelleher utilizaba las ventajas de la comunicación con sus colaboradores, establecía lazos. Les demostraba a las personas que se interesaba por ellas y, por lo visto, no sólo lo hacía en Southwest Airlines, sino dondequiera que fuese. El comediante Al Getler asistió a una conferencia en San Francisco en la que Kelleher debía dar un discurso durante el almuerzo. Una hora antes de que comenzara el programa, Al y sus amigos estaban sentados a una mesa en el salón vacío cuando entró Kelleher.

Al Getler gritó: «Herb, ¡ven a sentarte con nosotros!» Para su sorpresa, Kelleher lo hizo. Bromeó con ellos, aprendió sus nombres y conversó sobre las experiencias de ellos con la aerolínea. Cuando Al le comentó a Herb que su hermana acababa de volar con Southwest por primera vez, Kelleher le pidió, en broma, que le dijera que nunca volara con otra aerolínea.

«Díselo tú», retrucó Al, a la vez que marcaba el teléfono de su hermana en su celular; Kelleher tomó el teléfono alegremente y dejó un mensaje en el correo de voz. Todo el grupo rió a carcajadas.

«Herb Kelleher podría haber pasado de largo para verificar que los equipos de sonido funcionaran bien y luego disfrutar del almuerzo antes de dar su discurso», comentó Al. «En cambio, se detuvo, se tomó su tiempo y estableció lazos con cada una de las personas del grupo».[10]

Jay Hall, de la consultora Teleometrics, estudió el desempeño de 16 000 ejecutivos y observó que hay una relación directa entre los logros y la capacidad para interesarse por las personas y conectarse con ellas. He aquí algunos de sus hallazgos:[11]

Ejecutivos con gran cantidad de logros	Ejecutivos promedio	Ejecutivos con pocos logros
Se interesaban por las personas y por las ganancias	Se concentraban en la producción	Se preocupaban por su propia seguridad
Eran optimistas respecto de sus subordinados	Estaban más centrados en su propio estatus	Demostraban cierta desconfianza de sus subordinados
Pedían consejos a sus inferiores	Eran reticentes a pedir consejos a sus inferiores	No pedían consejos
Sabían escuchar	Escuchaban sólo a sus superiores	Evitaban la comunicación y se guiaban por los manuales de normas de la compañía

Sin duda, si deseas beneficiarte del trabajo con otros individuos, ¡debes aprender a relacionarte con ellos!

Para ser eficaz en cualquier área de la vida, relaciónate

Si ya estás intentando relacionarte con los demás, puedes aprender a hacerlo mejor aún; pero si aún no intentaste establecer lazos con otros, te sorprenderá cómo esa habilidad puede cambiarte la vida.

Cathy Welch forma parte de un trío musical y me escribió para contarme acerca de una visita que hizo a una residencia de ancianos. La cantante afirmó:

Cuando llevábamos a cabo la titánica tarea de hallar a alguien del lugar para pedirle que nos autorizara a correr las mesas y así instalar nuestros equipos, me detuve junto al puesto de enfermeras más cercano y esperé en silencio que viniera alguien. Mientras esperaba, observé que había una mujer en silla de ruedas de espaldas a mí; estaba tan encorvada que la cabeza casi le tocaba el regazo. Estaba inmóvil y tenía el brazo derecho apoyado en el mostrador del puesto de enfermeras. Parecía estar totalmente absorta en sus pensamientos.

Como estábamos allí para animar y ayudar a los ancianos de la residencia, me sentí inspirada a acercarme, agacharme y preguntarle a la mujer cómo estaba. No esperaba que me respondiera, por lo que quedé boquiabierta cuando la mujer se volvió para mirarme, levantó la cabeza unos pocos centímetros y me dijo con una expresión alegre: «¡Estoy bien! Me llamo Abigail y fui maestra de escuela».

Sólo pude imaginar cuánto tiempo hacía que esperaba que alguien reparara en ella. Las personas son personas en cualquier parte y en cualquier situación, ¿no estás de acuerdo?[12]

Sí, las personas son personas, y estén donde estén, ¡desean relacionarse con su prójimo!

Si tienes dificultades para establecer lazos, tal como me ocurría a mí en una época anterior de mi vida y mi carrera, puedes superarlas si tomas la decisión de relacionarte. Puedes desarrollar la ventaja de la comunicación si aprendes a interaccionar con cualquier clase de persona en cualquier tipo de situación.

Yo puedo ayudarte. Debido a que aprendí a relacionarme y porque ayudé a muchos a aprender cómo lograrlo, estoy seguro de que también puedo ayudarte a ti. Primero quiero ayudarte a aprender los principios sobre los que se basa la relación con los demás mediante los siguientes recursos:

- Poner el enfoque en ellos
- La ampliación del vocabulario que te ayuda a relacionarte más allá de las palabras

- La canalización de tu energía para realizarlo, y
- La comprensión de cómo se relacionan los que tienen excelentes aptitudes para crear lazos.

Luego te ayudaré a adquirir las habilidades prácticas para relacionarte:

- Buscar intereses comunes
- Mantener la simpleza en la comunicación
- Captar la atención de los demás
- Inspirar a las personas, y
- Ser auténtico.

Estas son cosas que cualquiera puede aprender.

Creo que casi todo lo que somos y todo lo que logramos en la vida es el resultado de nuestra interacción con los demás. Si tú también opinas lo mismo, entonces sabes que la capacidad para relacionarse con el prójimo es una de las habilidades más importantes que una persona puede aprender. Es algo que puedes comenzar a mejorar hoy mismo; este libro te ayudará a lograrlo.

CÓMO RELACIONARSE CON LAS PERSONAS EN DIFERENTES SITUACIONES

En este libro, el énfasis está puesto en cómo relacionarse con los demás en tres situaciones diferentes: con un solo individuo, con un grupo y con un auditorio. Al final de cada capítulo, hay preguntas o ejercicios que te ayudarán a implementar las ideas del capítulo en estas tres áreas.

PRINCIPIO PARA ESTABLECER RELACIONES: Las relaciones aumentan tu influencia en cualquier situación.

CONCEPTO CLAVE: Cuanto más reducido es el grupo, más importantes son las relaciones.

RELACIONES CON UNA SOLA PERSONA

Relacionarse con un solo individuo es más importante que ser capaz de establecer lazos dentro de un grupo o con un auditorio. ¿Por qué? Porque entre un 80 y un 90 por ciento de todas las relaciones se produce entre solo dos individuos, y es así como te unes con las personas más importantes de tu vida.

¿Cuán bueno eres para interaccionar con tus amigos, familiares, colegas y compañeros de trabajo? Para aumentar tu influencia cuando te relacionas con un solo individuo...

- Habla más de la otra persona y menos de ti. Antes de un encuentro o una reunión social, prepara dos o tres preguntas para hacerle a un posible interlocutor.
- Lleva algo valioso como una cita útil, una historia, un libro o un CD para darle a esa persona cuando se encuentren.
- Al finalizar la conversación, pregúntale si hay algo que puedes hacer para ayudarlo o ayudarla y luego actúa en consecuencia. Las actitudes serviciales tienen una gran imfluencia y perduran más que las palabras.

RELACIONES CON UN GRUPO

Para relacionarte con un grupo, debes tomar la iniciativa con las personas que lo integran. Para lograrlo, haz lo siguiente:

- Busca la manera de elogiar a los miembros del grupo por sus ideas y sus acciones.
- Busca el modo de agregar valor a los miembros del grupo y a lo que hacen.
- No te lleves el crédito cuando el grupo triunfe ni lo culpes cuando fracase.
- Busca la forma de ayudar a que el grupo celebre sus éxitos de manera colectiva.

RELACIONES CON UN AUDITORIO

Una de las mejores maneras de aprender a relacionarse con el público es la observación de los comunicadores que lo hacen bien. Aprende de ellos e implementa lo que puedas dentro de tu propio estilo. Mientras tanto, he aquí cuatro cosas que puedes hacer para alcanzar al público:

- Dile al auditorio que te entusiasma estar con ellos.
- Comunícales que deseas agregarle valor a sus vidas.
- Explícales de qué modo ellos o la organización a la que pertenecen te dan un valor agregado a ti.

Diles que compartir ese momento con ellos es tu prioridad de ese día.

2

LAS RELACIONES GIRAN EN TORNO A LOS DEMÁS

¿**A**lguna vez deseaste con ansias compartir una experiencia con alguien importante para ti y sucedió algo inesperado que la arruinó? Eso es lo que me ocurrió hace varios años.

Durante un viaje de negocios a Sudamérica, tuve la oportunidad de visitar Machu Picchu, el hogar del antiguo pueblo inca en la cumbre de las montañas, considerado una de las siete maravillas del mundo. Mi guía fue fantástico, la vista era espectacular y toda la experiencia fue increíble. Cuando regresé a casa, estaba decidido a llevar a mi esposa Margaret, de visita a ese lugar.

Poco tiempo después, elegimos una fecha e invitamos a nuestros amigos íntimos, Terry y Shirley Stauber, a que nos acompañaran. Para que el viaje fuera aún más especial, reservamos habitaciones en un elegante hotel de Cusco que funcionaba en lo que había sido un monasterio en el siglo XVI. Además, reservamos pasajes para viajar por Cusco en el lujoso tren de la compañía Orient Express. Quería que esa experiencia única fuese lo más especial posible.

GRANDES EXPECTATIVAS

Llenos de ilusión, abordamos el tren junto a los Stauber y a nuestros amigos Robert y Karyn Barriger, quienes viven en Perú desde hace veinticinco años. Ellos habían visitado Machu Picchu en varias oportunidades, pero aceptaron acompañarnos en calidad de anfitriones y guías no oficiales. Cuando el tren ascendió a campo traviesa por la larga subida, no nos decepcionamos. El bellísimo escenario que disfrutamos por la ventanilla durante tres horas y media nos daba la sensación de estar en un programa especial de *National Geographic*. La comida y el servicio del tren fueron magníficos, y la conversación con nuestros amigos fue cálida y agradable.

Llegamos a la estación al mediodía y tomamos un autobús hacia la ciudad milenaria. Subimos al vehículo junto con otros seis turistas y Carlos, el guía de la excursión. Durante el ascenso a la cumbre, intenté establecer lazos con Carlos puesto que descubrí que, normalmente, tenemos una mejor experiencia si conocemos al guía o si él, o ella, nos conoce a nosotros. Traté de entablar una conversación con Carlos, le pregunté sobre su origen y su familia para poder conocerlo, pero nunca se involucró del todo en la charla. Respondía con cortesía, aunque de forma breve. Me agradaba, no obstante, pronto me di cuenta de que en realidad ni yo ni el resto del grupo le interesábamos y que no haría nada para interaccionar con nosotros.

Machu Picchu es realmente uno de los lugares más hermosos del planeta. El paisaje verde y exuberante contrasta con un cielo diáfano, y sientes que podrías tocar los picos de las montañas cercanas con sólo extender la mano. La vista del río que fluye por un inmenso cañón en el límite de la antigua ciudad inca es impresionante.

En cuanto descendimos del vehículo, nos impactó muchísimo la intensa sensación de historia que se respiraba en el lugar. Intentamos empaparnos de ella, pero Carlos nos reunió de prisa y comenzó a recitar el discurso que tenía preparado. Parecía que lo que quería decirnos le importaba mucho más que cualquiera de nosotros. Durante las siguientes cuatro horas, recibimos una sobredosis de información. Carlos nos bombardeó con hechos y cifras, fechas y detalles. La experiencia insuperable que tuve en mi viaje anterior y que esperaba compartir con Margaret y mis amigos se vio arruinada por este guía y su aluvión de datos aburridos. Cualquier pregunta que formuláramos era una molestia para él. Si alguien deseaba tomar una fotografía para atesorar ese momento, en seguida nos hacía prestar atención a su discurso nuevamente. Era obvio que no valoraba en absoluto al grupo que lo escuchaba.

Con el paso de los minutos, el interés del grupo decaía cada vez más. Luego comenzamos a sentir que éramos un trastorno para Carlos y sus planes. Al poco tiempo, noté que los miembros del grupo se alejaban, uno a uno; se distanciaban de él, tanto física como emocionalmente.

Para la media tarde, el grupo se había dispersado y Carlos hablaba solo. Sorprendido, pude ver desde lejos cómo pronunciaba su discurso para nadie más que para sí mismo y continuaba con el recorrido sin el grupo. Sólo cuando ya quedaba poco tiempo y el autobús se preparaba para partir, los turistas volvieron a acercarse al guía.

No captar el mensaje

Un buen guía atrae a las personas. Después de leer mi anécdota sobre Carlos, la diseñadora floral Isabelle Alpert escribió que, durante una visita a Hawái, conoció un guía entusiasta y afectuoso que fue muy cálido con el grupo e hizo que todos se sintieran parte de la isla. «Siempre recordaré ese viaje tan especial porque ya forma parte de mí», comentó Isabelle. «Aunque mi expectativa inicial era sólo ver el paisaje de la isla, el cual me era desconocido, en verdad quería estar *dentro* del paisaje».[1]

Carlos cometió el mismo error que cometen otras personas que no se relacionan: considerarse el centro de la conversación. Muchos me comentaron cómo cayeron en este error en sus profesiones. Barb Giglio contó una experiencia que tuvo cuando trabajaba para Revlon. «Hablé tanto y tan rápido sobre los productos que vendía que di por sentado que mis clientas eran madre e hija cuando, en realidad, ¡eran hermanas! Fue un insulto para ambas y una humillación para mí»,[2] dijo. Gail McKenzie, entrenadora física y consejera personal, señaló: «A menudo debo ayudar a un cliente a decidir cómo seguir adelante. No tuve tanto éxito como creí egoístamente que tendría y ahora comprendo por qué. No me relaciono con las personas, sino que me comporto como el guía turístico con su plan. ¡Qué revelación tan dolorosa!»[3]

Este tipo de egocentrismo existe en todos los aspectos de la vida y en todas las jerarquías de las empresas. Joel Dobbs me contó la historia de un director ejecutivo nuevo cuya dirección de la empresa durante un período de crisis fue deficiente porque nunca hizo nada para interaccionar con los miembros de la organización. Por el contrario, se aisló de los empleados y permaneció en su enorme oficina en la gerencia. Joel comenta:

En las poquísimas oportunidades en las que su agenda lo obligaba a asistir a una reunión en otro edificio, en lugar de caminar unos pocos metros por el hermoso lugar hasta llegar allí (donde, Dios no lo permita, podría llegar a toparse con un empleado de carne y hueso), el director ejecutivo bajaba en su ascensor privado hasta el garaje privado y luego su chofer lo llevaba al otro edificio. Allí lo recibían los guardias de seguridad y lo escoltaban hasta el ascensor vacío que lo esperaba para llevarlo al piso en el que se celebraría la reunión... Su aislamiento y su falta de relación con los empleados de la compañía le impidieron dirigir la empresa durante el período de crisis y, en consecuencia, la junta directiva designó a otra persona para ocupar su puesto. El nuevo director ejecutivo era, y aún es, un gran comunicador y tiene excelentes aptitudes para relacionarse con los demás. Una de las primeras cosas que hizo fue remodelar las oficinas de la gerencia. Nos dijo a algunos de nosotros que la oficina del ex director ejecutivo era «tan grande que resultaba obscena» y, peor aún, ¡las ventanas estaban de espaldas al campus de la compañía! El nuevo director ejecutivo ocupó una oficina más pequeña desde cuyas ventanas podía ver a sus colaboradores. Interactuó con los empleados de la firma y ayudó a que diera un vuelco exitoso.[4]

Por supuesto que este fenómeno no es algo exclusivo del mundo de los negocios. Conozco muchos maestros y oradores que comparten esa forma de pensar. Todas las conversaciones giran en torno a ellos. Todas las comunicaciones representan una oportunidad para que demuestren cuán brillantes son y se vanaglorien de cuánta experiencia poseen. En una ocasión, mi amigo Elmer Towns, profesor y decano de la Universidad Liberty, me dijo que todos los docentes egocéntricos parecen tener la misma filosofía:

> Que aprendan a la fuerza.
> Los alumnos no piensan.
> Que estudien, rápido,
> Que esto apenas comienza.

Esas personas se pierden las excelentes oportunidades que les da la vida porque no se relacionan con los demás. Los buenos maestros, líderes y oradores no se consideran expertos al frente de auditorios pasivos a los que deben impresionar, ni creen que sus intereses sean más importantes que los ajenos. Por el contrario, se consideran guías y se concentran en ayudar a los demás a aprender. Como valoran a los otros, se esfuerzan por establecer un vínculo con las personas a las que les enseñan o a las que intentan ayudar. El profesor de música Pete Krostag dice: «Me relaciono con mis alumnos para que ellos lo hagan con el público. Como músico, descubrí que cuando me pongo en contacto con la música en lugar de con mi propio ego, el público comparte la vivencia. La experiencia musical puede arruinarse si el músico se enfoca en sí mismo y no se concentra en la música porque el auditorio se pierde así la experiencia de compartir ese momento».[5]

Reconozco que cuando comencé mi carrera de pastor no comprendía esta cuestión. Estaba muy enfocado en mí mismo y eso era contraproducente. Cuando aconsejaba a las personas que atravesaban dificultades, pensaba: *Apresúrate y termina de contarme tu problema, así puedo darte mi solución.* Cuando dirigía cualquier tipo de empresa, me preguntaba constantemente: «¿Qué puedo hacer para convencer a los demás de mi visión y lograr así que me ayuden a concretar mis sueños?» Cuando hablaba ante un auditorio, me concentraba en mí mismo y no en los demás. Vivía para recibir comentarios positivos, siempre deseaba impresionar. Incluso usaba anteojos para parecer más intelectual, cuando lo recuerdo, me muero de vergüenza.

Muchas de las cosas que hacía giraban en torno a mi persona y, sin embargo, no lograba triunfar. A menudo tenía una actitud egocéntrica, y esa era la causa de la mayoría de mis problemas y fracasos. Me parecía bastante al tipo de este chiste gráfico de Randy Glasbergen:

«Este es un proyecto COM-PAR-TI-DO... pero intentaré sacar partido».

Me sentía frustrado e insatisfecho. Una y otra vez me hacía preguntas como: «¿Por qué las personas no me escuchan? ¿Por qué los demás no me ayudan? ¿Por qué no me siguen?» Como verás, las preguntas se concentraban en mí porque allí era donde tenía puesto el *enfoque*. Cuando quería conseguir apoyo, a menudo comenzaba por situar mi interés por encima del de todos los demás. ¡Yo, yo y yo! Estaba absorto en mí mismo, en consecuencia, no lograba relacionarme con otras personas.

UN MOMENTO ESCLARECEDOR

Luego ocurrió algo que me hizo cambiar de actitud. Cuando tenía veintinueve años, mi papá nos invitó a mí y a mi cuñado, Steve Throckmorton, a un seminario de éxito en Dayton, Ohio. Durante mi juventud, había escuchado a algunos predicadores excelentes; unos hablaban con pasión encendida, otros eran maestros de la retórica. Pero en este curso escuché a un orador que sabía cómo relacionarse con las personas. Quedé hipnotizado.

Recuerdo que en ese momento pensé: *Él sí comprende lo que es el éxito. Me agrada, pero no es sólo eso; me entiende de veras. Sabe lo que creo, comprende lo que pienso, sabe cómo me siento: puede ayudarme. Me encantaría ser su amigo. Ya lo siento mi amigo.*

Ese orador era Zig Ziglar. Su modo de relacionarse con el público cambió por completo mi concepto de la comunicación. Contó anécdotas. Me hizo reír, me hizo llorar, me hizo confiar en mí mismo. Ofreció ideas y consejos que yo podía tomar e implementar en mi vida personal. Además, ese día lo escuché decir algo que cambió mi vida: «Si primero ayudas a las personas a obtener lo

> *Comprendí que había intentado avanzar corrigiendo a la gente, cuando en realidad tendría que haber intentado relacionarme con ella.*

que desean, luego ellas te ayudarán a obtener lo que tú deseas». Finalmente comprendí lo que había perdido de vista en mi comunicación e interacción con los demás. Me di cuenta de cuán egoísta y egocéntrico había sido. Comprendí que había intentado avanzar corrigiendo a la gente, cuando en realidad tendría que haber intentado relacionarme con ella.

Salí del seminario con dos resoluciones. Primero, estudiaría a los buenos comunicadores, algo que hago desde entonces. Segundo, intentaría crear un enlace con la gente concentrándome en ella y en sus necesidades en lugar de hacerlo en las mías.

¡No se trata de mí!

Relacionarme con los demás nunca se trata de mí; se trata de la persona con la que me comunico. Del mismo modo, cuando intentas establecer relaciones, no se trata de ti, sino de ellos. Si deseas crear lazos, debes dar un paso al costado. Debes dejar de mirar hacia adentro y comenzar a centrarte en el afuera; dejar de mirarte a ti mismo y concentrarte en los demás. Lo maravilloso de esto es que puedes hacerlo. Cualquiera puede hacerlo. ¡Lo único que se necesita es tener la voluntad para cambiar el enfoque, estar decidido a seguir hasta el final y desarrollar algunas habilidades!

¿Por qué son tantos los que no lo comprenden? Creo que hay varios motivos, pero puedo decirte la razón por la que yo no lo entendía y por la que pensaba que comunicarse y trabajar con el prójimo giraba en torno a mi persona.

Inmadurez

Cuando comencé a estar a cargo de otras personas y a comunicarme con ellas de forma profesional, era joven e inmaduro. Era un veinteañero y no veía el bosque, sino el árbol. Sólo me veía a mí mismo; todos y todo lo demás estaban en segundo plano. Donald Miller, el autor de *Tal como el jazz,* equipara esa inmadurez con el hecho de pensar que la vida es como una película en la que somos el protagonista. Al menos eso era lo que yo creía. Muchísimos de los objetivos que me proponía y de las tareas que realizaba tenían que ver con mis deseos, mi progreso, mi éxito. Ahora reflexiono y me sorprendo por lo egoísta que era.

La madurez es la capacidad de interesarse por los individuos y obrar en su beneficio. Las personas inmaduras no ven las cosas desde la perspectiva del prójimo, rara vez se involucran con lo que es mejor para otros porque en cierto modo, se comportan como niños.

Margaret y yo tenemos cinco nietos. Disfrutamos muchísimo al estar con ellos. Pero como todos los niños pequeños, no dedican su tiempo a pensar qué pueden hacer por los demás. Nunca nos dicen: «Papa y Mimi, ¡queremos pasar todo el día cuidándolos y entreteniéndolos porque son nuestros abuelos!» Tampoco es eso lo que pretendemos de nuestros nietos. Nosotros nos enfocamos en ellos. Entendemos que ayudar a los niños a comprender que no son el centro del universo forma parte de la crianza.

Hace poco tiempo leí algo que me encantó. Se llama «La Ley de la Propiedad según los niños pequeños» y fue escrita por Michael V. Hernández. Si tienes hijos o nietos, o si alguna vez pasaste algo de tiempo con un niño pequeño, verás que este texto le hace honor a la verdad:

> *La madurez es la capacidad de interesarse por los individuos y obrar en su beneficio.*

1. Si me agrada, es mío.
2. Si lo tengo en la mano, es mío.
3. Si puedo quitártelo, es mío.
4. Si lo tuve hace un rato, es mío.
5. Si es mío, que ni se te ocurra que puede ser tuyo.

6. Si hago o construyo algo, todas las partes son mías.

7. Si parece que es mío, es mío.

8. Si yo lo vi primero, es mío.

9. Si está al alcance de mi vista, es mío.

10. Si creo que es mío, es mío.

11. Si lo deseo, es mío.

12. Si lo necesito, es mío. (Sí, ¡sé la diferencia entre «desear» y «necesitar»!)

13. Si digo que es mío, es mío.

14. Si no me dices que deje de jugar con eso, es mío.

15. Si me dices que puedo jugar con eso, es mío.

16. Si me enfado mucho cuando me lo quitas, es mío.

17. Si (pienso que) juego con eso mejor que tú, es mío.

18. Si juego con eso durante bastante tiempo, es mío.

19. Si juegas con algo y lo dejas, es mío.

20. Si está roto, es tuyo (no, espera, todas las piezas son mías).[6]

Tenemos la esperanza de que, con el correr de los años, las personas suavicen su actitud egocéntrica y modifiquen su forma de pensar. En pocas palabras, esperamos que maduren; pero la madurez no siempre viene de la mano de los años, a veces los años vienen solos.

En el fondo, todos deseamos sentirnos importantes; pero debemos luchar contra nuestras actitudes naturalmente egoístas, y, créeme, esta lucha puede durar toda la vida. No obstante, es una batalla importante. ¿Por qué? Porque sólo las personas maduras que se enfocan en el prójimo son capaces de establecer relaciones genuinas con los demás.

Ego

Las personas que por sus profesiones están muy expuestas al público corren el gran riesgo de desarrollar egos perjudicialmente fuertes. Los líderes, los oradores y los docentes pueden llegar a creerse demasiado importantes. En su libro *The Empowered Communicator* [El comunicador con poder], mi amigo Calvin Miller emplea el formato de carta para describir este problema y la influencia negativa que tiene en los demás. La carta dice así:

Estimado orador:

Tu ego se convirtió en un muro que nos separa. Realmente no te interesas en mí, ¿no es cierto? Lo que más te preocupa es si tu discurso funciona o no... si haces un buen trabajo o no. En realidad temes que no te aplauda, ¿verdad? Temes que no me ría de tus bromas o que no llore con tus anécdotas emotivas. Estás tan pendiente de cómo recibiré tu discurso que ni siquiera pensaste en mí.

> *La madurez no siempre viene de la mano de los años, a veces los años vienen solos.*

Podrías haberme encantado, pero estás tan sumido en tu amor propio que mis sentimientos están de más. Si no te pongo atención es porque me siento totalmente innecesario aquí.

Cuando te veo con el micrófono, veo a Narciso mirándose al espejo. ¿Tienes la corbata derecha? ¿El cabello bien peinado? ¿Tu apariencia es impecable? ¿Tus frases son perfectas?

Pareces dominar todos los detalles a excepción del público. Observas con cuidado todo, menos a nosotros. La ceguera que te impide vernos hizo que hagamos oídos sordos a tus palabras. Ahora debemos marcharnos. Lo siento. Llámanos en otra oportunidad. Regresaremos... cuando seas lo suficientemente real como para vernos... cuando tus sueños se hayan hecho añicos... cuando se te haya roto el corazón... cuando, desesperado, comprendas los efectos de tu arrogancia. Sólo entonces habrá un lugar para nosotros en tu mundo. Ya no te importará si te aplaudimos por lo brillante de tu actuación, porque serás uno de nosotros.

Entonces derribarás el muro levantado por tu ego y utilizarás esas mismas rocas para construir un puente y establecer una cálida relación con nosotros. Nos reuniremos contigo en ese puente. Entonces te escucharemos. El público escucha con gusto a los oradores que lo comprenden.

Tu público[7]

La primera vez que leí la carta de Calvin Miller me sorprendió con cuánta precisión describía la actitud que tenía cuando terminé la universidad. Era muy engreído. Creía que lo sabía todo, cuando en realidad no tenía la menor idea. Había asistido a algunos cursos de oratoria, pero las clases que tomé en la universidad para obtener el título apenas si me ayudaron a aprender cómo elaborar un buen borrador. Mis estudios no me prepararon para conectarme con el público desde ningún punto de vista. Nuestros profesores nos alentaban a concentrar toda la atención en el tema que trataríamos. Nos decían que fijáramos la mirada en un punto al otro lado del salón. Pronunciaba mis discursos con poca naturalidad y de forma mecánica. Peor aún, cuando hablaba, no me interesaban las personas a las que me dirigía; lo que deseaba era que me elogiaran después de mi prédica. Nadie puede establecer un lazo con esa clase de actitud.

No valorar a los demás

Hoy mi propósito es agregar valor a mi prójimo. Ese objetivo se convirtió en el asunto central de mi vida, y quienes me conocen comprenden lo importante que es para mí. Sin embargo, para *agregar valor* a los otros primero hay que *valorarlos*. Durante los primeros años de mi carrera, esto era algo que yo no

> *Para agregar valor a los otros, primero hay que valorarlos.*

hacía. Estaba tan concentrado en mis propios planes que a menudo pasaba por alto e ignoraba a muchos. Si no eran importantes para mi causa, no les dedicaba ni tiempo ni atención.

Creo que esta actitud errónea es muy habitual. Una de las mejores anécdotas que leí sobre esta cuestión la envió una enfermera, quien contó:

Durante mi segundo año en la escuela de enfermería, nuestro profesor nos tomó un examen. Respondí las preguntas sin dificultad hasta que llegué a la última: «¿Cómo se llama la mujer que limpia la escuela?» Sin duda, se trataba de una broma. Había visto a esa mujer muchas veces, pero ¿cómo habría de saber su nombre? Entregué el examen y dejé esa pregunta en blanco. Antes de que terminara la clase, un alumno preguntó si la última pregunta contaba para nuestra calificación. «Desde luego, respondió el profesor, en la carrera de enfermero se conoce a muchas personas. Todas ellas son importantes y merecen nuestra atención y nuestro interés, aun cuando lo único que les obsequiemos sea una sonrisa y un saludo». Nunca olvidé esa lección. Además, aprendí que esa mujer se llamaba Dorothy. [8]

Para triunfar en la vida debemos aprender a trabajar con y para los demás. Una persona que trabaja sola no puede lograr demasiado. Como señala John Craig: «Por mucho que trabajes, por más agradable que seas, no llegarás muy lejos en los negocios si no puedes trabajar para los demás». Para eso es necesario que seas consciente del valor de los otros.

Cuando aprendemos a dejar de enfocarnos en nosotros para concentrarnos en el prójimo, se nos abre todo un mundo de posibilidades. Esta es una verdad que comprenden las personas de todas partes del mundo que triunfan en distintas profesiones y en la vida. En un encuentro internacional de ejecutivos de empresas, un hombre de negocios estadounidense le preguntó a un ejecutivo japonés qué idioma era el más importante para los negocios según su criterio. El estadounidense creyó que la respuesta sería «el idioma inglés». Sin embargo el ejecutivo de Japón, que tenía un concepto más holístico de los negocios, sonrió y respondió: «El idioma de mi cliente».

Sea cual sea el negocio al que te dediques, ofrecer un buen producto o servicio no basta. Si conoces tu producto pero no conoces a tus clientes, tendrás algo para vender mas no tendrás ningún comprador. El valor que das a los demás debe ser auténtico. Como bien afirmó Bridget Haymond: «Puedes hablar hasta el hartazgo, pero tus interlocutores percibirán si tu interés en ellos es genuino».[9]

INSEGURIDAD

Por último, otra de las razones por las que las personas se enfocan demasiado en sí mismas y no en los demás es la inseguridad. Debo decir que yo no tenía este problema cuando comencé mi carrera. Crecí en un entorno muy positivo que me brindó seguridad, por eso no me faltaba confianza en mí mismo. No obstante, este no es el caso de muchos.

Chew Keng Sheng, profesor universitario de la facultad de medicina de la Universidad Sains de Malasia, cree que lo que se oculta tras la inmadurez y el egocentrismo, especialmente entre los oradores públicos, es la inseguridad. «Recuerdo las primeras veces que tuve que hablar en público», escribe Sheng, «temblaba literalmente del miedo. Cuando el orador es inseguro intenta buscar la aprobación del auditorio. Cuanto más intenta ganarse su aprobación, más se enfoca en sí mismo y en ver de qué modo puede impresionar a los otros. En consecuencia, lo más probable es que no pueda estar a la altura de las circunstancias».[10] Así puede generarse un círculo vicioso, especialmente si el orador no recibe o percibe la aprobación esperada.

UNA CUESTIÓN DE RELACIÓN

Hace un par de años, hablé en Dubái en una conferencia internacional organizada por una compañía fundada por Nabi Saleh. Nabi es experto en todo lo referente al té y al café. Comenzó su carrera en 1974 en una plantación de té y café en Papúa, Nueva Guinea; su trabajo consistía en colaborar con la comercialización y la fabricación de los productos y, desde ese momento, siempre se mantuvo activo en la industria, sobre todo en Australia. En 1995 visitó una cadena de cafeterías de los Estados Unidos llamada Gloria Jean's, creada en Chicago por Gloria Jean Kvetko. Nabi y su socio Peter Irvine consideraron que el negocio era tan próspero que compraron los derechos para abrir cafeterías de esa cadena en Australia. En 1996 abrieron dos cafeterías Gloria Jean's en Sídney, pero no les resultó nada fácil.

Recurrieron a sus clientes para averiguar el motivo de su fracaso y pronto lo descubrieron. «Copiamos el modelo estadounidense para nuestras tiendas, el cual difiere muchísimo del estilo australiano», explica Nabi, «a los clientes les encantaba el café, les encantaba el producto, pero preguntaban: "¿Dónde están las sillas, y la comida?". El modelo en el que nos inspiramos para armar la cafetería era el de un lugar de comidas para llevar. Sabíamos que, si seguíamos así, no seríamos socios durante mucho tiempo más. Entonces comenzamos a reformar las cafeterías».[11]

Durante casi dos años se dedicaron a ajustar, pulir y mejorar las tiendas hasta que lograron relacionarse con los clientes. Entonces Nabi y Peter comenzaron a ofrecer la franquicia de su negocio. En diez años abrieron más de trescientas tiendas.[12] En 2005, compraron los derechos internacionales de la cadena de cafés Gloria Jean's y traspasaron las fronteras de Australia y los Estados Unidos.[13] Hoy hay 470 tiendas Gloria Jean's en quince países del mundo.[14]

A pesar del éxito comercial, Nabi no pierde la perspectiva. Cuando nos encontramos en la conferencia, Nabi me dijo: «No estamos en el negocio del café para servírselo a las personas. Estamos en el negocio de las personas y les servimos café».

Este es el consejo de Nabi para los que trabajan en la industria de los servicios: «Debes tener vocación de servicio. Tienes que estar preparado para atender las necesidades de aquellos con los que estableces contacto. Todo el tiempo se trata de ver qué desea el cliente. No se trata de lo que yo quiera ni de lo que Peter quiera, se trata de lo que desea la persona que paga y que, con su dinero, nos ayuda a mantenernos».[15] En otras palabras, debes recordar que todo gira en torno a los demás. Eso es lo que hace falta para triunfar.

> *No estamos en el negocio del café para servírselo a las personas. Estamos en el negocio de las personas y les servimos café.*
>
> —NABI SALEH

TRES PREGUNTAS QUE LOS DEMÁS SE HACEN ACERCA DE TI

Comprender que hay que enfocarse en el prójimo suele ser el mayor desafío con el que se enfrentan los individuos cuando desean relacionarse con él. Es cuestión de tener la actitud correcta, aunque con eso no basta. También debes ser capaz de comunicar esa actitud altruista. ¿Cómo puedes lograrlo? Creo que lo lograrás si respondes tres preguntas que la gente siempre se hace cuando interactúa con otro, ya sea un cliente ocasional, un cliente asiduo, un invitado, un miembro del público, un amigo, un colega o un empleado.

1. «¿TE INTERESAS POR MÍ?»

Piensa en las mejores experiencias que hayas tenido en tu vida con otras personas. Detente por un momento y trata de recordar tres o cuatro vivencias de este tipo. ¿Qué tienen en común? ¡Apuesto a que la o las personas que participaron de esas experiencias tenían un verdadero interés en ti!

El interés mutuo relaciona a las personas. ¿Notaste que hay ciertos amigos y miembros de la familia con los que simplemente deseas estar? Ese deseo nace de tu relación con ellos. Lo maravilloso es que puedes incrementar tu capacidad para interesarte en el prójimo más allá de tu círculo social. Si aprendes a interesarte por los demás, podrás crear lazos con ellos, podrás ayudarlos y podrás mejorar tanto tu vida como la suya. No importa cuál sea tu profesión, echa un vistazo a estas citas de personas de éxito en diversos ámbitos:

> *El interés mutuo relaciona a las personas.*

NEGOCIOS: «No puedes hacer que el otro se sienta importante en tu presencia si, para tus adentros, piensas que es un don nadie».

—LES GIBLIN, ex vendedor nacional del año y orador popular.

POLÍTICA: «Si deseas que un hombre se adhiera a tu causa, primero convéncelo de que eres su amigo sincero».

—ABRAHAM LINCOLN, decimosexto presidente de los Estados Unidos.

ESPECTÁCULO: «Algunos cantantes quieren que el público los ame. Yo amo al público».

—LUCIANO PAVAROTTI, famosísimo tenor italiano.

MINISTERIO PASTORAL: «Termino rápidamente [con] los discursos porque amo a las personas y deseo ayudarlas».

—NORMAN VINCENT PEALE, pastor y escritor.

Según la entrenadora de animales Laura Surovik, la relación que surge a partir del interés por el otro va más allá de la profesión, e incluso más allá de la especie. Laura es cuidadora auxiliar en el parque Sea World de Orlando, Florida, y trabaja con ballenas asesinas. Ella escribió lo siguiente:

> Durante veinticuatro años me dediqué a entrenar animales, me «relacioné» mucho tiempo con Shamu y enseñé a otros a hacerlo. A su vez, Shamu fue uno de mis mejores maestros. Cuando miras a una ballena asesina a los ojos, tomas conciencia de que tú no eres el centro; es imposible que lo seas. El vínculo se establece cuando el animal sabe que tú estás a su disposición; simplemente se trata de generar confianza mediante una relación cariñosa y tierna. Debes ser sincero y ganarte la confianza del otro para interactuar y construir una relación con el predador más grande del océano.[16]

Esto también se aplica a los seres humanos comunes y corrientes.

La mayoría de las personas desea fervientemente relacionarse con los demás, pero también tiene dificultades para hacerlo puesto que a menudo está preocupada por sus propios problemas y necesidades. Como dice Calvin Miller, cuando la mayoría escucha hablar a los demás, piensa para sus adentros:

> *Soy la soledad que espera un amigo.*
> *Soy una lágrima que desea reírse.*
> *Soy el suspiro que necesita consuelo.*
> *Soy una herida que anhela curarse.*
> *Si deseas captar mi atención, lo único que debes hacer es convencerme*
> *de que deseas ser mi amigo.*[17]

Cuando logras que la gente comprenda que de veras te interesas por ella, les abres la puerta a la relación, la comunicación y la interacción. Comienzas a entablar un vínculo. De allí en adelante, tienes la posibilidad de generar algo beneficioso para ambos, porque

normalmente las buenas relaciones rinden buenos frutos: ideas, crecimiento, asociaciones y más. Las personas viven mejor cuando se pre-
ocupan por los demás.

2. «¿PUEDES AYUDARME?»

Una noche cené con Tom Arington y le pregunté sobre su éxito en
los negocios. Tom es el fundador y el director ejecutivo de Prasco, una
compañía farmacéutica independiente. Me explicó que él debía su éxito a una pregunta que siempre formulaba en cualquier momento y en
cualquier situación: «¿Puedo ayudarlo?» Al ayudar a los demás, también se ayudó a sí mismo. «Cuando las personas tienen la intención de
mejorar», dijo Tom, «si está a mi alcance, los ayudo. Descubrí que al
ayudar a otros a crecer, yo también crecía».

En el mundo de las ventas hay un viejo dicho: nadie quiere que le
vendan algo, pero todos desean que les dispensen ayuda. La gente
exitosa que establece relaciones con el prójimo nunca pierde de vista
que los demás siempre se preguntan: «¿Podrá ayudarme esta persona?» Una de las formas de responder esa pregunta es enfocarnos en
los beneficios que podemos ofrecerle al otro.

En su libro *Presenting to Win* [Presentar para ganar], Jerry Weissman
señala que cuando las personas se comunican, se concentran demasiado en las características del producto
o servicio que venden en lugar de
responder la pregunta: «¿Puedes
ayudarme?» Según Weissman, la clave es enfocarse en los beneficios, no
en las características. Él escribe lo
siguiente:

> *Nadie quiere que le vendan algo, pero todos desean que les dispensen ayuda.*

Una característica es un dato o una cualidad tuya, de tu compañía, del producto que vendes o de la idea que defiendes. En
cambio, un beneficio significa de qué modo ese dato o esa

cualidad ayudarán a tu público. Cuando intentas persuadir a alguien, no basta con presentar las características de lo que vendes; siempre debes transformar cada característica en un beneficio. Mientras que es posible que una característica sea irrelevante para los intereses o las necesidades de tu público, un beneficio, por definición, siempre será relevante para ellos.[18]

En el mundo actual, las personas reciben un bombardeo constante de información sobre las características de tal o cual producto o aparato, razón por la cual suelen hacer oídos sordos. Si deseas captar la atención de alguien, demuéstrale que puedes ayudarlo.

3. «¿Puedo confiar en ti?»

¿Alguna vez compraste un automóvil? Si lo hiciste, ¿cómo fue tu experiencia? Para la mayoría resulta una situación muy difícil porque no confían en la persona que intenta venderles el vehículo. Parecería que la mayor parte de los componentes de la industria fueron diseñados para desorientar a los clientes y generar escepticismo y desconfianza.

La confianza es vital para cualquier tipo de negocio. De hecho, es vital para la vida misma. El escritor y orador Jeffrey Gitomer me dijo que la confianza ¡es incluso más importante que el amor!

Si compraste un automóvil, al entrar a la agencia miraste a los vendedores, y de forma consciente o inconsciente, te hiciste las tres preguntas de este capítulo:

> «*La confianza es incluso más importante que el amor*».
> —Jeffrey Gitomer

1. ¿Te interesas por mí?
2. ¿Puedes ayudarme?
3. ¿Puedo confiar en ti?

Es probable que si tuviste una mala experiencia con la compra de un automóvil, no hayas podido responder afirmativamente estas tres preguntas. ¡Ni siquiera habrás podido creer que fuera posible responder «sí» a *alguna* de ellas! En consecuencia, no te relacionaste con los involucrados en la transacción.

Por supuesto, no todos pasaron por lo mismo. Es más, Emran Bhojawala escribió para contarme la experiencia que tuvo con Lloyd, un vendedor de automóviles de Washington D. C. que fue tan amable, servicial y confiable cuando Emran le compró un vehículo en su época de estudiante que, más adelante, pese a haberse mudado a Minnesota, le compró otro vehículo. Emran explica: «Cuando quise comprar un automóvil, no tuve que preocuparme por nada. Le dije cuál era mi presupuesto y volé a Virginia a retirar un vehículo que jamás había visto». Luego Emran condujo durante veintitrés horas para regresar a su casa. Emran escribió: «Lloyd es LA leyenda en lo que respecta a la venta de automóviles en el área cercana a mi universidad».[19] No hace publicidad, sino que consigue todas sus operaciones por intermedio de antiguos clientes y referencias. Creo que este es un ejemplo perfecto de relación exitosa con las personas». Como dice Mike Otis: «Las posibilidades de negocios están en todas partes, pero se quedan adonde las valoran».[20]

Yo en tu lugar...

Cuando las personas emprenden alguna acción, lo hacen por sus propios motivos, ni por los tuyos ni los míos. Por eso debemos conocer sus planes e intentar ver las cosas desde su perspectiva. De lo contrario, sólo perderemos nuestro tiempo y el de los demás.

Hace varios años viajé por unos días a la ciudad de Nueva York para visitar algunas de las editoriales más importantes de los Estados Unidos junto con mi agente, Sealy Yates, y unos cuantos miembros clave de mi equipo. Nuestra meta era obtener un contrato para un nuevo libro. Antes de reunirnos con los editores, dedicamos muchísimo tiempo a conversar sobre lo que creíamos que sería importante para los ejecutivos con los que nos reuniríamos. Sealy nos puso al tanto de las tendencias de la industria y nos brindó información sobre algunas editoriales en particular. Uno de los miembros de mi equipo repasó los puntos clave que, según su criterio, eran significativos para la perspectiva de mi compañía. Todos formulamos preguntas y buscamos las respuestas. Deseábamos estar bien preparados para el encuentro.

> *Cuando las personas emprenden alguna acción, lo hacen por sus propios motivos, ni por los tuyos ni los míos.*

La noche previa a nuestra primera reunión, en la habitación del hotel y a solas, dediqué un rato a prepararme mentalmente para el encuentro. Una y otra vez me hacía la misma pregunta: *Si yo fuera un editor que entrevista a un escritor, ¿qué me gustaría saber? Si estuviera en su lugar, ¿qué le preguntaría a John Maxwell?* Creía que si estaba en condiciones de responder esas preguntas, tendría muchas probabilidades de establecer una buena relación con los editores y conseguir un buen contrato.

Se me ocurrieron un montón de ideas, pero volvía una y otra vez sobre la misma pregunta: «¿Cuántos libros más deseas escribir?» Yo pensaba que esa era la clave, así que durante dos horas me dediqué a pensar una respuesta para esa interrogante. Escribí una lista con los libros que deseaba escribir durante los próximos años. Cuanto más se extendía la lista, mayor era mi entusiasmo y mi ilusión respecto del encuentro. A la mañana siguiente, cuando nos reunimos con la primera editorial, a los pocos minutos de haber empezado a conversar sobre un posible contrato, efectivamente un ejecutivo preguntó: «John, ya escribiste treinta libros. ¿Cuántos más te gustaría escribir?»

Muy entusiasmado, presenté las ideas y los títulos de los libros que deseaba escribir. Creo que algunos participantes de la reunión se sorprendieron un poco por la velocidad con la que respondí y la pasión con la que me referí al asunto. Sin embargo, a medida que presentaba los títulos, ellos también comenzaron a entusiasmarse. Todos empezaron a tomar nota y a formular preguntas. Por sus reacciones, me daba cuenta de cuáles eran las ideas que más les agradaban. ¡Nos habíamos relacionado! Lo único que hice fue dedicar un poco de tiempo a pensar desde la perspectiva de los editores y explorar qué sería importante para ellos.

Si estás dispuesto a desviarte de tus planes, pensar en los otros y hacer un esfuerzo por comprender quiénes son y qué desean, no tendrás dificultades para relacionarte con ellos. Si en verdad deseas ayudar a las personas, establecer un vínculo con ellas se convierte en algo más natural y menos mecánico. Ya no se trata solamente de algo que haces, sino que comienza a formar parte de tu verdadero ser. Si estás dispuesto a aprender a hacerlo, te sorprenderás por las puertas que se te abrirán y por las personas con las que tendrás oportunidad de trabajar. Lo único que debes hacer es recordar constantemente que relacionarte con los demás gira en torno a ellos.

CÓMO RELACIONARSE CON LAS PERSONAS EN DIFERENTES SITUACIONES

PRINCIPIO PARA ESTABLECER RELACIONES: Las relaciones giran en torno a los demás.

CONCEPTO CLAVE: La relación comienza cuando el otro se siente valorado.

RELACIONES CON UNA SOLA PERSONA

¿Qué puedes hacer para relacionarte con una sola persona? Demostrarle que la valoras. ¿Cómo puedes hacerlo?

- Escúchala con atención para descubrir qué cosas valora.
- Formula preguntas para averiguar por qué las valora.
- Comparte con tu interlocutor los valores propios que sean similares a los suyos.
- Desarrolla la relación sobre la base de esos valores en común.

De ese modo, ambos saldrán ganando.

RELACIONES CON UN GRUPO

La clave para lograr que las personas que forman un grupo o un equipo se sientan valoradas es promover la participación. La persona más inteligente del grupo nunca es tan inteligente como la suma de todos los miembros. La participación genera sinergia, consenso y enlace.

Para relacionarte con los miembros de un grupo...

- Averigua e identifica la fortaleza de cada uno
- Reconoce el valor de la fortaleza de cada uno y de su posible aportación
- Fomenta la participación y permite que cada uno esté al frente del área en la que se destaca.

RELACIONES CON UN AUDITORIO

Uno de los motivos por los que los oradores no logran establecer enlace con sus oyentes reside en que actúan como si ellos y lo que tienen que comunicar fuese más importante que el público. Esta clase de actitud puede crear una barrera entre el orador y el auditorio. En lugar de esto, demuéstrales a los miembros del público que son importantes para ti con las siguientes acciones:

- Expresa cuánto los valoras a ellos y a la ocasión apenas puedas
- Haz algo especial por ellos. Por ejemplo, prepara una presentación personalizada y hazles saber que lo hiciste
- Considera que cada miembro del público es excelente y espera una respuesta acorde de tu parte
- Cuando finalices tu discurso, diles lo mucho que disfrutaste el hecho de estar con ellos.

3

LAS RELACIONES VAN MÁS ALLÁ
DE LAS PALABRAS

Los televidentes miran un concurso en el que dos individuos igualmente talentosos cantan la misma canción. Uno de ellos hace que al público se le ponga la carne de gallina mientras que el otro no produce el menor efecto en la audiencia. ¿Por qué?

Dos profesores de la misma universidad dictan la misma materia en el mismo horario, siguen el mismo programa estipulado para esa asignatura y utilizan el mismo libro de texto. Los alumnos hacen fila para poder inscribirse en la clase del primer profesor mientras que el otro curso comienza con una cantidad de estudiantes inferior al mínimo necesario y, con el tiempo, se reduce a sólo un puñado de alumnos. ¿Por qué?

Dos gerentes trabajan juntos y están a cargo del mismo restaurante. Los veinte empleados del lugar trabajan periódicamente para cada uno de ellos. Cuando el primer gerente necesita ayuda adicional y les solicita a los empleados que se queden después de la hora, ellos lo hacen con gusto. Cuando el segundo gerente pide lo mismo a la semana siguiente, todos los empleados inventan excusas para no quedarse. ¿Cuál es el motivo de esa diferencia?

Dos padres crían juntos a un niño en el mismo hogar y aplican las mismas reglas. El niño obedece sin problemas a uno de los progenitores pero opone resistencia al otro. ¿Por qué?

¿Acaso la letra de la canción no debería despertar en el público la misma respuesta hacia ambos cantantes? ¿Acaso no debería el mismo curso ser igual de atractivo para los alumnos? ¿Acaso no deberían ambos gerentes esperar el mismo tipo de trato por parte de los empleados? ¿Acaso no deberían los padres provocar la misma reacción en el niño?

Es probable que, intuitivamente, sepas que la respuesta es no. Pero, ¿cuál es la razón? La razón es que la forma en que las personas reaccionan al prójimo no tiene que ver sólo con las palabras empleadas, sino también con la relación que se establece entre ellas.

Tus acciones hablan tan fuerte que no oigo tus palabras

Muchos creen que, a la hora de intentar comunicarse con los demás, el mensaje es lo único que importa. En realidad, la comunicación va más allá de las palabras. Albert Mehrabian, profesor emérito de psicología de la Universidad de California, realizó una interesante investigación donde descubrió que la comunicación cara a cara consta de tres componentes: las palabras, el tono de voz y el lenguaje corporal. Quizás resulte sorprendente el hecho de que en algunas situaciones, por ejemplo, cuando los mensajes verbales y no verbales no son coherentes, aquello que las personas nos ven hacer y el tono que empleamos puede tener *muchísimo* más peso que las palabras que pronunciamos al intentar comunicarnos. En las situaciones en las que se comunican sentimientos y actitudes ocurre lo siguiente:

* *Lo que decimos* representa sólo el 7 por ciento de lo que creen los demás.

- *La forma en que lo decimos* representa el 38 por ciento.
- *Lo que los otros ven* representa el 55 por ciento.[1]

Aunque parezca increíble, más del 90 por ciento de la impresión que solemos causar no tiene nada que ver con el contenido de lo que decimos. Entonces, si crees que la comunicación sólo tiene que ver con las palabras, estás totalmente equivocado y siempre tendrás dificultades para relacionarte con los demás.

Si bien estas estadísticas revelan las limitaciones de las palabras en algunas situaciones comunicativas, no nos ayudan a descubrir *qué debemos hacer* para comunicarnos mejor con los demás. Entonces, ¿cuál es la solución? Howard Hendricks, mi mentor a la distancia desde hace muchos años, afirma que todas las comunicaciones tienen tres componentes básicos: el intelectual, el emocional y el volitivo. En otras palabras, cuando intentamos comunicarnos con alguien, debemos incluir lo siguiente:

> *Más del 90 por ciento de la impresión que solemos causar no tiene nada que ver con el contenido de lo que decimos.*

Razonamiento: algo que sabemos
Emoción: algo que sentimos y
Acción: algo que hacemos.

Creo que esos tres componentes también son fundamentales para establecer relaciones con el prójimo. Si no incluyes alguno de estos tres elementos, el vínculo con el otro no se establecerá y se producirá una interrupción en la comunicación. Para ser más específico, explicaré de qué manera creo que se producen estas interrupciones. Si intento comunicar...

- Algo que *sé* pero no *siento,* mi comunicación es desapasionada.
- Algo que *sé* pero no *hago,* mi comunicación es teórica.
- Algo que *siento* pero no *sé,* mi comunicación es infundada.
- Algo que *siento* pero no *hago,* mi comunicación es hipócrita.
- Algo que *hago* pero no *sé,* mi comunicación es presuntuosa.
- Algo que *hago* pero no *siento,* mi comunicación es mecánica.

Cuando falta algún componente, pierdo fuerza como comunicador. Por el contrario, cuando incluyo los tres componentes: el razonamiento, la emoción y la acción, mi comunicación es convincente, apasionada y creíble. El resultado es la relación. Si incluyes los tres elementos, creo que podrás conseguir el mismo resultado.

LAS CARACTERÍSTICAS PROPIAS DE LA RELACIÓN

Todos los mensajes que intentes transmitir deben tener algo de ti. No se trata simplemente de hablar, no puedes brindar información a secas. Tienes que ser más que un mensajero: tú debes ser el mensaje que deseas transmitir, de lo contrario, no serás creíble ni podrás relacionarte con los demás.

> *Todos los mensajes que intentes transmitir deben tener algo de ti.*

¿Alguna vez tuviste que comunicar la visión de otro? Es algo muy difícil, ¿verdad? Cuesta mucho entusiasmarse cuando se presentan ideas ajenas. No obstante, en cualquier tipo de organización en la que trabajes, eso es exactamente lo que se espera de ti, a menos que seas el director general. ¿Cómo puedes comunicar las ideas de otro con credibilidad? Antes de hacerlo, debes convertirlas en *tu* visión. Es decir, primero debes descubrir cuál es la influencia positiva que tiene esa visión en ti. Debes vincularte con ella de forma personal. Una vez que lo hayas logrado, estarás en condiciones de hacer algo más que simplemente transmitir información a otros: podrás inspirarlos. No puedes ser el instrumento del cambio si no experimentas ese cambio por ti mismo.

La necesidad de hacer propia una visión ajena no es sólo para los líderes y los oradores, sino también para los escritores. Para que un libro logre que los lectores se relacionen con su contenido, debe ser más que un simple libro. Debe tener algo del autor, de otro modo no será auténtico ni creíble. Puede que contenga excelente información, pero si el autor no establece un lazo con los lectores, el libro será un fracaso.

> *No puedes ser el instrumento del cambio si no experimentas ese cambio por ti mismo.*

Eso es lo que siempre intento hacer como escritor: incluir una parte de mí en mis libros. No comunico nada que no haya vivido y aprendido por experiencia propia. Espero que se note. Por ejemplo:

- *Desarrolle el líder que está en usted* es convincente porque yo mismo me preparé para convertirme en líder.
- En *El lado positivo del fracaso* explico métodos comprobados que utilicé para superar mis propios fracasos.
- Cuando escribí *Cómo ganarse a la gente* quería que el libro tuviera en los demás el mismo efecto que, en mi adolescencia, tuvo en mí el libro *Descúbrase como líder: Cómo ganar amigos, influir sobre las personas y tener éxito en un mundo cambiante* de Dale Carnegie.
- El libro *Piense para obtener un cambio* revela a los lectores mi forma cotidiana de pensar las cosas. Mi esposa Margaret, asegura que en esta obra hay más de mí que en cualquiera de las otras.
- La obra *Las 21 leyes irrefutables del liderazgo* ofrece los principios del liderazgo, probados y comprobados, que empleé para capacitar a más de cuatro millones de personas del mundo entero.

Trabajo para que cada uno de mis libros sea mucho más que un libro, mucho más que un poco de papel y tinta o un archivo electrónico que se ofrece en el mercado. Escribo cada uno de ellos con toda el alma, creo en ellos y sinceramente espero que puedan ayudar a quien sea que los lea.

Si bien es importante que un mensaje sea honesto y auténtico, por supuesto que eso no basta. Tu mensaje tiene que ser mucho más que un mensaje. Debe tener valor. Debe cumplir la promesa que le hace al público. Debe tener el potencial de cambiar la vida del prójimo. Ese es mi objetivo cada vez que escribo un libro o me preparo para hablar ante un auditorio.

Varias veces al año doy conferencias en compañías y organizaciones. A menudo, suelo pedir una entrevista previa con alguien de la organización para saber cuáles son las expectativas de los que me convocan y también para recibir información sobre mi auditorio. Siempre me propongo dar algo más que un discurso. Deseo agregarle valor a las personas. Para que eso sea posible, lo que digo y lo que hago debe insertarse en el marco más amplio de los objetivos, la misión y la meta de la compañía. Siempre dedico tiempo a preparar mi presentación según las necesidades del auditorio.

Después de la conferencia, también dedico un poco de tiempo a evaluar si establecí un vínculo con el público y si ayudé a mi patrocinador. Para hacerlo, repaso los puntos de mi lista de verificación de relaciones, la que consta de las siguientes preguntas:

- INTEGRIDAD: ¿Di lo mejor de mí?
- EXPECTATIVAS: ¿Mi patrocinador está satisfecho con mi desempeño?
- RELEVANCIA: ¿Comprendí al público y creé un enlace con él?
- VALOR: ¿Di un valor agregado a las personas del auditorio?
- APLICACIÓN: ¿Les brindé un plan de acción?
- CAMBIO: ¿Hice una diferencia en sus vidas?

Si puedo responder a estas preguntas con un sí honesto, puedo estar seguro de que establecí una buena relación con el auditorio y de que logré recompensarlos por el tiempo que me dispensaron.

Si te dedicas a dar conferencias de forma profesional, quizás desees emplear una lista similar a la mía para asegurarte de que haces todo lo posible para establecer un vínculo con el auditorio. Sin embargo, aun cuando hablar ante otros no sea parte de tu trabajo, hay un principio que también se aplica a ti. Cuando asumes la responsabilidad de relacionarte con el prójimo y decides servir a los demás en lugar de a ti mismo, las probabilidades de que establezcas un lazo con ellos aumentan de forma sustancial. A menudo, tu actitud habla más fuerte que tus palabras.

Los cuatro componentes de la relación

Si deseas establecer relaciones exitosas, debes asegurarte de que tu comunicación vaya más allá de las palabras. ¿Qué puedes hacer para lograrlo? Debes establecer un vínculo en cuatro niveles diferentes: el visual, el intelectual, el emocional y el verbal.

1. Lo que las personas ven: vínculos visuales

En su libro *How to Talk So People Listen* [Cómo hablar para que las personas escuchen], Sonya Hamlin explica que la vista es el sentido más importante y poderoso involucrado en la comunicación. Según escribe: «Los seres humanos recordamos entre el 85 y el 90 por ciento de lo que vemos pero menos del 15 por ciento de lo que oímos. Eso significa que si deseas que yo aprenda algo y lo recuerde, debes respaldar tus palabras con una representación gráfica de tus ideas... Ahora debes utilizar el poder de lo visual para ayudar a tu auditorio a mantener el interés y lograr que adquiera nuevos niveles de comprensión».[2] La escritora avala esta afirmación con los siguientes datos que demuestran que, hoy en día, los individuos son más visuales que nunca:

- El 90 por ciento de las noticias que le llegan al 77 por ciento de los estadounidenses proviene de la televisión.
- El 47 por ciento de ellos se informa *sólo* mediante la televisión.
- Las corporaciones más importantes de los Estados Unidos tienen sus propios estudios de televisión.
- Las videoconferencias y las conferencias a través de la Internet están reemplazando a las reuniones de ventas cara a cara.
- Los sistemas de grabación digital de video ya son moneda corriente en los hogares y las oficinas.
- Para cuando tienen diecinueve años, los niños pasaron alrededor de 22 000 horas frente al televisor, más del doble del tiempo que pasaron en la escuela.[3]

Vivimos en una era visual. Las personas pasan una innumerable cantidad de horas frente a YouTube, Facebook, Vimeo, presentaciones en PowerPoint, juegos de video, películas y otros medios. Sin duda, comprenderás la importancia que tiene en nuestra cultura todo aquello que puede verse. La gente espera que cualquier tipo de comunicación sea una experiencia visual.

Cada vez que estés frente a otros e intentes comunicarte con ellos, ya sea desde el estrado, en una sala de reuniones, en un campo de béisbol o compartiendo una mesa, la impresión visual que causes tendrá un efecto: bien puede ayudarte o perjudicarte. El ejecutivo de televisión, consultor en comunicación y escritor Roger Ailes, autor de *Tú eres el mensaje*, escribió en la revista *Success*:

Tenemos sólo siete segundos para causar una primera impresión buena. En cuanto entramos a un lugar, emitimos señales verbales y no verbales que determinan el modo en que nos ven los demás. En el mundo de los negocios, de esos primeros siete segundos cruciales depende la obtención de una nueva cuenta o el éxito en una negociación difícil.

¿Estás seguro de ti mismo? ¿Estás cómodo con tu persona? ¿Eres sincero? ¿Te alegra estar allí? Durante esos siete segundos brindas a tus interlocutores «pistas» sutiles. Lo noten o no, las personas responden de inmediato a tus expresiones faciales, tus gestos, tu postura y tu energía. Reaccionan a tu voz, tanto al tono como la inflexión. El público, así se trate de uno o cien individuos, capta tus motivaciones y actitudes de forma instintiva.

Los individuos perciben mucho en siete segundos. Pueden decidir que no desean oír nada de lo que un conferenciante tenga para decirles, o bien pueden sorprenderse por cuanto les atrae cierto orador. Como bien explicó el abolicionista y clérigo Henry Ward Beecher: «Hay personas tan radiantes, geniales, amables y agradables que instintivamente nos sentimos a gusto en su presencia y nos hacen bien; personas que, cuando entran a un salón, es como si iluminaran el lugar».

Si deseas incrementar tu capacidad para establecer vínculos visuales con los demás, entonces toma en serio el siguiente consejo:

Elimina las distracciones personales. Casi ni hace falta decir que lo primero que debemos hacer para establecer una conexión visual es aumentar las probabilidades de que la gente preste atención al individuo o al objeto en cuestión y no se distraiga. Estar bien arreglado y vestido para la ocasión es un buen comienzo. Una innumerable cantidad de individuos perdieron la oportunidad de concretar una venta, arruinaron una entrevista de trabajo o sufrieron un rechazo cuando intentaron conseguir una cita porque su apariencia no cumplía con las expectativas del otro.

También es conveniente eliminar cualquier tipo de hábito o tic que distraiga al interlocutor. Pregunta a tus familiares y amigos si sueles tener comportamientos que llamen su atención y hacen que quiten el enfoque de tu mensaje. Si hablas frente a un auditorio, una de las mejores cosas que puedes hacer es grabarte en video. John Love, un pastor que dejó un comentario en mi blog, escribió: «No tenía idea de cuántos errores no verbales cometía hasta que me vi en una grabación. Ahora veo las grabaciones en forma periódica y me observo para estudiar no solo lo que dije, sino también cómo lo dije. La grabación no miente».[4]

Amplía tu abanico de expresiones. Los mejores actores pueden contar historias enteras sin pronunciar ni una sola palabra, solo con las expresiones faciales. Seamos conscientes de esto o no, nosotros también transmitimos mensajes con la expresión de nuestros rostros. Incluso quienes se jactan de tener una expresión impasible y que se esfuerzan mucho para no dejar escapar una sonrisa y para no permitir que otros sepan lo que piensan, transmiten un mensaje: el de la indiferencia. De ese modo, establecer relaciones con los demás es casi imposible. Como tu rostro «hablará» por ti aunque no quieras, es preferible que comunique algo positivo.

Cuando mi esposa y yo vemos a nuestros nietos, nos encargamos especialmente de demostrarles lo felices que estamos de verlos. Cuando llegan a casa, dejamos lo que sea que estemos haciendo para expresarles lo mucho que nos agrada estar con ellos y lo manifestamos no sólo con palabras, sino también con sonrisas, besos y abrazos. Queremos que se sientan amados, aceptados y especiales en cada instante que compartimos con ellos.

> *Como tu rostro «hablará» por ti aunque no quieras, es preferible que comunique algo positivo.*

Cuando nos comunicamos con un auditorio, las expresiones faciales cobran más importancia aún. En general, cuanto más numeroso es el público, más exageradas deben ser las expresiones faciales. Por supuesto, la tecnología tuvo una influencia en el modo en que las personas se comunican con grandes auditorios. Recuerdo vívidamente la primera vez que hablé ante el público: me filmaron y mi imagen apareció en una pantalla gigante. Fue en la Catedral de Cristal en el condado de Orange, California. La pantalla gigante estaba ubicada unos cuantos metros a mi izquierda, y me ponía muy nervioso que miraran en esa dirección en lugar de mirarme a mí. Pero después hice una broma y la acompañé con una expresión facial que provocó la risa del público, lo que me hizo sentir aliviado. Aun cuando miraban la pantalla en lugar de mirarme a mí, estaba estableciendo una relación con ellos.

Seas quien seas y te dirijas a quien te dirijas, puedes mejorar tu capacidad para establecer relaciones si sonríes y eres expresivo. Aunque tu entorno laboral no sea muy amigable o aunque la cultura de la organización para la que trabajas sea formal, no es necesario que mantengas una expresión adusta todo el tiempo. Esto es algo en lo que reparé a temprana edad. Cuando estaba en tercer grado, recuerdo que una mañana me miré al espejo y pensé: *No soy un tipo guapo. ¿Qué puedo hacer con un rostro como este?* Entonces sonreí y pensé: *Así está mejor.*

Muévete con un objetivo en mente. Cuando estaba en la universidad, quise conseguir trabajo en una tienda de comestibles de la zona. Mi amigo de la universidad Steve Benner también quería trabajar allí, así que ambos nos postulamos. El gerente nos recibió en la puerta de la tienda y nos solicitó que lo acompañáramos al fondo del establecimiento, donde completamos las solicitudes. Una vez que terminamos, nos dijo que al día siguiente nos informaría a quién había decidido contratar. Steve consiguió el trabajo.

Pocas semanas después, fui a ver al gerente y le pregunté por qué no me había elegido. Me preguntaba si la decisión del gerente guardaba relación con alguno de los datos que incluí en la solicitud. «No tiene nada que ver con tu solicitud, respondió, elegí a Steve porque él caminó hacia el fondo de la tienda con más vivacidad y energía que tú».

Nunca olvidé esa experiencia. ¿Acaso no es cierto que nuestra percepción de las personas difiere según el modo en que se conducen? Una persona atrae la atención de los demás mientras que otra es ignorada. Una persona se gana el respeto de los otros mientras que otra no lo hace. Oí que los ladrones y los carteristas observan el lenguaje corporal de la gente para elegir a sus víctimas. Si alguien camina con energía, seguridad y atención, a menudo los delincuentes lo dejarán pasar y buscarán otra víctima, alguien inseguro y poco atento.

No hay ocasión en que el movimiento no transmita un mensaje claro cuando alguien desea comunicarse. Siempre soy consciente de esto cuando estoy en el estrado. Me dirijo aprisa y con seguridad al escenario porque quiero que sepan que estoy ansioso por hablarles. Sé que cuando me acerco más al público, genero una sensación de mayor intimidad. Siempre intento mantenerme en movimiento. Sé que si me muevo cada cierta cantidad de minutos, las personas sentirán mi energía y tendré más probabilidades de que sigan prestándome atención.

Mantén una postura amplia. A menudo las barreras físicas son los mayores obstáculos con los que se enfrenta una persona que desea comunicarse y establecer una relación. Me tomó varios años darme cuenta de esto y poder comunicarme de forma más eficaz. Cuando comencé a hablar frente al público, solía permanecer quieto detrás de un atril. En consecuencia, me sentía lejos de mi auditorio. Pero cuando comencé a caminar por el escenario y a ubicarme donde las personas pudieran verme, mi capacidad para establecer contacto con el público mejoró notablemente.

Establecer un mejor contacto físico con mi público me ayudó muchísimo. Generar apertura psicológica también me fue muy útil. En realidad, aprendí esto por accidente, después de lesionarme la columna en un partido de racquetball con mi amigo Patrick Eggers. Estuve en cama durante tres días a causa de la lesión, y esto casi impide que asistiera a una presentación que debía dar en Harrisburg, Pensilvania, para la cual me había comprometido. La única forma de poder cumplir con mi obligación era llevar a mi esposa para que me ayudara a vestirme y a prepararme para la presentación, y solicitarle al anfitrión que me proveyera un banco para sentarme.

Logré cumplir con mi compromiso y, durante el proceso, descubrí algo sorprendente. Sentado en el banco tenía más energía que de costumbre, incluso con la columna lesionada. También me sentía más relajado y relacionado con el auditorio. Tras analizar la situación, me di cuenta de que, al estar sentado, mi comunicación tenía un estilo más coloquial. Eso me ayudó a crear un vínculo con el público y a ser mucho más eficaz.

Desde entonces, soy consciente de que al comunicarme con los demás debo mantener una postura física y mental abierta. Cuando estoy en la oficina, no le hablo a mi interlocutor desde detrás del escritorio, sino que ambos nos sentamos en sillones confortables y nos miramos de frente sin que nada se interponga entre nosotros. Si tenemos que trabajar, nos sentamos a una mesa, uno junto al otro.

Cada vez que eliminas obstáculos y reduces la distancia entre el interlocutor y tú, la relación se entabla con mayor facilidad. El contacto físico elimina la distancia por completo. Un apretón de manos, una palmada en la espalda o un abrazo pueden favorecer muchísimo el enlace. La figura radial Sue Duffield me contó una historia sobre su padre que ilustra el poder del contacto físico y la forma en que nos puede ayudar a relacionarnos con el prójimo:

Nunca olvidaré las manos de mi padre. Era un obrero muy trabajador y sometía sus manos a un maltrato diario. Sin embargo, de alguna manera lograba mantenerlas inmaculadas y arregladas, bronceadas y perfectas... Un día yo yacía en la camilla de una sala de emergencias, herida y magullada tras un choque frontal. Tenía diecisiete años y estaba totalmente destrozada, hasta que sentí que mi padre me tocaba el hombro. De inmediato supe quién era sin voltear la cabeza para mirar. Sentí su fuerza, su caricia; un vínculo familiar, tranquilizador e instantáneo que me decía: «Todo está bien».[5]

Haz todo lo posible por eliminar los obstáculos y acortar la brecha que te separa de la persona con la que deseas entablar una relación. Cuando sea apropiado, utiliza el contacto físico para demostrar que te interesas por el otro.

Pon atención al entorno. Sin duda, el entorno cumple una función importante cuando intentamos comunicarnos con los demás. ¿Alguna vez intentaste comunicarte con alguien que le presta más atención al televisor que a ti? ¿Intentaste conversar con alguien en una zona bulliciosa tal como una obra en construcción o durante un concierto? Un entorno difícil puede entorpecer la relación e incluso imposibilitarla.

Si deseas crearla, no puedes darte el lujo de ignorar el entorno. Esto es así incluso si tienes que hablar de forma profesional. No puedes dar por sentado que un lugar será propicio para establecer la relación aunque, en teoría, lo hayan diseñado para que las personas se comuniquen. Por eso siempre intento conocer las instalaciones antes de dar cualquier presentación. Quiero asegurarme de que ningún aspecto de la distribución del auditorio sea un obstáculo cuando me reúna con mi público.

Steve Miller, mi yerno, suele trabajar conmigo cuando doy una conferencia y a menudo llega al lugar antes que yo. Por experiencia, sabe lo que necesito para poder establecer un vínculo con las personas. En primer lugar, observa cuanta distancia hay entre el lugar desde el que hablaré y el público, eso es muy importante para mí. Puede ser difícil crear un enlace con el auditorio si tanto ellos como yo sentimos que nos separa un abismo, y creo que esto les sucede a varios comunicadores. Si recuerdas cuando Jay Leno se convirtió en el presentador de The Tonight Show [El espectáculo de esta noche], quizás te acuerdes de los cambios que realizó al poco tiempo de ponerse al frente del programa. Cuando Johnny Carson era el presentador, salía desde detrás del telón para recitar su monólogo. Eso le sentaba bien porque su estilo era un tanto distante. Sin embargo, ese no suele ser el caso de la mayoría de los presentadores. Cuando Leno comenzó a presentar el programa, los primeros meses no le fueron nada fáciles. ¿Por qué? Porque el escenario no se condecía con su estilo de comunicación. No obstante, después de un tiempo introdujeron modificaciones en el decorado que le dieron buenos resultados. Quitaron el telón y colocaron un estrado muy cerca del público desde el que Leno podía pronunciar su monólogo. De hecho, cuando Leno era el presentador, cada vez que salía a escena estrechaba la mano de quienes estaban sentados en la primera fila antes de comenzar a contar chistes. Un cambio en el entorno hizo una gran diferencia.

En segundo lugar, Steve revisa la iluminación. Quiero que me vean bien cuando estoy en el estrado porque soy un comunicador visual; pero también deseo que el auditorio tenga buena iluminación por dos motivos: por un lado, suelo entregar resúmenes y deseo que las personas puedan tomar notas, y por el otro, quiero poder ver al público mientras hablo. Muchas de mis habilidades para entablar relaciones giran en torno a las reacciones de los demás. Cuando puedo ver bien al público, me doy cuenta de lo que debo hacer para mejorar su respuesta.

En tercer lugar, Steve revisa los equipos de sonido. Un sonido defectuoso hace que la comunicación sea casi imposible. Me sorprendo constantemente por los equipos de sonido de mala calidad que proveen los hoteles caros para las conferencias. Muchos hoteles no tienen nada mejor que un micrófono de cuello cisne montado en el estrado. Tener que usar eso es para un comunicador lo que sería para un nadador olímpico intentar ganar una carrera atado de pies y manos. No sólo el sonido es pésimo, sino que además no permite que el orador se mueva por el estrado ni que se acerque al público.

Si deseas relacionarte con los demás, tienes que estar dispuesto a realizar ajustes. Si intentas hacerlo en casa con tu cónyuge, apaga el televisor. Si planeas almorzar con un colega o un cliente, elige un lugar silencioso en el que puedas mantener una conversación. Si organizas una junta de trabajo o una pequeña reunión, elige el ambiente adecuado y asegúrate de que el entorno físico posibilite la relación entre todos los participantes. Si te preparas para hablar frente a un auditorio, examina las instalaciones para eliminar cualquier obstáculo que dificulte la comunicación. Una vez que estés en el estrado, será demasiado tarde para realizar cambios. Para establecer un vínculo eficaz, asume la responsabilidad de brindarle al otro las mejores condiciones para que se relacione contigo visualmente.

2. Lo QUE LAS PERSONAS ENTIENDEN: VÍNCULOS INTELECTUALES

Para establecer un vínculo eficaz con las personas en lo intelectual, hay dos cosas que debes conocer: el tema del que hablas y a ti mismo. Lo primero es bastante obvio. Todos oímos alguna vez hablar a alguien sobre un tema del que no tenía idea. En el mejor de los casos, resulta cómico. En el peor de los casos, resulta tortuoso; pero la mayoría de las veces simplemente percibimos la falta de autenticidad. Como observó el músico de jazz Charlie Parker: «Si no lo vives, no saldrá de tu instrumento».

Leí una historia sobre el magnífico actor Charles Laughton que ilustra la diferencia entre un simple buen orador y uno que realmente sabe de lo que habla. Según la anécdota, Laughton asistió a la fiesta de Navidad de una familia de Londres. En el transcurso de la velada, el anfitrión solicitó a cada uno de los invitados que recitara el pasaje que más le gustara y que mejor representara para ellos el espíritu navideño. Cuando llegó el turno de Laughton, el actor recitó hábilmente el salmo 23. Todos aplaudieron su actuación y continuaron con la ronda.

> «Si no lo vives, no saldrá de tu instrumento».
> —CHARLIE PARKER, MÚSICO.

La última participante era una tía anciana muy querida que se había quedado dormida en un rincón. Alguien la despertó con suavidad, le explicó lo que estaba ocurriendo y le pidió que participara.

Ella pensó un momento y luego comenzó a decir, con voz temblorosa: «El Señor es mi Pastor, nada me faltará...» Cuando terminó, todos se habían conmovido hasta las lágrimas.

Cuando Laughton partió de la reunión al término de la velada, un miembro de la familia le agradeció por su visita e hizo un comentario sobre las distintas reacciones de la familia ante las dos recitaciones del salmo. Cuando le preguntó a Laughton qué opinaba él sobre esa diferencia, el actor respondió: «Yo conozco el salmo, ella conoce al Pastor».

> *Cuando te descubres a ti mismo, descubres a tu público.*

No hay nada como la experiencia personal cuando deseamos llegar al corazón de los demás. Si sabes algo mas no lo viviste, el público percibirá tu falta de credibilidad. Si hiciste algo pero no lo sabes tan bien como para explicarlo, el auditorio se sentirá frustrado. Para establecer una relación coherente debes combinar el conocimiento con la experiencia.

Conocerte a ti mismo es igual de importante que conocer el tema del que hablas. Los comunicadores eficaces se sienten cómodos consigo mismos. Son seguros porque tienen en claro lo que pueden y lo que no pueden hacer y, cuando se dirigen a las personas, se valen de sus fortalezas comunicativas.

Como expliqué anteriormente, me tomó algún tiempo darme cuenta de esto. No comencé siendo un comunicador eficaz. Mis primeras experiencias como orador tuvieron lugar en 1967, cuando asistía a la universidad. En ese entonces, mi estrategia consistía en imitar a los oradores que admiraba. ¡Qué desastre! Cuando eso no funcionaba, intentaba impresionar a los demás con mis conocimientos sobre el tema en cuestión. ¡Nadie me escuchaba! Me tomó ocho años «descubrirme» como orador. Pero tengo excelentes noticias para ti: cuando te descubres a ti mismo, descubres a tu público.

3. LO QUE LAS PERSONAS SIENTEN: VÍNCULOS EMOCIONALES

Hace poco tiempo, John Kotter, amigo mío y escritor, publicó un libro titulado *El sentido de la urgencia*. En su obra, Kotter afirma: «Durante siglos oímos la frase "los grandes líderes conquistan el corazón y la mente de los demás"». Observa que no dice que los grandes líderes conquistan la mente de los demás. Tampoco dice que conquistan la mente y el corazón de los demás. El corazón está primero. Si deseamos ser buenos comunicadores, siempre debemos recordarlo. Si deseas conquistar a alguien, primero conquista su corazón; es probable que el resto de su ser lo siga.

Soy testigo de que muchos oradores y docentes confían demasiado en su intelecto para persuadir a otros. Además, muchos sobreestiman la capacidad natural que tienen las personas para recibir su mensaje y el deseo de cambiar a causa de él. Estos oradores y docentes creen que lo único que necesitan hacer para convencerles es presentar un razonamiento lógico, pero no es así como funciona la comunicación.

El terapeuta y experto en liderazgo Rabí Edwin H. Friedman señaló:

«El gran malentendido de nuestros tiempos es suponer que la comprensión producirá cambios en quienes no tienen motivación para cambiar. La comunicación no depende de la sintaxis, ni de la elocuencia, la retórica o la articulación, sino del contexto emocional en el que se recibe el mensaje. Las personas sólo te oirán si ellas van a ti y probablemente no lo hagan si son tus palabras las que las acechan. Hasta las palabras que se eligen con el mayor de los cuidados pierden fuerza cuando un orador las emplea para imponer sus ideas a la fuerza. Las actitudes son las verdaderas figuras retóricas del lenguaje».

Lo que sea que albergues en tu interior, positivo o negativo, tarde o temprano aflorará cuando te comuniques con la gente. El proverbio

«Como el hombre piensa en su interior, así es él» es realmente cierto. Lo que hay en tu interior se manifiesta y ejerce una influencia en el modo en que los otros reaccionan ante ti. Ellos pueden o no *escuchar* tus palabras, pero *perciben* tu actitud, y es esta la que te permitirá establecer relaciones con ellos y ganarte su confianza o te hará ganar su antipatía y, en consecuencia, las alejará de ti. De hecho, a menudo tu actitud tiene más peso que las palabras que empleas al hablarle a los demás. Como señala Jules Rose de las tiendas Sloan's Supermarkets: «Las palabras exactas que utilizas tienen muchísima menos importancia que la energía, la intensidad y la convicción con que las pronuncias».

> *Las personas pueden o no* escuchar *tus palabras, pero* perciben *tu actitud.*

Quienes son capaces de establecer vínculos suelen tener lo que podría llamarse presencia o carisma. Son personas que se destacan entre la multitud, que atraen a los demás. Como dijo alguien: «Los individuos no siempre recordarán lo que dijiste, no siempre recordarán lo que hiciste; no obstante, siempre recordarán como los hiciste sentir».[6]

¿Por qué algunos tienen este don? Mi amigo y colega Dan Reiland me ayudó a comprenderlo. Un día me preguntó: «John, ¿sabes por qué algunos tienen carisma y otros no?»

«Por su personalidad», respondí en seguida. «Unos tienen éxito con las personas y otros no».

«No estoy de acuerdo», respondió Dan. «No creo que el carisma sea una cuestión de personalidad. Es una cuestión de actitud». Luego me explicó que las personas carismáticas tienen el enfoque puesto hacia afuera en lugar de hacia adentro. Le ponen atención al prójimo y desean darles un valor agregado.

Me di cuenta de que Dan tenía razón. Las personas que tienen «presencia» poseen una actitud desinteresada que hace que, para ellas, los otros estén primero. Tienen una actitud positiva que los hace concentrarse en lo bueno en lugar de ver lo malo y cuentan con una seguridad en sí mismos inquebrantable.

Mi anécdota preferida sobre la confianza en uno mismo surge de una entrevista que Larry King le hizo a Ty Cobb, uno de los mejores jugadores de béisbol de todos los tiempos. King preguntó a Cobb, quien tenía setenta años en ese momento: «¿Cuál crees que sería tu promedio de bateo si jugaras ahora?»

Cobb, que siempre había obtenido un promedio de .367 (el que aún sigue siendo el récord en ese deporte), dijo: «quizás .290 o .300».

«Eso es por el viaje, los partidos nocturnos, el césped artificial y todos los nuevos tipos de lanzamiento como la bola lenta, ¿verdad?», preguntó Larry.

«No», respondió Cobb. «Es porque tengo setenta años».

Cuando los individuos hacen este tipo de confidencias, su audiencia siente que establece una relación con ellos y al mismo tiempo sienten más confianza en sí mismos.

Esta es mi conclusión sobre el carisma: no hace falta ser una persona bella o genial ni un orador magnífico para tener presencia y crear lazos con los demás; sólo debes ser positivo, creer en ti mismo y enfocarte en el prójimo. Si pones esto en práctica, tendrás muchas probabilidades de relacionarte con la gente porque harás que sienta lo mismo que tú; esta es la esencia de los vínculos emocionales. Este principio se aplica a las relaciones con un auditorio, con un pequeño grupo o con una sola persona.

Steve Hiscoe, instructor de una academia de policía provincial de Canadá, enseña a los oficiales a defenderse y a utilizar la fuerza en situaciones difíciles. Hiscoe dice que intenta enseñar a los policías a establecer vínculos emocionales después de atravesar enfrentamientos violentos. Steve explica: «Cuando los oficiales participan de un enfrentamiento violento, deben explicar sus acciones a quienes no estaban allí pero que actúan como árbitros». Él les instruye para que «no sólo informen los hechos, sino que también incluyan sus emociones y sus percepciones para que los demás puedan sentir lo que ellos sintieron».[7] Ese debe ser tu objetivo cada vez que desees entablar una relación con alguien: ayudar al otro a sentir lo que tú sientes.

4. LO QUE LAS PERSONAS ESCUCHAN: VÍNCULOS VERBALES

Espero haberte convencido de que la comunicación va mucho más allá de las palabras y de que para establecer vínculos con el prójimo debes apelar a su sentido de la vista, su intelecto y sus emociones. Sin embargo, ¡eso no significa que debamos ignorar el poder de las palabras!

Como soy escritor y orador, mi vida está llena de palabras. Mis juegos preferidos son los juegos de palabras como el Boggle y el Upwords, un tipo de scrabble, también conocido como el juego de las palabras cruzadas. Mi pasatiempo favorito es la lectura. Me encantan las citas. Como dijo el primer ministro británico Benjamín Disraeli, creo que: «La sabiduría de las personas ilustradas y las experiencias de los siglos podrían preservarse mediante citas».

Si escuchas un discurso de Martin Luther King hijo, te sentirás inspirado por sus palabras. Si lees una obra de Shakespeare, el dramaturgo más grandioso de toda la historia, oirás frases que hoy, cuatrocientos años después, aún forman parte de la lengua coloquial y quienes las repiten ni siquiera saben a quién le pertenecen. Las palabras son el vehículo de las ideas y tienen el poder de cambiar el mundo.

Lo que decimos y cómo lo decimos tiene bastante influencia en las personas. Los demás responden al lenguaje que empleamos. Las palabras que utilizamos para hablarle a nuestro cónyuge o a nuestros hijos pueden aumentar su autoestima o herirla, pueden conseguir un acuerdo o violarlo, pueden convertir una conversación aburrida en una ocasión memorable.

Cuando le hablo a un solo individuo, pongo mucho cuidado en elegir palabras positivas y transmitir la confianza que tengo en esa persona, incluso en una situación difícil. Cuando me dirijo a un auditorio, me esfuerzo por hacer que mis palabras sean contundentes y dignas de recordar. Como observó Mark Twain: «La diferencia entre la palabra casi justa y la palabra justa es en realidad grande; es la diferencia entre una luciérnaga, o bichito de luz y la luz».

El *modo* en que una persona dice algo también comunica muchas cosas. Hershel Kreis, operador telefónico de emergencias en los Estados Unidos, explica: «Una de las dificultades con las que nos encontramos quienes trabajamos en el servicio de emergencia 911 reside en que sólo podemos comunicarnos de forma verbal con quienes nos llaman». Sin embargo, el hecho de no poder ver a sus interlocutores no les impide reunir información y comunicarse con ellos de forma eficaz. «Podemos oír el ritmo de lo que hablan, el ruido de fondo, el tono, etcétera. La experiencia nos enseñó a escuchar más allá de las palabras que pronuncian quienes nos llaman para poder establecer una relación con ellos a pesar de no contar con todas las pistas no verbales».[8]

Las personas captan más de lo que creen a partir del modo en que se expresan los demás, por eso pongo mucha atención en este punto cuando hablo. El tono, la inflexión, el sentido de la oportunidad, el volumen, el ritmo, todo lo que haces con la voz comunica algo y tiene el potencial para ayudarte a crear una relación con el interlocutor, y también para impedirla.

COMBINA TODOS LOS COMPONENTES

El arte de comunicarse más allá de las palabras exige que seas capaz de combinar estos cuatro factores: las palabras justas, la emoción adecuada, la convicción intelectual y la impresión visual correcta. Debes expresar todo esto con el tono de voz apropiado, las expresiones faciales correctas y un lenguaje corporal positivo.

Sé que parece complicado, y lo es, pero también es intuitivo. El mejor consejo que puedo darte es que aprendas a ser tú mismo. Los mejores oradores profesionales se conocen a sí mismos y saben cuáles son sus fortalezas, las que a menudo aprenden a fuerza de prueba y error, y sacan el máximo provecho de ellas. Así lo hacen los mejores comediantes, políticos, presentadores y líderes. Cada uno tiene su propio estilo, no obstante, todos poseen la capacidad de establecer vínculos visuales, intelectuales, emocionales y verbales.

Si aún no descubriste ni desarrollaste tu estilo, estudia a los comunicadores. Ensaya cuando hables con las personas. No está mal «tomar prestadas» algunas técnicas efectivas que observes en los demás, simplemente aprópiate de ellas; pero no hagas lo que J. Jayson Pagan confesó haber intentado. En una oportunidad, durante los primeros años de su carrera profesional, oyó un mensaje en un CD que le encantó y le pareció que todos los miembros de la organización donde trabajaba debían escucharlo. «Escuché el CD y escribí el mensaje palabra por palabra», explicó Jayson, «cuando llegó el momento, lo pronuncié tal cual lo había escuchado. No hace falta decir que parecía un loro al repetir las palabras que me habían impactado. Tuve muy poco efecto». Jayson concluye: «Las personas necesitan tu influencia, pero no lograrás ejercerla sólo con "doblar" a aquellos que admiras».[9]

> «*Lo que eres habla tan fuerte que no puedo oír lo que dices*».
> —Ralph Waldo Emerson

El mensaje que transmites debe ser propio, igual que tu estilo. Trabaja para descubrir tu propio estilo y para desarrollar tu capacidad para relacionarte en cualquier situación. Cuando desarrolles esa aptitud, recuerda únicamente que una gran parte de lo que comunicas es visual y va más allá de las palabras. Recuerda las palabras de Ralph Waldo Emerson: «Lo que eres habla tan fuerte que no puedo oír lo que dices».

CÓMO RELACIONARSE CON LAS PERSONAS EN DIFERENTES SITUACIONES

PRINCIPIO PARA ESTABLECER RELACIONES: Las relaciones van más allá de las palabras.

CONCEPTO CLAVE: Cuanto más hagas para expresarte más allá de las palabras, mayores serán tus probabilidades de relacionarte con los demás.

RELACIONES CON UNA SOLA PERSONA

A menudo los individuos subestiman la importancia del aspecto no verbal de la comunicación cuando intentan relacionarse y no hacen un esfuerzo adicional por crear lazos más allá de las palabras. Mejorarás en esta área si logras...

- Establecer un vínculo visual con el otro al prestarle toda tu atención. Los ojos son las ventanas del alma, tienes que ver el corazón del prójimo y mostrarle el tuyo.
- Establecer un vínculo intelectual por medio de la formulación de preguntas, escuchar atentamente y poner atención a aquello que no se dice.
- Establecer un vínculo emocional mediante el contacto físico (dentro de los límites apropiados y con un comportamiento adecuado con los miembros del sexo opuesto).

RELACIONES CON UN GRUPO

Las relaciones con un grupo son una excelente oportunidad para aprender cómo pensar y comunicarse como formador. Es un entorno interactivo en el que realmente puedes mostrarle a las personas qué hacer y después puedes solicitarles que pongan en práctica tus indicaciones mientras haces comentarios sobre su desempeño. En entornos grupales...

- Establece un vínculo visual mediante el ejemplo. Los miembros del grupo harán lo que vean.
- Establece un vínculo intelectual por medio de la confianza en el crecimiento de las personas. Expande sus conocimientos para que puedan desarrollarse mucho más.
- Establece un vínculo emocional por medio del reconocimiento del esfuerzo del grupo y la recompensa por su trabajo.

RELACIONES CON UN AUDITORIO

Cuando se trata de comunicarse más allá de las palabras, dirigirse a un auditorio es la situación comunicativa más difícil de las tres. ¿Por qué? ¡Porque casi todo el mensaje que transmitimos desde un estrado se compone de palabras! No obstante, aún puedes lograr una mejoría inmediata de tu comunicación no verbal si haces tres cosas, sobre todo al comienzo de la presentación:

- Establece un vínculo visual por medio de una sonrisa. Este gesto demuestra a las personas que te alegra comunicarte con ellas.
- Establece un vínculo intelectual mediante una pausa estratégica para que el público tenga tiempo de pensar en algo que dijiste.
- Establece un vínculo emocional mediante las expresiones faciales, la risa y las lágrimas.

4

LAS RELACIONES REQUIEREN
ENERGÍA SIEMPRE

Piensa en los mejores comunicadores públicos que conozcas. Haz una lista mental e incluye a tres o cuatro de ellos. Ahora piensa en unas pocas personas que sean excelentes para comunicarse con un pequeño grupo o equipo. Por último, piensa en algunas que sean buenas para relacionarse con un solo individuo.

Repasa tus listas mentales y reflexiona: ¿cuántas de ellas tienen poca energía? Me arriesgaría a decir que la respuesta es ninguna. Aunque las personas parezcan bastante mesuradas, a menudo cuentan con reservas de energía que no se perciben a simple vista. ¿Por qué lo digo? Porque entablar relaciones con los demás no es algo que ocurra por sí solo, para lograrlo debes tener la intención de hacerlo, y eso *siempre* requiere energía.

ELLOS RECIBEN LO QUE TÚ DAS

Una de las oportunidades de relación que más desafíos me presentó y que más gratificante me resultó sucedió en 1996. Recibí una llamada telefónica de una pequeña iglesia situada en Hillham, Indiana, para invitarme a dar una charla en la celebración del vigésimo quinto aniversario de la construcción de la iglesia. Pude notar que el hombre que me llamó se puso nervioso al preguntarme si me gustaría hablar en la iglesia. También deseaba saber cuánto costarían mis servicios.

Aunque me tomó por sorpresa, me agradó que me invitaran. Verás: comencé mi carrera en 1969 como pastor principal en esa pequeña iglesia de la zona rural del sur de Indiana. Mientras estuve allí, la concurrencia pasó de unos pocos miembros a unos cientos, y en 1971 construimos nuevas instalaciones para recibir a una congregación cada vez mayor. Durante las siguientes dos décadas y media, mi carrera de pastor me llevó a iglesias más grandes y me permitió ejercer una influencia superior a lo que podría haber soñado por aquel entonces, pero siempre le tuve mucho cariño a la comunidad de Hillham. Fue allí donde comencé mi carrera, y ellos me dieron su amor incondicional cuando era joven, inexperto y propenso a cometer errores tontos. De inmediato le dije al hombre que me llamó que con gusto regresaría a Indiana para esa maravillosa ocasión. No sólo eso, sino que además llevaría a mi familia, y estaríamos felices de pagar todos nuestros gastos.

Cuando finalizó la llamada, Margaret me dijo: «John, me preocupa un poco esta celebración. Veinticinco años es mucho tiempo. Ya no eres la persona que eras en ese entonces. Tú y ellos viven en mundos diferentes ahora. Quizás no se identifiquen contigo. ¿Cómo establecerás un vínculo con ellos?»

Pensé en lo que me dijo mi esposa durante varios días. Tenía razón; yo había cambiado mucho en todos esos años. Estaba seguro de que ellos también lo habían hecho. Necesitaría mucha energía para crear un enlace con los asistentes. No podía presentarme simplemente y esperar que las cosas funcionaran por sí solas. Para establecer una relación con esas personas debía pensar en cómo acercarme a ellas desde lo emocional y lo relacional.

Sabía que el festejo del vigésimo quinto aniversario debía ser un día especial para ellos, no para mí. Quería que ellos, y no la ocasión en sí, fueran los verdaderos protagonistas de la celebración. Durante las semanas siguientes reflexioné sobre mis primeros años de carrera junto a la comunidad de Hillham y decidí hacer todo lo que estuviera a mi alcance para establecer un enlace con ellos. Así es como lo hice...

Busqué recuerdos de los años compartidos

Revisé mis archivos y encontré registros de bodas, funerales, sermones y acontecimientos especiales de los años que compartimos. Había una fotografía que se destacaba. En ella se veía a 301 personas de pie frente a la iglesia en un día de asistencia récord. Cuando la llevé a Hillham, a los miembros de la comunidad les encantó verse en la fotografía.

Me esforcé por recordar sus nombres

Soy bastante bueno para recordar nombres porque de veras me esfuerzo por lograrlo. Hay personas de Hillham que nunca olvidaré, y siempre recuerdo sus nombres fácilmente. Pero hace mucho tiempo que me fui de allí, de manera que revisé los archivos y las fotografías de esa época para refrescar la memoria. Para el momento en que se celebró la reunión, recordaba los nombres de casi todos. Mejor aún, cuando llegué al pueblo, uno de los congregantes me entregó una nueva versión del directorio de la iglesia con imágenes, que incluía fotografías recientes de todos los miembros de la iglesia, así que pude ver como lucía cada uno de ellos ahora. Ojalá hubieras visto sus expresiones cuando llegué a la iglesia y los llamé por su nombre.

Intenté hacer que se sintieran especiales

Como parte de la celebración de ese fin de semana, programé para el día sábado una reunión con quienes eran miembros de la congregación en la época en la que yo estaba a cargo. No quería que asistiera nadie más, sólo ellos. Durante tres horas, rememoramos juntos el pasado reunidos en el sótano de la iglesia. Miramos recuerdos que nos hicieron reír y, en ocasiones, nos hicieron llorar.

HICE QUE MI VISITA FUERA PERSONAL PARA LA MAYOR CANTIDAD DE INDIVIDUOS POSIBLE

Entregué copias de documentos tales como certificados de bautismo y recuerdos de momentos especiales. Por ejemplo, a Shirley Crowder le entregué una copia del sermón que di el día que se unió a la iglesia y a Abe Legenour le di una fotografía de su bautismo. Todos recibieron algo como recuerdo de los «viejos buenos tiempos». Luego tomamos fotografías de mi familia con cada uno de los miembros.

ME TOMÉ EL TRABAJO DE DEDICAR UN TIEMPO ADICIONAL A LAS PERSONAS

Algunos oradores y predicadores invitados llegan tarde, se mantienen alejados de su público, hablan desde una plataforma y se marchan lo más rápido posible. Yo no quería hacer eso, sino que quería estar disponible para los demás. En consecuencia, Margaret y yo llegamos al servicio dominical media hora antes para poder saludar personalmente a la mayor cantidad posible de miembros. Para mi sorpresa, cuando nos dirigimos al estacionamiento ¡estaba lleno y el auditorio estaba abarrotado! Entré a la iglesia y saludé a cada uno de los presentes, fila por fila. Después del servicio, permanecimos allí y fuimos los últimos en partir.

COMPARTÍ MIS ERRORES DURANTE LA PRÉDICA

Aprendí que si deseas impresionar a las personas, puedes hablar de tus éxitos, pero si deseas que los demás se identifiquen contigo, es mejor hablar de tus fracasos. Eso es lo que hice ese día. Agradecí a todos por haber sido tan pacientes y amables durante esos primeros años de mi carrera. Honestamente, en esa época yo era muy inmaduro y ellos toleraron muchas cosas; les estaba agradecido y quería que lo supieran.

LOS RECONOCÍ COMO PARTE DE MI ÉXITO

En la vida, nadie llega a ninguna parte sin la ayuda de los demás. Las personas de esa comunidad me ayudaron a encontrar el camino acertado en mi carrera. Elaboré mi mensaje en torno a esa verdad y lo titulé: «Diez lecciones que aprendí en Hillham». Mientras hablaba, ellos evocaban, reían y lloraban. Al cierre de mi discurso, expresé mi sincero agradecimiento por la influencia que ejercieron en mi vida. (¿Acaso no es cierto que la gratitud silenciosa no resulta buena para nadie?). Mis palabras finales fueron: «Todos los pastores jóvenes deberían pasar los primeros años de su carrera en Hillham. Eso les daría las bases para el éxito en el ministerio pastoral».

Creo que todos disfrutaron el encuentro. Sin duda, Margaret y yo también. En el avión que nos trajo de regreso a casa, ella me dijo: «Pues, lo lograste, estableciste una relación con ellos». Me sentí satisfecho por haber dado lo mejor de mí. Por supuesto, estaba exhausto porque llevarlo a cabo me había demandado muchísima energía.

TÚ TIENES QUE HACERLO

Cuando estudiaba para obtener mi licenciatura, tomé un curso de oratoria. Más de cuarenta años después, puedo decir honestamente que aprender cómo dirigirme a un auditorio fue un hito tanto en mi vida como en mi crecimiento como orador. En esa clase aprendí lo que mi profesor llamaba «Los cuatro pecados imperdonables de un comunicador»: no estar preparado, no comprometerse, no ser interesante y no estar cómodo. ¿Adviertes cuál es el común denominador en tres de estos cuatro «pecados»? La energía. Los primeros tres se logran con esfuerzo. ¡Hace falta energía para estar preparado, comprometerse y ser interesante! Esto es cierto así te dirijas a una sola persona o a mil. Establecer una relación siempre requiere energía.

La escritora y consejera personal en comunicación Susan RoAne explica qué se necesita para crear un vínculo con los demás en ámbitos sociales. En su libro *Venderse a sí mismo*, la escritora cita lo que ella llama las 10 mejores tácticas de socialización, habilidades que deben usarse al conocer nuevos individuos. Lee la lista y reflexiona sobre cuántas de estas tácticas requieren energía. Ella dice que los magníficos socializadores: [1]

1. Hacen que los demás se sientan cómodos.
2. Se muestran cómodos y seguros de sí mismo.
3. Se ríen de sí mismo.
4. Demuestran interés mediante el contacto visual, la formulación de preguntas y escuchar.
5. Saludan con un firme apretón de manos y una sonrisa.
6. Transmiten una sensación de energía y entusiasmo.
7. Son equilibrados, bien intencionados, bien informados y educados.
8. Preparan temas de conversación interesantes.
9. Presentan a los individuos con entusiasmo y cumplidos.
10. Transmiten respeto y simpatizan verdaderamente con las personas.

Según mis cálculos, al menos siete de estos diez puntos necesitan energía. Si deseas relacionarte pero esperas poder lograrlo sin dar nada de ti, olvídalo. Establecer lazos con las personas requiere energía siempre.

Cinco formas deliberadas de emplear la energía para establecer relaciones

No importa con quién ni en qué contexto intentes relacionarte, siempre es igual: es necesario poner energía para hacerlo de forma eficaz. Para aprovechar al máximo las oportunidades de crear vínculos, debes canalizar esa energía de forma estratégica. Hay acciones específicas que puedes realizar para fomentar la relación, ya sea con tu cónyuge, en una reunión social, con tus compañeros de trabajo o con tu jefe, en una reunión, desde un podio o desde el escenario de un estadio. Estoy en condiciones de afirmarlo con seguridad porque yo mismo lo logré en cada una de estas situaciones.

Cuando aseguro que se necesita energía para entablar relaciones, no digo que debas ser una persona sumamente vigorosa. Tampoco hace falta que seas extravertido. Sólo debes estar dispuesto a utilizar la energía que tengas para centrarte en los demás y llegar a ellos. Realmente es una cuestión de elección. La ingeniera y gerente de proyectos Laurinda Bellinger comentó: «Hace veinte años tuve que tomar la decisión de dejar de ocultarme tras mi personalidad introvertida y comenzar a establecer relaciones con la gente. Ahora, cuando les digo a mis compañeros de trabajo que soy introvertida, se ríen. Pero los que somos así podemos adoptar una actitud extravertida, si bien esto nos deja completamente agotados y necesitamos cargar las baterías más pronto que las personas que en verdad lo son».[2] Si deseas crear un vínculo con los demás, debes hacerlo de forma deliberada. A continuación, incluyo cinco observaciones sobre la energía necesaria para lograrlo y sobre qué acciones debes emprender para utilizar esa energía de forma estratégica.

1. Las relaciones exigen iniciativa... Da el primer paso

Tuve el privilegio de dirigirme a los empleados de Wal-Mart en la sede central de la compañía, en Bentonville, Arkansas, en varias oportunidades. La primera vez que lo hice, me llevaron a recorrer las instalaciones; por todas partes había carteles que ponían de relieve los valores y la filosofía de la organización. Cuando terminé mi presentación en esa primera visita, tomé una libreta y apunté los mensajes que aparecían en varios de los carteles. El que más me impresionó fue el de la «regla de los tres metros». Decía:

> Desde este día en adelante, prometo y declaro solemnemente
> que cada vez que un cliente esté a menos de tres metros de mí,
> le sonreiré, lo miraré a los ojos y lo saludaré.
>
> —SAM WALTON

Sam Walton comprendía la importancia de iniciar el contacto con los demás. La iniciativa es a cualquier relación lo que un fósforo encendido es a una vela.

Creo que la mayoría de las personas reconocen el valor de la iniciativa; pero, si bien están dispuestos a admitir que tomar la iniciativa es importante para las relaciones, muchos de ellos no la toman. A la hora de interactuar con los individuos, muchos esperan que el otro dé el primer paso. Pero para lo único que sirve esa actitud es para desperdiciar oportunidades. El pastor jubilado Malcolm Bane observó: «Si esperas hasta el momento en que puedas hacer todo por todos en lugar de hacer algo por alguien, terminarás sin hacer nada por nadie». Si deseas establecer relaciones con los demás, no esperes. ¡Toma la iniciativa!

> «Si esperas hasta el momento en que puedas hacer todo por todos en lugar de hacer algo por alguien, terminarás sin hacer nada por nadie».
> —MALCOLM BANE

La voluntad de dedicar energía a iniciar una relación es importante no sólo para vincularse con un individuo, sino también para comunicarse con grupos o equipos. Simon Herbert, un entrenador del Reino Unido, comentó:

Estoy a cargo del programa de rugbi de mi escuela y, el año pasado, intenté tomar un poco de distancia tanto de mi papel de entrenador como de los jugadores. Pasé el resto de la temporada apagando incendios. No comprendía qué era lo que estaba mal. Luego, en una visita a Sudáfrica, lo relacioné con el hecho de que me había distanciado un poco del asunto y mi energía ya no era el motor que impulsaba a los equipos. No me malentiendas, había excelentes líderes entre los jugadores y los entrenadores, pero un mentor cercano me hizo ver que, sin duda, era mi pasión por el deporte y por los jugadores la que encendía el fuego en todos los demás; necesitaba seguir echando leña para mantener viva la hoguera. [3]

Al no contar con la voluntad de Simon de tomar la iniciativa y poner su energía en el equipo, no tuvieron tanto éxito como podrían haberlo tenido. La relación requiere iniciativa.

Una de las técnicas que enseño en *25 maneras de ganarse a la gente* es: «Sé el primero en ayudar». Esta es una técnica muy simple pero también muy poderosa. Cada vez que necesitamos ayuda y la recibimos, ¿a quién recordamos más? Normalmente recordamos a la persona que nos ayudó primero. ¿No es así en tu caso? Por lo general, somos muy agradecidos con la persona que hace el esfuerzo de ayudarnos o incluirnos.

Al menos eso es lo que me sucede a mí. Les Stobbe fue la primera persona que me enseñó algo sobre la escritura. Dick Peterson fue el que me ayudó a crear mi primera compañía. Mi hermano Larry fue mi primer mentor en los negocios. Kurt Kampmeir me inició en el camino del crecimiento personal. Elmer Towns fue el primero en enseñarme algo sobre el crecimiento de las iglesias. Gerald Brooks fue el primero en hacer una donación económica a

> *El sabio hace de inmediato lo que el tonto deja para último momento.*

EQUIP, mi organización sin fines de lucro dedicada al liderazgo. Linda Eggers notó que necesitaba ayuda en mi compañía y se ofreció a proporcionármela. ¡Ellos emplearon energía y realizaron esfuerzos para hacer todo eso por mí y siempre ocuparán un lugar especial en mi corazón! Con pocas personas tengo la relación que tengo con ellos.

Hay un proverbio judío que dice: «El sabio hace de inmediato lo que el tonto deja para último momento». Demasiado a menudo esperamos el «momento perfecto» para tomar la iniciativa. Pero la experiencia me dice que el momento perfecto no existe. Iniciar una conversación con alguien suele ser incómodo. Si ofrecemos ayuda a alguien corremos el riesgo de que nos rechace. Brindarse a los demás puede causar malos entendidos. No te sentirás preparado ni cómodo en esos momentos, pero debes aprender a superar esa sensación de inseguridad e incomodidad. Como dijo la ex primera dama Eleanor Roosevelt: «Debemos hacer lo que creemos que no podemos hacer». Las personas que se relacionan con los demás son aquellas que dan un paso adelante y consiguen lo que el resto de nosotros nunca llega a lograr del todo.

2. Las relaciones requieren claridad... Prepárate

Si bien para crear vínculos con los individuos hay que estar dispuestos a tomar la iniciativa, lo que a menudo significa actuar en el momento, también hace falta que sepamos lo que estamos haciendo cuando entramos en contacto. Eso significa que debemos tener claridad de pensamiento, y a menudo la claridad es el resultado de la preparación en tres áreas principales:

Conocimiento de sí mismo: Preparación personal. Hace más de tres décadas, cuando me enfrenté al desafío de iniciar un programa de crecimiento personal, vi el aprendizaje como una manera de ayudarme a mí mismo. No tardé mucho en descubrir que cuando me ayudaba a mí mismo era más capaz de ayudar al prójimo. Esta es una de las razones por las que digo que para agregar valor al prójimo, la gente debe valorarse más a sí misma. No puedes dar aquello que no tienes. No puedes decir aquello que no sabes. No puedes explicar aquello que no sientes. Nadie puede dar algo a partir de la nada.

Conocerte a ti mismo y crecer te ayudará a adquirir claridad mental y emocional. Tendrás bien en claro qué sabes y qué no. Sabrás qué puedes hacer y qué no. Comenzarás a sentirte cómodo contigo mismo y a confiar en tu identidad. Serás capaz de entablar relaciones con los demás porque estarás dispuesto a abrirte a los otros y estarás en condiciones de hacerlo. Lo que dice el escritor y profesor de golf Harvey Pinick sobre los golfistas profesionales se aplica también a quienes se desempeñan en otros ámbitos de la vida: «Cuando un jugador está preparado para las cosas simples, también está preparado para los desafíos más grandes».

Conocimiento del público: Preparación interpersonal. Las relaciones con las personas comienzan con el conocimiento de ellas. Cuanto más comprendas al prójimo en general, mayor será tu capacidad para establecer un lazo con él. Cuanto más sepas de las personas específicas con las que intentas establecer un vínculo, mejor te irá. Si no tienes en claro quién compone tu auditorio, tu mensaje será confuso.

Durante años, adapté mis comentarios a la medida de quienes los oirían. Por ejemplo, cuando conduzco mesas redondas de líderes para debatir asuntos importantes de sus disciplinas, intento aprender todo lo que puedo sobre cada uno de los que asiste al encuentro. Cuanto más sepa sobre ellos, con mayor claridad podré dirigirlos y ayudarlos. Cuando me preparo para estos encuentros, utilizo una lista similar a la de un periodista que cubre una noticia. Pregunto:

- ¿Quiénes son?
- ¿Cuáles son sus intereses?
- ¿De dónde vienen?
- ¿Cuándo decidieron participar?
- ¿Por qué vienen?

- ¿Qué tengo para ofrecerles?
- ¿Cómo desean sentirse cuando finalice el encuentro?

¿Podría asistir a una de estas mesas redondas y sencillamente improvisar? Tal vez. ¿Sería capaz de establecer relaciones con los participantes también? No. ¿Les daría un valor agregado de la forma en que yo deseo hacerlo? ¡De ninguna manera! Se necesita tiempo y energía para responder estas siete preguntas, pero vale la pena. Cada vez que deseo crear lazos con los demás, doy por sentado que tendré que dedicar energía para prepararme con anticipación.

Los líderes siempre se hacen preguntas como estas cuando realizan encuentros en sus organizaciones. Dedican mucho tiempo y energía a formular preguntas, reunir información y prepararse para las reuniones. Saben que si desean proyectar su visión, tienen que aportar claridad a los miembros de sus organizaciones. Ellos son los responsables, no quienes los oyen.

Conocimiento de la disciplina: Preparación profesional. Si eres tú mismo y comprendes a las personas llegarás lejos entablando relaciones. Sin embargo, en las situaciones en las que debes hablar, enseñar o liderar, también debes estar preparado profesionalmente. Debes saber de lo que hablas. Sin duda, escuchaste a comunicadores que son excelentes para establecer relaciones con los demás mas no tienen demasiado que ofrecer en cuanto a contenidos. Después de su discurso, te marchas con una sensación de bienestar, aunque a los pocos minutos, horas o días, te das cuenta de que no estás mejor que antes.

En otras oportunidades, te encuentras con personas que tienen muchísimo que ofrecer en lo que a conocimientos respecta, pero no pueden comunicarse de forma eficaz. Poco después de que comienza la presentación, pierdes el interés en ella. Cuando finalizan, dices: «Gracias a Dios que terminó». Ninguno de estos dos tipos de comunicador es eficaz, no obstante, cuando alguien es capaz de combinar ambos aspectos, el efecto es poderoso.

3. LA RELACIÓN REQUIERE PACIENCIA... CÁLMATE UN POCO.

A una mujer que no estaba acostumbrada a conducir con el sistema de cambio de velocidades manual, se le detuvo el automóvil con el semáforo en verde. Cada vez que encendía el motor del automóvil, soltaba el embrague demasiado rápido y el vehículo se detenía de nuevo. El automóvil que estaba detrás de ella podría haberla rodeado para pasarla, pero, en cambio, su conductor se dedicó a tocar la bocina. Cuanto más lo hacía, más avergonzada y enojada se sentía. Luego de otro intento desesperado por hacer arrancar el vehículo, la mujer salió y caminó hacia el automóvil que estaba detrás del suyo. El hombre bajó la ventanilla, sorprendido.

«Le diré una cosa», dijo la mujer. «Vaya usted a arrancar mi automóvil, y yo me sentaré aquí a tocarle la bocina».

Vivimos en una cultura impaciente. Compramos la comida, retiramos la ropa de la tintorería, realizamos transacciones bancarias y compramos medicamentos, todo sin bajarnos del automóvil. Creo que el comentario que dejó Lisa Thorne en mi *blog* nos describe a muchos de nosotros: «Lo bueno es que me muevo rápido, lo malo es que a menudo me muevo sola».[4] Todo el mundo está apurado, y eso impide que la mayoría de nosotros podamos entablar una relación eficaz con la gente. Si deseas lograrlo, debes aminorar la marcha.

Debo reconocer que la impaciencia siempre fue una de mis debilidades y me esfuerzo continuamente por superarla. Durante los comienzos de mi carrera, deseaba hacer las cosas lo más pronto posible para poder pasar al siguiente asunto. Si alguien no quería ir tan deprisa como yo, me adelantaba y lo dejaba atrás. Pero ese estilo de liderazgo obstaculizaba mi capacidad para crear vínculos con los demás y perjudicaba mis relaciones. Lo bueno era que me movía rápido. Lo malo era que, a menudo, me movía solo.

Moverse a la velocidad de otra persona puede ser agotador. Sin dudas, hace falta energía para seguir el ritmo de alguien que se mueve más rápido que nosotros. ¿Pero acaso no es cansado también moverse a un ritmo más lento que el que deseamos? Henry David Thoreau escribió: «El hombre que viaja solo puede comenzar el día cuando lo desee. Aquel que viaja con otro debe esperar a que su compañero esté listo». Para mí, la espera es muy frustrante, es un desafío para mi paciencia. Sin embargo, si deseo relacionarme, debo estar dispuesto a aminorar la marcha e ir al ritmo del otro. Las personas que son buenas para realizar esto no siempre son las que corren más de prisa, sino las que son capaces de llevar a otros consigo. Tienen paciencia. Dejan de lado sus planes para incluir a los demás. Este tipo de actitudes requiere energía. Con el paso de los años, descubrí que todo lo que vale la pena en la vida lleva tiempo.

> «El hombre que viaja solo puede comenzar el día cuando lo desee. Aquel que viaja con otro debe esperar a que su compañero esté listo».
> — HENRY DAVID THOREAU

4. LAS RELACIONES EXIGEN DESINTERÉS... BRÍNDATE A LOS DEMÁS.

En la vida, hay personas que se brindan a los demás y hay otras que sólo pretenden recibir. ¿Qué clase deseas tener cerca? Las primeras, por supuesto. Todos deseamos lo mismo. Cuando estamos en una tienda de comestibles o en algún otro lugar público y vemos algún conocido de esos que sólo pretenden recibir, tendemos a evitar el contacto visual o doblamos rápido en la esquina y hacemos de cuenta que no lo vimos. Sin embargo, cuando vemos a alguien que se brinda a los demás, nos alegramos de verlo y creemos que es importante ir a saludarlo. Es fácil sentirse relacionado con alguien que se brinda al prójimo.

Para brindarse a los demás hace falta energía, y eso no siempre es fácil, sobre todo en situaciones de tensión. La entrenadora y oradora Trudy Metzger, quien superó una infancia marcada por el abuso, llegó a la adultez como una persona que se brinda al prójimo. No obstante, le resulta dificultoso mantener esa actitud de generosidad cuando se enfrenta a personas difíciles del pasado. En esos casos, se pone a la defensiva e intenta dominar la situación. Hace poco se dio cuenta de que, cuando eso sucede, deja de brindarse y se convierte en alguien que sólo pretende recibir. Trudy comenta: «Aunque que brindarme a los demás exige energía de mi parte, debo reconocer que las situaciones en las que me convierto en alguien que sólo pretende recibir me dejan totalmente agotada y "muerta" por dentro. El hecho de dar me da vida, es como regar una planta para que crezca, pero pretender recibir es como extraer el agua y los nutrientes del suelo y dejar tanto a la planta como al suelo empobrecidos e inservibles».[5]

Brindarse a los demás puede requerir mucha energía. Pero evitar la interacción con ellos también requiere esfuerzo. Ed Higgins comentó: «Dedicaba muchísima energía a evitar relacionarme con la gente (suelo ser extrovertido la mayor parte del tiempo) y me sentía desdichado por eso. Con el tiempo me di cuenta de que, quizás, la energía que utilizaba para evitar las relaciones era mucho mayor a la que necesitaba para establecerlas».[6]

Por lo general, brindarse al prójimo es beneficioso para todas las partes involucradas. Puede ser vigorizante para ti y útil para los individuos al mismo tiempo. Además, te ayuda a crear vínculos. Esto es cierto tanto para las relaciones con una sola persona, con un grupo o con un auditorio. Si te concentras en brindarte a los demás, te resultará mucho más fácil crear lazos con ellos. Durante los años en los que dirigía una iglesia y predicaba ante la congregación la mayoría de los fines de semana, algunos miembros de mi equipo y yo solíamos dedicar un poco de tiempo a conversar acerca de cómo había sido el servicio. Durante una de esas sesiones, mi amigo y colega Dan Reiland me dijo: «John, creo que a las personas les resulta muy fácil escucharte».

«¿Puedes explicarme a qué te refieres?», respondí. Respeto a Dan y quería escuchar su punto de vista.

«Haré algo mejor que eso», dijo Dan. A la mañana siguiente, me encontré con el análisis de Dan sobre mi escritorio. Decía lo siguiente:

Pensé en por qué resulta tan fácil escucharte. La idea me despertó especial curiosidad cuando pensé en el hecho de que esto es así incluso cuando las personas ya saben lo que dirás. Sin duda, es algo que va más allá de lo entretenido que puedas ser cuando cuentas bien una historia.

Creo que básicamente eres un comunicador que, por sobre todas las cosas, se brinda al prójimo en lugar de pretender recibir algo de él. El espíritu de los hombres percibe un espíritu generoso y se alimenta de él. De hecho, el espíritu se renueva gracias a un maestro con espíritu generoso; esto se comprueba con el hecho de que, cuando escuchan lo que tantas veces dijiste, de todas maneras se sienten plenos. Tus enseñanzas son fundamentalmente un acto de generosidad, y ellos pueden oír todo el día a alguien generoso mientras que se cansan pronto de alguien interesado. Piensa en las enseñanzas de Jesús: la mitad de las veces la gente no sabía de qué hablaba, pero lo escuchaba con atención. Jesús era generoso, los alimentaba. No pretendía recibir nada de ellos. Se comunicaba de forma espiritual (con el corazón); no brindaba información a secas.

Creo que funciona de la siguiente manera. Si los comunicadores enseñan a partir de la necesidad, la inseguridad, el ego o incluso la responsabilidad, no se brindan al prójimo. Las personas necesitadas desean reconocimiento, algo que el público debe darles. Las inseguras necesitan aprobación y aceptación, algo que el público debe darles. Las personas egoístas desean tener prioridad, ser superiores y apenas un poco mejores que los demás, algo que el público debe reconocerles. Incluso las que son motivadas por la responsabilidad desean que las reconozcan como trabajadoras fieles, que las consideren responsables, algo que el público debe concederles. Muchos comunicadores enseñan todo el tiempo a partir de alguna de estas formas de pedir algo a los demás y no son conscientes de ello.

Por otra parte, existe el ser generoso. Esta persona enseña a partir del amor, la gracia, la gratitud, la compasión, la pasión y la abundancia. Estas son todas expresiones de generosidad. En cualquiera de estas expresiones del corazón, el público no tiene que dar nada, sólo recibe. Las enseñanzas se convierten así en un presente que renueva a quienes lo reciben y los hace sentir plenos.

Así eres tú. Por eso las personas podrían escucharte todo el día. Por lo que observé y aprendí de ti, el 99 por ciento del tiempo enseñas a partir de la generosidad. Muy rara vez caes en el modo egoísta de enseñar, y en esos escasos momentos siento que ya no estás dando algo al auditorio sino que le pides algo, lo que a veces puede percibirse como: «Soy especial y un poco mejor que tú». A excepción de esos momentos atípicos, podría escucharte hablar todo el día.

No creo ser tan bueno para establecer relaciones como dice Dan, pero siempre me esfuerzo por centrarme en los oyentes y agregarles valor en la medida de mis posibilidades. Sin embargo, coincido plenamente con él en que todos los oradores dan o piden algo, y sin duda esa es una cuestión de actitud. Su postura es desinteresada o egoísta. Como sugirió José Manuel Pujol Hernández, vemos a los demás como escalones o puentes. Si los vemos como escalones, los usamos para poder ascender; si los vemos como puentes, los empleamos para relacionarnos. [7]

Cuando escuches hablar a alguien, pregúntate: «¿Esta persona me está brindando todo: los ojos, el rostro, el cuerpo, la mente y la personalidad? ¿O simplemente está de paso por la ciudad y esta oportunidad de hablar no es más que otra parada en su camino?» Las personas que desean relacionarse con los demás deben dar todo de sí. ¡Para eso hace falta energía!

Hace poco tiempo hablé con un comunicador que estaba aburrido de realizar la misma presentación una y otra vez para diferentes grupos de personas. Le recordé que él no daba la presentación para sí mismo, sino que lo hacía en beneficio de los demás. ¿Cómo podemos mantener esa actitud y reunir la energía necesaria para dar todo de nosotros cada vez que hablamos?

> *Para lograr una relación con los demás debemos comenzar por comprometernos con ellos.*

En su libro *Presenting to Win* [Presentar para ganar], Jerry Weissman brinda magníficos consejos sobre este tema. Él afirma que los oradores deben mantener la «ilusión de la primera vez», un concepto que proviene del mundo de la actuación. Aunque los actores deban hacer un papel docenas, cientos e incluso miles de veces, la actuación que ve el público debe ser digna del día de estreno. Luego Weissman cuenta una historia sobre el jugador de béisbol Joe DiMaggio, reconocido como uno de los mejores de ese deporte:

En una oportunidad, un periodista le dijo al jugador de los Yankees, apodado «*the Yankee Clipper*» [el acorazado]: «Joe, parecería que siempre juegas con la misma intensidad. Corres siempre a primera base antes de que las bolas toquen el suelo, incluso en los días calurosos de agosto, cuando los Yankees llevan la delantera en el campeonato y no corren ningún riesgo. ¿Cómo lo haces?»

DiMaggio respondió: «Siempre pienso que podría haber algún espectador en las gradas que nunca me haya visto jugar».

Esa es la clase de actitud desinteresada que debemos mantener para relacionarnos con la gente. Requiere muchísima energía, así se trate de vínculos individuales, grupales o con un auditorio, pero la recompensa es enorme. Para lograr una relación con los demás debemos comenzar por comprometernos con ellos.

5. Las relaciones requieren resistencia...
Recarga tus baterías

Comunicarse con las personas puede ser una tarea ardua desde el punto de vista físico, mental y emocional. La escritora y consultora Anne Cooper Ready describe algunas de las emociones que entran en juego cuando hablamos ante un auditorio:

> Hablar en público es el mayor temor de los estadounidenses; el miedo a la muerte ocupa el quinto lugar de la lista, y la soledad, el séptimo. Supongo que eso significa que la mayoría de nosotros tiene menos miedo a morir solo que a hacer el ridículo frente a los demás. El temor es una motivación poderosa en lo que respecta al liderazgo, es decir, a destacarse entre la multitud. Existe el miedo a que nos consideren anormales y diferentes; el temor a lo desconocido; el miedo a ser un fracaso; el temor a olvidarnos todo lo que pensábamos decir; el miedo a arriesgarnos en público y el temor a estar de pie, solos, frente al auditorio. La mayoría de nosotros siente todos estos temores a la hora de hablar en público.[8]

Con todo esto, ¿cómo pretendemos que trabajar para relacionarnos *no* nos quite energía?

Si no somos cuidadosos, establecer vínculos con las personas de forma continua puede quitarnos tanta energía que nos quedaremos con pocas reservas para hacer cualquier otra cosa. A pesar de que soy una persona extravertida y sociable, de todas formas necesito mucho tiempo a solas para recargar mis baterías emocionales, mentales, físicas y espirituales. Creo que este es el caso de la mayoría de los oradores y líderes. En su libro *Valores para líderes contemporáneos*, Lorin Woolfe escribe: «El liderazgo requiere una cantidad casi infinita de energía verbal: debes saber cómo hablar por teléfono, tienes que mantener el enfoque puesto en tu mensaje y repetir lo mismo hasta que te hartes del sonido de tu propia voz; luego debes repetirlo un poco más, porque es posible que justo cuando comiences a aburrirte de él, entonces comience a tener eco en la organización».

Con el pasar de los años, aprendí como mantener cargadas mis baterías. Tú también deberás hacerlo si deseas contar con un excedente de energía para establecer relaciones con la gente. Lo primero que debes hacer es reparar bien las «filtraciones» de energía reconociendo y evitando esas cosas innecesarias que te quitan fuerzas. Durante los primeros años de mi carrera, dedicaba mucho tiempo a aconsejar a las personas y, cada vez que lo hacía, regresaba a casa exhausto. Recuerdo que me preguntaba: *¿Por qué estoy tan cansado?* Después de todo, era joven y estaba muy entusiasmado con mi carrera. Me tomó bastante tiempo darme cuenta de que sentarme y escuchar los problemas de los individuos me dejaba totalmente extenuado.

Otra de las cosas que me quitan energía es preparar los detalles más pequeños de un proyecto. Eso demanda una enorme cantidad de esfuerzo a cambio de muy pocos beneficios. En cuanto estuve en condiciones de contratar colaboradores que se sentían vigorizados con esta clase de trabajo, lo hice. Creo fervientemente en que cada persona debe trabajar en el área en la que más se destaca. Piensa cuáles son las actividades que te restan energía y evítalas si no son fundamentales.

También debes identificar qué tipo de actividades te cargan las baterías y te dejan lleno de vigor. Todos somos diferentes. Johnson Tey escribió que él renueva energías cuando sale a dar una caminata; Kasaandra Roache disfruta pasar algo de tiempo en la playa. Ryan Schleisman pasa tiempo fuera de la oficina con sus colaboradores. Dice: «Como médico, a veces es difícil poder salir y cargar las baterías. Sé que cuando lo hago, mis pacientes y yo estamos mejor. Mis maravillosos colaboradores programan un poco de tiempo para que todos nos recreemos. Es un plan fantástico.»[9] Yo cargo mis baterías con un buen masaje, una ronda de golf, un cambio de ritmo o en mi tiempo de oración cada día mientras nado. Mi actividad favorita es pasar el día con Margaret sin ningún plan definido de antemano. Presta atención a las actividades que recargan tus baterías y comienza a incluirlas en tu agenda.

Si eres responsable de la conducción de personas o de la comunicación con ellas, es de suma importancia que encuentres maneras de recargar tus baterías. En verdad es muy simple, sólo necesitas saber qué te gusta hacer y buscar un tiempo para dedicarle a esas actividades. Como dice el novelista Louis Auchincloss: «Lo único que mantiene activo a un hombre es la energía, y ¿qué es la energía sino el gusto por la vida?» Si logras reservar algunos momentos para hacer aquello que te vigoriza, entonces siempre tendrás reservas a las cuales recurrir cuando desees establecer relaciones con las personas.

> «Lo único que mantiene activo a un hombre es la energía, y ¿qué es la energía sino el gusto por la vida?»
> — LOUIS AUCHINCLOSS

Para alcanzar cualquier logro valioso, debes aprender a administrar y canalizar tu energía. Los actores y los atletas comprenden esta necesidad mejor que nadie. Si no lo hacen, no obtienen los resultados que desean. Este fue el caso del comentarista deportivo Joe Theismann cuando jugaba en la liga nacional de fútbol de los Estados Unidos. Jugó en la línea de ataque de los Pieles Rojas de Washington en dos juegos consecutivos del campeonato del Súper Tazón en la década de los ochenta. Cuando su equipo jugó para el campeonato por primera vez en 1983, la actitud de Theismann fue positiva y tuvo más energía que nunca. Lo entusiasmaba estar allí y dio todo de sí. El equipo ganó.

La segunda vez fue totalmente distinta. Dio por sentadas muchas cosas y no tuvo una buena actitud. Theismann afirma: «Estaba preocupado por el clima, por mi calzado, por los entrenamientos, por todo». En consecuencia, su desempeño se vio perjudicado, y el equipo perdió. ¿Era Theismann el único responsable de la victoria o el fracaso del equipo? No, pero como mariscal de campo, era el líder del equipo y quien marcaba la pauta. Me dijeron que, a veces, usa tanto el anillo de los ganadores como el de los perdedores para recordar lo que debe hacer para triunfar. «La diferencia entre esos dos anillos radica en ser aplicado y no aceptar nada más que lo mejor».

Relacionarse con la gente es como cualquier otra cosa en la vida: tienes que tener la intención de hacerlo. Eso no significa que debas ser llamativo y ruidoso. Clancy Cross, formador en el ámbito de los negocios, observó lo siguiente: «A menudo las personas confunden energía con volumen o velocidad. Un músico experto sabe que cantar o tocar lenta y suavemente (y crear un vínculo con el público) requiere más energía que hacerlo a todo volumen y de prisa. Incluso la manera en que nos sentamos con los individuos y los escuchamos requiere energía. Ellos perciben cuando no la tenemos. No se puede fingir la energía ni se puede fingir la relación».[10]

Para alcanzarla debes esforzarte y dar lo mejor de ti; de lo contrario, no lo lograrás. Hace falta energía, ya sea para estar al frente de una reunión, beber un café con un amigo, hablar para un gran auditorio o ser romántico con tu cónyuge. Sin embargo, no se me ocurre otra forma mejor de gastar la energía.

CÓMO RELACIONARSE CON LAS PERSONAS EN DIFERENTES SITUACIONES

PRINCIPIO PARA ESTABLECER RELACIONES: Las relaciones requieren energía siempre.

CONCEPTO CLAVE: Cuanto mayor sea el grupo, más energía se necesita para establecer una relación con él.

RELACIONES CON UNA SOLA PERSONA

Muchos son perezosos a la hora de relacionarse con un solo individuo. Dan por sentado que el otro los escuchará. Eso es no darles a los demás lo que se merecen, sobre todo a las personas más cercanas a ti como tus amigos y familiares.

Evita correr ese riesgo. La próxima vez que intentes crear un vínculo con un solo individuo, prepárate emocional y mentalmente como lo harías para hablar frente a un auditorio. Si aportas energía a la conversación de forma deliberada, a los demás les será mucho más fácil entablar una relación contigo.

Si estás buscando formas de aumentar la energía para interaccionar con un solo individuo, haz lo que Margaret y yo hacemos desde hace años:

- Escribe las cosas significativas que te ocurren durante el día.
- No le cuentes a nadie las cosas importantes antes de compartirlas con esta persona en particular.
- Todos los días, tómense el tiempo de repasar ambas listas; eso requiere voluntad y energía.

RELACIONES CON UN GRUPO

Cuando te comunicas con un grupo o en una reunión, la energía del ambiente puede variar de forma significativa. En algunas oportunidades, el grupo aporta mucha energía al proceso, y la actividad resulta un éxito. En otras ocasiones, la deberás generar y canalizar desde tu lugar de comunicador o líder.

La próxima vez que te comuniques con un grupo, no te permitas ser autocomplaciente. Aporta energía al proceso de manera continua, aun cuando haya buena energía en el ambiente. No descanses. La experiencia resultará mejor para todos si continúas aportándola de forma deliberada. Además, si asumes la responsabilidad del nivel de energía en el grupo, te ganarás el respeto de los demás.

Un par de veces al año conduzco una mesa redonda sobre liderazgo con entre quince y treinta líderes ejecutivos. Estos son los pasos que sigo cuando estoy con ellos:

- Antes de que comience la sesión, me acerco a cada uno de los participantes y me presento.
- Formulo una pregunta a cada individuo para descubrir una característica única sobre él o ella.
- Al comienzo de la sesión, les cedo el mando de la reunión. Ellos me hacen preguntas y yo hago todo lo que está a mi alcance para ayudarlos.
- Si alguno de los presentes no está seguro de intervenir en el debate, comento ante los demás la característica única que descubrí sobre esa persona para involucrarla y explico cómo ese rasgo se relaciona con el tema en cuestión.
- Finalizo el encuentro con la pregunta de cómo puedo ayudarlos para que sean más exitosos.

RELACIONES CON UN AUDITORIO

Ningún auditorio asiste a una presentación con la idea de brindar energía al orador. Las personas asisten a los espectáculos, las conferencias, los talleres y otro tipo de actividades con la idea de recibir algo, no de darlo. Si eres orador, siempre debes tener esto en mente. Cuanto más grande sea el auditorio, más energía deberás brindarle.

Piensa de qué modo puedes incrementar tu energía cuando te diriges a un auditorio. Por ejemplo, la seguridad, que proviene de la preparación, brinda energía. La pasión, que proviene de la convicción, aporta energía. Una actitud positiva, que proviene de creer en las personas, brinda energía. Cuanta más energía dediques al proceso, mayor será tu capacidad para brindarla al público y mayores serán tus probabilidades de establecer una relación con ellos.

5

LAS RELACIONES SON MÁS UNA
DESTREZA QUE UN TALENTO NATURAL

Haré algo inusual en este capítulo: le entregaré las riendas a Charlie Wetzel, mi escritor desde 1994, para que cuente su punto de vista con respecto a la comunicación. Charlie es un observador muy perspicaz, un pensador reflexivo y un eterno estudiante de las cuestiones relacionadas con el liderazgo y la comunicación. Además, me conoce tan bien como cualquiera de mis colegas y tuvo la oportunidad de observarme en todo tipo de situaciones comunicativas. Él explicará cómo abordar la cuestión de las relaciones en la escritura, y creo que su perspectiva sencilla y sin filtros te resultará interesante. Sin embargo, primero quisiera hablar sobre algunas personas que considero grandes comunicadores.

LA COMUNICACIÓN EN EL NIVEL MÁS ALTO

Cualquiera puede aprender a establecer relaciones con los demás, pero es necesario estudiar el arte de la comunicación para hacerlo cada vez mejor. Yo la he estado estudiando durante cuatro décadas, por lo que cada vez que escucho hablar a alguien, además de prestar atención a lo que dice también estoy atento a su estilo y técnica de comunicación. De vez en cuando asisto a actividades en las que se presentan comunicadores porque disfruto al escucharlos y aprender de ellos.

Hace muchos años concurrí a una conferencia en San José, California, en la que se presentaban diez personalidades famosas. Se trataba de una variada e interesante fusión de figuras públicas, y estaba deseoso de ver y escuchar a cada una de ellas. Quería observar quiénes lograrían comunicarse de manera efectiva y establecerían una relación con el público.

Mientras me disponía a escucharlos, tracé dos columnas en mi libreta de notas y las rotulé como «Se relacionó» y «No se relacionó». Al finalizar el día, había escrito seis nombres en la primera columna y cuatro en la otra. No revelaré los nombres de quienes no lo lograron porque estoy seguro de que los reconocerías a todos. No obstante, procederé a describir sus estilos de comunicación:

Orador que no se relacionó Nº 1: Este político se expresó con voz monótona durante todo su discurso, sin la menor muestra de pasión o convicción. Habló casi como si no estuviéramos allí, ¡y nosotros ni siquiera estábamos seguros de que *él* estuviera presente!

Orador que no se relacionó Nº 2: Otro político. Sin embargo, este orador fue bastante agradable. Transmitió una cierta imagen de abuelo. Habló durante casi cincuenta minutos y no dijo absolutamente nada.

Orador que no se relacionó Nº 3: Una periodista de Washington. Se dirigió al público con aires de superioridad; era evidente que se sentía más importante que todos nosotros. Al menos a mí me hizo sentir insignificante. Todas sus palabras transmitieron un claro mensaje: *Yo sé algo que ignoras.*

Orador que no se relacionó Nº 4: Este orador era un escritor de libros de negocios y, a decir verdad, era al que más anhelaba escuchar. Sin embargo, su grado de irritación me sorprendió y desilusionó. Tanto su lenguaje corporal como las expresiones faciales y el vocabulario evidenciaban una actitud negativa. No habría deseado pasar cinco minutos a solas con él. Además, no ofreció ningún tipo de aplicación práctica de sus ideas durante el tiempo que disertó.

Estos cuatro oradores perdieron la atención de su auditorio. Algunos lo hicieron desde el comienzo, mientras que a otros les llevó más tiempo. Sin embargo, podría decirse que en todos los casos el público se sintió aliviado cuando terminaron sus presentaciones. Por el contrario, cuando uno de los buenos disertantes, aquellos que sí lograron relacionarse con el público, subía al estrado, podía percibirse como la sala se llenaba de optimismo. Estas son las personas que se relacionaron con el auditorio ese día:

Mark Russell: Otra clase de periodista de Washington. Lleva más de veinte años presentando una rutina de comedia en el distrito de Columbia. Mark logró hacernos reír, pero también pensar. Apostaría que formuló casi cien preguntas durante su exposición. Todo el mundo estaba completamente absorto.

Mario Cuomo: Sin ninguna duda, el orador más apasionante fue el ex gobernador de Nueva York. Fue electrizante. Me hizo *sentir* lo que él sentía. Conmovió a todos los presentes y, cuando concluyó, todos se pusieron de pie para vitorearlo.

C. Everett Koop: Debo reconocer que el ex director nacional de Salud Pública de los Estados Unidos me sorprendió por sus excelentes dotes de comunicador. Ejemplificaba con maestría. Hacía una afirmación lógica y luego la respaldaba con una gran historia. Sus palabras eran como tachuelas que fijaban cada comentario en nuestras mentes. Después de su discurso, yo estaba en condiciones de repetir de memoria los siete puntos que abordó.

Elizabeth Dole: La ex senadora de Estados Unidos y presidente de la Cruz Roja logró que cada uno de los espectadores se sintiera su mejor amigo. Demostró una confianza natural que nos hizo alegrar de estar allí.

Steve Forbes: De todos los oradores que observé ese día, fue de quien más aprendí. El jefe de redacción de la revista *Forbes* era brillante y revelador. Todos los temas que abordó parecieron novedosos.

Colin Powell: Cuando el ex jefe del Ejército y secretario de Estado de los Estados Unidos habló, confirió una sensación de tranquilidad y seguridad a toda la concurrencia. Tanto su voz como su actitud demostraron confianza y, con su discurso, logró que nos sintiéramos seguros de nosotros mismos. Lo más importante fue que nos dio esperanza.

Este grupo de oradores de excelencia no podría haber sido más diverso: todos contaban con trayectorias distintas, empleaban estilos de oratoria diferentes, sus valores diferían, hablaron sobre temas disímiles y sus talentos y habilidades no tenían muchos puntos de encuentro. Sin embargo, tenían una única cualidad en común: eran extraordinarios a la hora de establecer relaciones con los demás. Esta es una característica que comparten todos los grandes comunicadores y líderes, ¡y es una aptitud que puede aprenderse!

No es accidental

No todos los grandes comunicadores están cortados por la misma tijera. No obstante, sí comparten la capacidad para relacionarse con el prójimo, destreza que no se desarrolla por accidente. No puedes esperar lograr el éxito por pura suerte, como hizo el líder de una caravana de carromatos de pioneros que se abrían paso por las llanuras del oeste. Cuando un vigía avistó a lo lejos una nube de polvo que se acercaba, supieron que estaban en problemas. En efecto, una tribu de indios nativos guerreros bramaba en dirección a ellos, y el líder ordenó que los carromatos formaran un círculo detrás de una colina.

Cuando el líder de los colonos vio la silueta alta del jefe indio recortarse contra el cielo, decidió enfrentarlo e intentar comunicarse con él mediante un lenguaje de señas. Poco después, el líder de los colones regresó a sus hombres.

—¿Qué sucedió? —le preguntaron los pioneros.

—Pues, como es evidente, ninguno habla el idioma del otro —dijo—, entonces recurrimos al lenguaje de señas. Tracé un círculo en el polvo con el dedo para mostrarle que todos somos uno en estas tierras. Él observó el círculo e hizo una línea que lo atravesó. Por supuesto, quiso decir que existen dos naciones: la nuestra y la de él. Entonces señalé el cielo para indicar que todos somos uno a los ojos del Señor. Luego metió la mano en una bolsa, sacó una cebolla y me la entregó. Naturalmente, comprendí que se refería a los múltiples niveles de entendimiento que todos podemos tener. Para demostrarle que lo había interpretado, comí la cebolla. Luego saqué un huevo de mi chaqueta y se lo ofrecí como señal de nuestra buena voluntad, pero era tan arrogante que no pudo aceptarlo y simplemente se dio la vuelta y se alejó.

Mientras tanto, los guerreros se preparaban para un ataque y esperaban la orden de su jefe, pero el anciano líder levantó la mano y contó su experiencia.

—En cuanto estuvimos frente a frente —explicó—, supimos que no hablábamos el mismo idioma. Entonces, ese hombre trazó un círculo en la tierra. Sé que quiso decir que estábamos rodeados. Tracé una línea que atravesaba el círculo para demostrarle que los cortaríamos en dos. Levantó el dedo en dirección al cielo para expresar que él solo podría encargarse de nosotros. Entonces le di una cebolla para decirle que pronto probaría las amargas lágrimas de la derrota y la muerte. ¡Pero me desafió y se la comió! Luego me mostró un huevo para expresar cuán frágil era nuestra posición. Debe de haber más de ellos en las proximidades. Larguémonos de aquí.

Lars Ray contó esta historia sobre las fallas en la comunicación: «Estoy a punto de finalizar una tarea de dos años que me encomendó mi compañía en la ciudad de México», escribió. Él sólo sabe un poco de español, y aunque muchas de las personas con las que trabaja tienen un buen dominio del inglés, igual surgen problemas. «Hubo varias situaciones confusas, demasiados malentendidos y muchos percances importantes en la comunicación, y todos se debieron a los diversos niveles de comprensión de las palabras y sus significados, tal como ilustraste en tu relato... Tuve esa misma experiencia aquí... ¡y vaya si aprendí mucho de ella!»[1]

Es cierto lo que dice el pastor y activista Jesse Giglio: «El mayor problema de la comunicación es la ilusión de que fue exitosa».[2]

¿QUÉ HACE QUE LAS PERSONAS ESCUCHEN?

Si deseas convertirte en un mejor comunicador o líder, no puedes depender de la suerte. Debes aprender a relacionarte con los demás, para lo que tendrás que recurrir a las habilidades y la experiencia que poseas. Cuando escucho a los grandes comunicadores, noto que echan mano de una cantidad de factores que despiertan el interés de los demás por escucharlos. A medida que los leas, piensa en cuáles de ellos podrías emplear para establecer relaciones con el prójimo:

RELACIONES: A QUIÉN CONOCES

¿Cuál es el motivo por el que millones de personas comienzan a escuchar al doctor Phil McGraw, un psicólogo que colaboraba con abogados como asesor en juicios, y siguen sus consejos tanto en la vida como en el amor y las relaciones? Por la misma razón que otros tantos millones empezaron a escuchar al doctor Mehmet Oz sobre temas relacionados con la salud: ambos conocían a Oprah Winfrey y se presentaron en su programa de televisión.

Por supuesto que estas personas cuentan con una trayectoria. McGraw tiene un doctorado en psicología, y Oz es cirujano torácico y profesor de la Universidad de Columbia. Sin embargo, la mayor parte del público no conocía o no estaba interesada en esta información. En cuanto los seguidores de Oprah Winfrey supieron que *ella* confiaba en estas personas, *ellos* también les dieron su confianza.

Una de las formas más rápidas de ganar credibilidad con una persona, un grupo o un auditorio es pedirla prestada a quien ya la tiene en ese ámbito. Este es el principio en el que se basan los apoyos de las celebridades, las recomendaciones de ventas y la publicidad que se transmite de boca en boca. Aquellos a quienes conoces pueden abrirte la puerta para que te relaciones con alguien. Por supuesto, una vez que la puerta está abierta ¡todo queda en tus manos!

Perspicacia: Qué sabes

La mayoría quiere mejorar su situación personal. Cuando descubren a alguien que puede transmitirles algún concepto valioso, suelen escucharlo. Si realmente aprenden algo útil, suele desarrollarse una sensación de vínculo inmediato entre las partes.

Uno de los personajes de la historia de los Estados Unidos que más admiro es Benjamín Franklin. Tuvo una trayectoria extraordinaria y, como uno de los fundadores, es responsable del éxito de nuestra nación. Franklin tuvo poca educación formal, sólo asistió dos años a la escuela. Sin embargo, fue muy respetado por sus conocimientos y su aguda perspicacia. Como era un lector ávido y un hombre con intereses intelectuales, se convirtió en experto en una notable canti-

> *La mayoría quiere mejorar su situación personal. Cuando descubren a alguien que puede transmitirles algún concepto valioso, suelen escucharlo.*

dad de áreas: la imprenta y la industria editorial, la política, el activismo cívico, las ciencias y la diplomacia. Fue un inventor de avanzada, obtuvo el apoyo de Francia durante la guerra de Independencia, fundó la primera biblioteca pública de los Estados Unidos, fue el primer presidente de la Sociedad Filosófica Estadounidense y colaboró en la redacción de la Declaración de Independencia. Walter Isaacson lo llamó «el estadounidense más talentoso de su era». Fue muy influyente, y sus contemporáneos se sentían relacionados con él cuando compartía su sabiduría.

Si tienes experiencia en algún campo y la compartes generosamente con los demás, les das motivos para que te respeten y surja en ellos un sentimiento de vínculo contigo.

ÉXITO: QUÉ LOGRASTE

Muchos me preguntan de qué manera comencé a desempeñarme como orador fuera del ámbito de la iglesia local. Quieren saber cuál fue mi estrategia de mercadotecnia y cómo lo logré. La verdad es que no tenía un plan para convertirme en esta clase de orador. Sencillamente, hubo quienes se dieron cuenta de mi éxito en la conducción y el crecimiento de una iglesia y comenzaron a invitarme a hablar sobre el tema. Deseaban escuchar lo que tenía que decir debido a los logros que había alcanzado.

La cultura estadounidense, al igual que la mayoría de las culturas de nuestra época, se basa en el éxito. Todos quieren triunfar y buscan a otros que hayan logrado algo para obtener su consejo. Si tienes éxito en todo lo que emprendes, las personas querrán escucharte. Creo que esto se debe a que suponen que alguien que puede triunfar en un campo es poseedor de un conocimiento que podría resultarles valioso en sus propios intentos. Además, si el éxito se dio en el mismo terreno en el que ellos trabajan, hay muchas más posibilidades de que se relacionen con su interlocutor.

APTITUD: QUÉ PUEDES HACER

Los individuos que logran un alto desempeño en sus profesiones suelen contar con credibilidad inmediata. Los admiran, quieren parecérseles y se sienten en sintonía con ellos. Cuando hablan, los escuchan, aun cuando la clase de aptitud que tengan no se relacione con el consejo que ofrecen.

Piensa en Michael Jordan. Él ha hecho más dinero patrocinando marcas que lo que jamás hizo jugando baloncesto. ¿Será por el conocimiento que tiene de los productos que patrocina? No. Es por lo que puede hacer con una bola de baloncesto. Lo mismo podemos decir del nadador olímpico Michael Phelps. La gente lo escucha por lo que puede hacer en la piscina. Y cuando un actor nos dice que debemos manejar un automóvil en particular, no le prestamos atención porque él sea un experto en automóviles, le escuchamos porque admiramos su talento. La excelencia genera relaciones. Si eres muy competente en algún terreno, es posible que los demás deseen relacionarse contigo por esa razón.

Sacrificio: Cómo viviste

La madre Teresa contaba con el respeto y la atención de líderes de todo el mundo. Parecería que contaba con la admiración de personas de todos los credos. ¿Por qué? ¿Por qué la escuchaban a ella: una pobre y diminuta maestra de escuela que vivía en los barrios bajos de la India? La escuchaban porque llevó una vida sacrificada.

Creo que tenemos una inclinación natural a interesarnos por quienes se sacrificaron o sufrieron. Piensa en los sentimientos de empatía y relación que se generaron en las personas por los bomberos que sirvieron en la ciudad de Nueva York durante los atentados del 9 de septiembre de 2001 en las torres del World Trade Center. Observa el respeto que se les da a los familiares de los soldados que murieron en Irak y Afganistán. Considera el peso que se le atribuye a las palabras de los líderes de la lucha por los derechos civiles que ayudaron a allanar el terreno para la elección de Barack Obama, el primer presidente afroamericano de Estados Unidos.

Si te sacrificaste, sufriste alguna tragedia o superaste obstáculos dolorosos, muchas personas se identificarán contigo. Si además lograste mantener una actitud positiva pero humilde ante estas dificultades, te admirarán y podrán relacionarse contigo.

Estos cinco factores para crear vínculos son sólo el comienzo. Estoy seguro de que puedes pensar en otras razones por las que las personas se relacionan. Lo importante aquí es que debes recurrir a los factores que tengas y usarlos para establecer lazos con los demás. Cuantos más tengas y mejor los utilices, mayores posibilidades de lograrlo tendrás. Debes sacar provecho de tus fortalezas, desarrollar tu propio estilo y cultivar las habilidades que puedas para lograr relacionarte con el prójimo.

EL ARTE DE LAS RELACIONES
POR CHARLIE WETZEL

Una de las preguntas que me hacen todo el tiempo es: «¿Cómo es John en realidad?» Me alegra poder decir que el John Maxwell que he observado en privado durante una década y media es el mismo que todos pueden ver frente al público. Lo vi en cientos de situaciones: hablándole a miles de personas en un estadio, predicando en iglesias, enseñando lecciones sobre liderazgo a docenas de espectadores, asistiendo a reuniones, negociando acuerdos, pasando tiempo con su familia, viajando y, sencillamente, divirtiéndose. Por eso puedo decir que en verdad practica aquello que enseña y que siempre logra relacionarse con los demás.

Seré sincero contigo. La primera vez que lo vi hablar en su iglesia tuve dudas acerca de él. Me parecía que su predicación se caracterizaba por una verbosidad persuasiva. Caminó hacia el estrado de manera relajada, con una sonrisa y muy bien arreglado con un traje elegante. Tenía una confianza natural, como si estuviera hablando con amigos que conocía de años. Ahora que lo pienso, supongo que era precisamente eso lo que hacía.

Yo no estaba habituado a ese tipo de experiencias. Cuando era niño, iba a una iglesia a la que asistían unos treinta y cinco fieles; en cambio, en el auditorio de la iglesia de John había mil seguidores. Estaba acostumbrado a un coro de ocho personas con el acompañamiento de un órgano mal ejecutado, mientras que la calidad de música de esta iglesia era profesional. El pastor de mi niñez era un ingeniero severo e introvertido que acababa de convertirse en ministro; John era un comunicador que había pulido sus habilidades para la oratoria durante veinticinco años. Debo decir que mis expectativas necesitaban un ajuste. Afortunadamente, sólo necesité unas pocas semanas para reconocer que John era auténtico y sincero. En seguida me di cuenta de que lo que enseñaba semana tras semana me ayudaba y marcaba una diferencia real en mi vida.

Reconozco que mi actual opinión sobre John no es completamente objetiva. Le estoy agradecido por muchos motivos. No obstante, creo que mis observaciones son sinceras y precisas. Fuera de su ámbito familiar, pocas personas lo conocen tan bien como yo. Como soy un observador nato, al igual que todos los escritores, creo que puedo identificar por qué John es la clase de comunicador que es frente al público, frente a frente e incluso por escrito. En cuanto a esto, puedo decirle lo siguiente:

Relación con el público

Durante los primeros cinco años que trabajé con John era estudiante de comunicación y dediqué mucho tiempo a observar su estilo comunicativo frente al público. Antes de ser escritor, fui maestro, y creo que uno muy bueno. Mi fortaleza es transmitir información compleja de manera simple, rápida y práctica. Sin embargo, no tenía la destreza de John para cautivar a los espectadores y solía tardar semanas en lograr crear un vínculo con los estudiantes. Observaba a John porque deseaba aprender. Tuve la posibilidad de relacionarme con otros grandes oradores y también aprendí de ellos. Así, descubrí que John, al igual que todos los comunicadores que tanto admiro, presenta cinco cualidades:

Posee una gran seguridad. Aún no he encontrado un comunicador que no tenga esta cualidad. Como ya mencioné, al principio me pareció que la confianza que John demostraba en sí mismo era un tanto repulsiva debido al entorno en el que hablaba. Sin embargo, esa apreciación se debía a mi propio bagaje personal. Lo cierto es que es difícil disfrutar de oradores inseguros y relacionarse con ellos, ya que sus dudas personales nos hacen desconfiar, y esto se convierte en una distracción. Desde la perspectiva del que escucha, resulta imposible sentirse tranquilo y a gusto porque su falta de seguridad genera dudas acerca de su credibilidad. Ya sea de manera consciente o inconsciente, te preguntas una y otra vez: «¿Será cierto?» Cuando un disertante no demuestra convicción, no nos convence.

Si deseas convertirte en un buen comunicador y relacionarte con tu público, necesitas esforzarte para ganar confianza en ti mismo. Esta tarea puede ser tan ardua como trabajar en cuestiones personales relacionadas con tu pasado, tan simple como usar la vestimenta adecuada para dar una conferencia o tan rutinaria como practicar para obtener más experiencia frente al público. No importa qué necesites, trabaja en desarrollarlo.

Se muestra auténtico. La característica de John que más me conquistó en las primeras semanas que lo escuché disertar fue su autenticidad. No aparentaba ser quien no era. Al igual que los demás, tiene tanto debilidades como fortalezas, pero está dispuesto a aceptar ambas.

> *Los buenos comunicadores poseen una gran confianza en sí mismos.*
> —CHARLIE WETZEL

Debido a que lo conozco como persona, debo decir que John no se cree lo que se dice de él. Se alegra cuando alguien le expresa que fue de gran ayuda, pero ese sentimiento parte de la gratitud y de ver cumplido su propósito. Una vez escuché al cantante George Michael hablar sobre la fama en una entrevista con Chris Cuomo en el programa *Good Morning America* [Buenos días, Estados Unidos]. Michael dijo: «Debes entender que yo no me creo nada de eso. Es peligroso»[3]. Este comentario también describe la actitud de John.

Uno de los riesgos de estudiar a los comunicadores es caer en la trampa de intentar imitarlos. Es un gran error. Al principio, quería ser un orador parecido a John, pero eso provocó únicamente que me sintiera intimidado y perdiera confianza en mí mismo. Encontrarme de nuevo con mi voz y mi ritmo me llevó varios años de práctica. No puedo ser como John. No soy tan imponente como él. Su personalidad basta para llenar un lugar, ya sea una sala de estar o un estadio; pero ese no es mi caso. En cambio, mi objetivo es dar mi propia opinión con sinceridad, ser yo mismo y dar lo mejor de mí, y esto es algo que cualquiera puede aprender a hacer.

> *«Si deseas relacionarte con los demás, sé tú mismo y da lo mejor de ti».*
> —CHARLIE WETZEL

Se prepara a conciencia. Nunca vi que John no estuviera listo para enfrentar un público. Él ya habló sobre cómo se prepara para averiguar lo que desea su anfitrión y para conocer quiénes son sus espectadores. Yo te contaré las otras cosas que hace.

John es un planificador meticuloso. Dada su experiencia y personalidad, podría improvisar fácilmente, pero nunca lo hace; siempre se prepara de antemano. Escribe cada punto que abordará e incluye todas las citas e historias en su boceto. Como es un lector ávido y reúne citas y ejemplos permanentemente, siempre cuenta con mucho material disponible para incluir en cualquier mensaje que escriba. (Se podría decir que siempre está preparándose porque aprende e investiga todo el tiempo). Escribe sus borradores a mano con un bolígrafo marca *Bic* de cuatro colores, pega las citas con cinta adhesiva y escribe una o dos palabras precedidas por un asterisco para recordarse las anécdotas personales.

Es más, está preparado incluso cuando los demás no esperan que lo esté. Cada vez que viaja, lleva unas doce tarjetas plastificadas, cada una con un esbozo de discurso en caso de que surja la posibilidad de una disertación de último momento. Varios años atrás, mientras John se disponía a hablar en una de las paradas de una gira de promoción de un libro, alguien que lo había escuchado un año antes mencionó cuánto había disfrutado de su charla. Esa conferencia había sido muy similar a la que daba en la gira del libro que se estaba promocionando. En seguida, John sacó una de sus tarjetas y habló de un tema diferente. Salvo él, un compañero de viaje y yo, nadie más supo lo que había sucedido porque John lo resolvió con total facilidad.

Recurre al humor. John es divertido tanto arriba como abajo del escenario. Le encantan los buenos chistes. Tiene una gran sagacidad y rapidez mental. Además, se ríe de sí mismo sin problemas. Cuando busca material para sus presentaciones, el humor es una de las características que tiene en cuenta.

En ocasiones, algo que me sorprende es que John puede ser muy cursi. Puede decir cosas y contar historias al público con las que nadie más que él saldría airoso. ¿Deseas saber el porqué? Sale airoso porque sinceramente cree que lo que dice es gracioso. Sin duda, a nadie le gusta divertirse más que a John.

No es muy común que un comunicador capaz de relacionarse con su público no utilice el humor. Estoy seguro de que debe de existir alguno que lo haga, pero con total sinceridad no puedo recordar a ninguno. La clave es ceñirse a lo que *tú* consideras divertido y no forzar situaciones.

Centra su atención en los demás. John ya dedicó todo un capítulo al hecho de que para relacionarnos debemos centrarnos en los demás y no en nosotros mismos. Si alguna vez lo escuchaste disertar, entonces sabrás que, una vez que llega a un lugar, comienza a pensar en los individuos a los que se dirigirá. Si puede, se reúne antes con ellos y los saluda. Cuando empieza

> *«No es muy común que un comunicador capaz de relacionarse con su público no utilice el humor».*
> —CHARLIE WETZEL

su presentación, habla en términos positivos de su anfitrión o de alguien que encontró o conoció entre los espectadores. Una vez que termina, permanece en el lugar para saludar al público, estrechar manos y firmar libros.

Mientras me disponía a trabajar en este capítulo, me puse en contacto con algunos para que me contaran de qué manera John había establecido relación con ellos. Uno de ellos fue Marty Grunder, quien me contó una experiencia con John que ilustra la manera en que interacciona con los demás. Marty dijo:

Hace cinco años, John sólo sabía de mi existencia porque le había hecho llegar una copia de mi libro (por la cual, a propósito, me envió una amable nota de agradecimiento escrita a mano). Cuando se preparaba para hablar en Dayton, Ohio, le pidió a Linda Eggers, su asistente, que me llamara e invitara a su conferencia. Durante la sesión, me nombró para darme reconocimiento frente a mis conciudadanos. Yo conocía a varios de los miles que se habían congregado en el encuentro, y de más está decir que estaban atónitos por mi relación con John. También se aseguró de que me sentara junto a él en el almuerzo. Me habló y me miró directamente a los ojos, como si yo fuera el único en la sala. ¡Puedes imaginar cómo me hizo sentir!

Esa inclinación a pensar en los demás es un sello distintivo en la vida de John. Posee una asombrosa capacidad para crear momentos especiales y honrar a las personas, y no improvisa. Lo vi planificar algo especial con un año de anticipación. Puede dedicar meses a descifrar qué hará para que alguien se sienta único. Fui testigo de la manera en que honró a personas como Bill Bright, Billy Graham, Elmer Towns, Orval Butcher y su padre, entre otros. Cuenta con un gran sentido de la oportunidad y del momento.

Yo también fui el protagonista de uno de esos momentos singulares. Todos los meses, John solía dar a su personal una lección sobre liderazgo de una hora de duración. Esa clase se grababa y distribuía a más de diez mil personas mediante suscripción. Nunca olvidaré el día en que dio una lección llamada «En busca de águilas», en la que explicó qué características se deben buscar en un líder en potencia. En ese entonces, hacía unos pocos meses que trabajaba con él. Al finalizar la disertación, dijo: «Quisiera contarles sobre un águila que acaba de empezar a trabajar conmigo». Entonces comenzó a decir muchas cosas buenas sobre mí y contó una historia acerca de algo que yo había hecho por él por iniciativa propia.

Esto podrá parecer poco, pero creo que fue la primera vez que se me destacó públicamente por mi trabajo. ¡Hasta mi esposa estaba presente! También estaba el presidente de la compañía de John y todo su personal. Miles en todo el país escucharían sus elogios. Me hizo llorar. Incluso hoy, cuando pienso en ese momento casi una década más tarde, me conmuevo. Fue inesperado, no era algo que John debía hacer y lo dijo de corazón. Desde ese momento, sentí un vínculo con él. En verdad se interesa por el prójimo y se preocupa por demostrarlo.

RELACIÓN INDIVIDUAL

Con los años, conocí a muchos oradores y a varias celebridades. Para algunos es fácil ser encantadores, amenos y atractivos frente al público, pero al bajar del escenario tienen problemas para relacionarse con los demás. Este no es el caso de John. En mi opinión, es incluso mejor cuando interactúa en forma individual que cuando está ante una gran cantidad de espectadores. Realmente comprende a las personas y desea ayudarlas. Más aún, creo que su fortaleza en el estrado proviene de esas cualidades. La cantante y compositora Carole King dijo: «Todo tiene que ver con establecer relaciones. Deseo relacionarme con los demás y que piensen: "Sí, así es como me siento". Si puedo hacerlo, lo habré logrado». Eso es lo que hace John arriba del estrado, en un grupo o en forma individual.

No es fácil decidir qué contar acerca de mi relación personal con John. Podría describir cómo me cambió a primera clase en nuestro primer viaje juntos y que me preparó un panecillo para el desayuno mientras conversábamos, no se trata de algo muy importante, pero es bastante inusual que un director ejecutivo haga esto por un emplea-do nuevo. También podría contar la vez que quiso enviarme a una confe-rencia de escritores y, como asistir significaba que me perdería mi pri-mer aniversario de bodas, su solu-ción fue pagar para que mi esposa y yo viajáramos juntos. Tal vez podría comentarte que fue la primera per-sona que me llamó para ver cómo me sentía después de la muerte de mi madre.

> «Todo tiene que ver con establecer relaciones. Deseo relacionarme con los demás y que piensen: "Sí, así es como me siento". Si puedo hacerlo, lo habré logrado».
>
> —CAROLE KING

Todas las personas que rodean a John podrían relatar anécdotas similares. Puedo decir únicamen-te que siempre me hizo sentir como un amigo, no como un emplea-do. Si conoces su libro *25 maneras de ganarse a la gente*, puedo asegurarte que hace las cosas que allí recomienda todo el tiempo. El libro es un curso sobre las relaciones individuales, y John lo vive a diario.

Sin embargo, ninguna de estas historias te sirve a *ti*; por lo tanto, te contaré algo que siempre ayuda a John a crear un vínculo con los demás y que puedes aprender con facilidad. Lo denomino inclusión deliberada. John hace que las personas se sientan bienvenidas y necesarias, y las invita a vivir situaciones que no habrían experi-mentado de otra manera. Cuando asiste a una reunión, no sólo incluye a las personas necesarias, sino que también convoca a alguien que podría aprender y beneficiarse con esa experiencia. Cuando consigue entradas de temporada para ver a un equipo deportivo o compra entradas para un espectáculo, siempre lo hace en cantidad suficiente como para llevar a otros con él. Presenta a la gente para que puedan establecer relaciones entre sí. Por ejemplo, Anne Beiler de las tiendas de galletas Auntie Ann's Pretzels siempre quiso conocer a Truett Cathy, el fundador de la cadena de restaurantes Chick-fil-A. Entonces, John invitó a ambos a cenar a su casa.

John busca continuamente maneras de darles importancia a las personas y trata de que quienes lo rodean se sientan a gusto. En una ocasión, en un viaje con John, conseguimos un traslado en una limusina y nos sorprendió una inesperada escolta policial que nos acompañó hasta el aeropuerto. John se divirtió como nunca. ¿Qué hizo? Sacó su teléfono celular y le llamó a Linda Eggers, su asistente, quien no había podido viajar con nosotros. Le fue relatando todo a medida que sucedía para que ella pudiera compartir el momento con nosotros.

Si no haces nada más que incluir deliberadamente a los demás en tus mejores experiencias y actividades preferidas, te convertirás en una persona más hábil para relacionarte de la noche a la mañana.

RELACIONARSE MEDIANTE LA PALABRA ESCRITA

Después de escuchar a cientos de oradores y escritores, llegué a la conclusión de que hay dos clases de individuos en el mundo de la comunicación: los oradores que escriben y los escritores que hablan. Aún no conocí a nadie que tenga la misma destreza en ambas actividades.

Te preguntarás a qué clase pertenece John. Yo creo que es un orador que escribe. En primer lugar, se destaca frente al público. Establece una relación con su auditorio porque conoce con exactitud qué están pensando todos y sabe cómo decir la palabra justa en el tono de voz correcto para relajar a los espectadores, hacerlos reír o conmoverlos. Sin embargo, a diferencia de algunos disertantes que logran únicamente que el público disfrute el momento, John puede transmitir ideas magníficas. De hecho, cuando la gente me conoce y se entera de que escribo para él, suele decir: «¿Qué? ¿Quieres decir que John se atribuye el mérito de tus ideas?»

«No», les explico. «John es el dueño de las ideas. Nunca vivirá lo suficiente como para compartir todas las que tiene en mente. Yo sólo tomo sus ideas y me convierto en el artífice de la palabra para que las personas quieran leerlas». Esta habilidad es muy distinta a la de interactuar con el público.

Al igual que la mayoría de los buenos comunicadores, John transmite una cantidad increíble de significado mediante la entonación, las expresiones faciales, el sentido de la oportunidad y el lenguaje corporal. Todas estas cualidades le son naturales cuando entra en escena. A muchos oradores les resulta difícil expresarse al mismo nivel cuando escriben. John puede escribir, pero ante todo es un orador.

Entonces, ¿de qué manera logra establecer relaciones mediante la escritura? Te revelaré un secretito que nunca escuché que otro escritor mencionara. Cuando trabajo en los libros de John, no intento decir exactamente lo que él diría de la manera en que él lo haría. De hecho, tengo la capacidad de darme cuenta cuando un libro se creó a partir de la transcripción de un orador. Esos libros son un fracaso y no funcionan. ¿Por qué? Porque les falta todo el lenguaje no verbal que utilizan los grandes comunicadores. Lo que hago es tomar las ideas de John e intento lograr en el lector la misma reacción que él provocaría si las transmitiera en persona. Mi objetivo es que los lectores tengan la misma sensación que tendrían si John estuviera en frente. En otras palabras, mi tarea consiste en asegurarme de que sus ideas logren establecer un vínculo.

Transformarse en un comunicador
que sabe relacionarse es un proceso

Espero que los comentarios de Charlie te resulten útiles. Para ser sincero, una de mis preocupaciones al pensar en incluirlos en este libro fue que pudieran parecer un poco zalameros e interesados. Espero que no haya sido así. Sin embargo, para poner las cosas en perspectiva, quisiera contarte una historia que te ayudará a comprender qué mal comunicador era yo en un comienzo. Creo que es la clase de anécdota que puede darle esperanza a cualquiera.

Cuando estudiaba en la universidad para convertirme en pastor, las iglesias pequeñas acostumbraban invitar a los futuros ministros a hablarle a su congregación. Una semana antes de predicar por primera vez, acompañé a un amigo llamado Don para poder escuchar su primer intento.

Don se puso de pie ante la congregación y comenzó. Después de apenas tres minutos, se quedó sin combustible. No tenía nada más que decir. Tartamudeó durante unos segundos y se sentó con rapidez. Todos quedaron pasmados.

Durante el viaje de regreso a la universidad, no dejé de repetirme: «Mi sermón debe durar más de tres minutos». Dediqué cada momento libre del resto de esa semana a prepararme para mi discurso inaugural. A medida que trabajaba, seguía agregando temas a mi borrador. Para el domingo, ya tenía nueve puntos, pero en ningún momento pensé en establecer una relación con mi público. Sólo tenía un objetivo: durar más de tres minutos.

En esa época, Margaret y yo estábamos comprometidos, y ella me acompañó hasta esa pequeña iglesia para presenciar el primer paso importante de mi carrera. Cuando terminé el sermón, me sentía contento y satisfecho conmigo mismo. Creía que había hecho un muy buen trabajo.

En nuestro viaje de regreso, Margaret estuvo más callada que de costumbre. Finalmente, le pregunté: «¿Cómo estuve esta mañana?»

«Creo que para ser la primera vez, lo hiciste bien», me respondió después de cierta vacilación. No se escuchaba muy entusiasta, pero de todos modos me sentí esperanzado.

«¿Cuánto tiempo duró mi charla?»

Al cabo de una pausa muy prolongada, me contestó: «Cincuenta y cinco minutos».

¡Estaba desorientado! ¿Te imaginas qué habrán pensado los asistentes mientras se retiraban? No tenía idea de cuán largo y aburrido había sido mi mensaje, y ellos sabían que yo lo ignoraba. ¿Qué podían hacer? Habían sido demasiado corteses como para marcharse, así que fueron prisioneros de un orador novato que no sabía cómo comunicar sus ideas. Seguramente habrían preferido los tres minutos de Don.

El filósofo y poeta Ralph Waldo Emerson dijo: «Todos los buenos oradores fueron malos al principio». Sin duda, esas palabras se aplican a mi caso. Empecé mal, muy mal. Mejorar mis habilidades para la oratoria me llevó muchos años de práctica, y no lo logré sino hasta que aprendí qué tienen en común todos los buenos comunicadores: establecen una relación con su público.

No sé cuáles son tus objetivos ni cuál es tu potencial como comunicador, desconozco tus aspiraciones. Sin embargo, puedo decirte que es más probable que las cumplas si te conviertes en un comunicador eficaz, y

> «Todos los buenos oradores fueron malos al principio».
> —RALPH WALDO EMERSON.

esto se logra por medio de la capacidad para establecer una buena relación con el prójimo. Max De Pree, autor de *El liderazgo es un arte*, afirma: «En los esfuerzos por lograr que nuestro trabajo sea valioso y nuestras relaciones sean plenas no debe de haber nada más importante que aprender a practicar el arte de la comunicación». No podría estar más de acuerdo con él.

Si deseas enriquecer tus relaciones, si quieres lograr el éxito personal o si te interesa convertirte en un mejor líder, tu meta debe ser relacionarte. Para lograrlo, comienza a estudiar comunicación, si es que no lo estás haciendo ya. Observa tanto a los oradores eficaces como a los ineficaces y analiza qué funciona y qué no. Piensa en las características que provocan que las personas quieran escuchar a otros y empieza a trabajar para desarrollarlas en ti. Dondequiera que vayas, presta atención a la manera en que la gente que sabe relacionarse interactúa con otros en forma individual. Puedes perfeccionar tu habilidad para hacerlo si estás dispuesto a trabajar en ello.

CÓMO RELACIONARSE CON LAS PERSONAS EN DIFERENTES SITUACIONES

PRINCIPIO PARA ESTABLECER RELACIONES: Las relaciones son más una destreza que un talento natural.

CONCEPTO CLAVE: Las destrezas que aprendes para relacionarte en un nivel pueden usarse para comenzar a establecer relaciones en el nivel siguiente.

RELACIONES CON UNA SOLA PERSONA

La mayoría de las personas consideran que es más sencillo lograr una relación con una persona que con un grupo o un auditorio. Creo que la razón por la que esto suele ser así es porque cuentan con más práctica para relacionarse con un solo individuo que con un grupo. La manera de superar el temor a hablar frente a grupos más grandes es practicar el uso de las habilidades adquiridas en un nivel, y utilizarlas en el siguiente. El inicio del proceso consiste en aprovechar cualquier don o talento que poseas para comenzar a crear vínculos individuales con las personas.

Para lograr una buena relación individual, necesitas...

- interesarte en la persona
- darle importancia a ese individuo
- priorizar sus intereses sobre los tuyos
- expresarle tu gratitud y agradecer por haberte encontrado con esa persona.

Relaciones con un grupo

Una vez que logras buenas relaciones individuales, evalúa las habilidades que desarrollaste y las cualidades que usaste para triunfar en ese terreno. Luego considera cómo puedes utilizarlas para relacionarte en un grupo. ¿Cuáles pueden trasladarse a este nivel con facilidad? ¿Cuáles deben «traducirse» o modificarse de alguna manera para poder emplearlas con un grupo? Utiliza esas habilidades. Además, ten en cuenta los cuatro puntos mencionados con anterioridad para lograr relaciones individuales y adáptalos para aplicarlos a un grupo:

- Muestra interés por cada integrante del grupo al hacerle preguntas a cada uno de ellos.
- Dale importancia a cada individuo. Para ello, indica a los demás el valor que tiene cada uno.
- Haz que tu objetivo sea darle un valor agregado a cada persona y hazles saber que esa es tu intención.
- Expresa tu gratitud a cada uno frente a los demás.

Relaciones con un auditorio

A medida que te conviertes en un experto en relacionarte con los grupos, evalúa otra vez las cualidades que funcionaron con ellos. Procura predecir cuáles serán eficaces con públicos más numerosos. Recuerda solamente que cuanto más grande sea la concurrencia, más energía necesitarás para comunicarte.

Para iniciar el proceso de relación, sigue los siguientes pasos:

- Muestra interés por tus espectadores. Siempre que sea posible, conoce y saluda a los integrantes del público antes de tu conferencia. Mientras conversan, demuéstrales que entiendes que cada persona es única y especial.
- Hazles saber que dedicas mucho tiempo a preparar tu charla porque valoras a cada uno de ellos, así como aprecias sus propósitos y su tiempo. De esta manera, lograrás darles importancia.
- Ponlos en primer lugar y hazles saber que estás allí para servirles. Para hacerlo, me muestro dispuesto a contestar preguntas, a interactuar con las personas después de un discurso y a firmar libros.
- Exprésales tu gratitud y agradéceles por su tiempo.

PARTE 2

PRÁCTICAS PARA ESTABLECER RELACIONES

6

LAS PERSONAS QUE SE RELACIONAN LO HACEN A PARTIR DE PUNTOS EN COMÚN

Si tuviera que elegir la regla número uno de la comunicación, la práctica que, más que cualquier otra, abre la puerta para lograr vínculos con el prójimo, sería la de buscar intereses mutuos. Esta regla sirve tanto para resolver conflictos con el cónyuge, enseñar a un niño, negociar un acuerdo, vender un producto, escribir un libro y dirigir una reunión como para comunicar ideas a un auditorio.

Ya expliqué que, durante muchos de los primeros años de mi carrera como líder y orador, mi atención estuvo demasiado centrada en mí. No fue sino hasta que comencé a darme cuenta de que las relaciones giran en torno a los demás, que empecé a mejorar. ¡Es difícil encontrar intereses en común con el resto si sólo te concentras en ti mismo!

Creo que empezamos a comprender mejor al prójimo cuando nos entendemos a nosotros mismos. Sin embargo, para dar el siguiente paso es necesario esforzarse por comprender a los demás. Cuando leí el libro de Florence Littauer, *Enriquezca su personalidad*, tuve otra revelación que

> *¡Es difícil encontrar intereses en común con el resto si sólo te concentras en ti mismo!*

me ayudó a establecer lazos con los demás: reconocí por primera vez que los distintos temperamentos llevan a la gente a pensar y actuar de manera diferente a como lo hago yo. Podrá parecer una obviedad, pero para mí fue un descubrimiento importante. Más aún, me di cuenta de que no existe un temperamento correcto. Sinceramente, durante años creí que mi temperamento colérico era superior a todos los demás. En consecuencia, trataba de cambiar a las personas para que tuvieran la misma personalidad que yo. ¡Qué ridículo! Actuaba como la señora que se sentía desilusionada con el resultado de la cirugía ocular de su marido, quien le dijo a su amiga: «Gastamos más de $4 000 en una cirugía ocular con rayos láser, y todavía no puede ver las cosas como las veo yo».[1]

Todavía trabajo en aprender de qué manera piensan y ven el mundo los demás. Hace poco leí un libro de Terry Felber titulado *¿Me explico?* Felber opina que los individuos tienen distintos sistemas de representación sensorial que se basan en los cincos sentidos y proveen la base fundamental para sus ideas y sentimientos. Por ejemplo, si varios individuos caminaran juntos por la playa, sus recuerdos de la experiencia serían completamente diferentes de acuerdo con su respectivo sistema de representación sensorial. Uno podría recordar cómo se sentía el sol en la piel y la arena en los pies. Otro evocaría la apariencia del agua y los colores intensos del crepúsculo. El tercero podría describir el sonido del océano y de las aves, y otro se acordaría del aroma del aire salobre y del bronceador de las personas cercanas que tomaban el sol. Cada uno de nosotros crea una estructura para la forma en que procesa la información. Felber dice: «Si eres capaz de aprender a determinar de qué manera perciben el mundo quienes te rodean y realmente intentas experimentarlo de la misma forma, te asombrará la eficacia que tendrás al comunicarte».[2] No se trata sino de otra manera de buscar intereses comunes.

Las barreras que impiden encontrar
puntos en común

Las personas que establecen vínculos siempre buscan puntos en los que coincidan. Es probable que esto parezca evidente; a fin de cuentas, todas las relaciones positivas se construyen sobre la base de intereses y valores compartidos. Se logran por concordancia y no por discrepancia. Ahora bien, si esto es cierto, ¿por qué hay tantas personas que no buscan cosas en común cuando cultivan relaciones? Hay muchos motivos, pero explicaré lo que yo considero las cuatro barreras principales que impiden encontrar intereses comunes. Éstos son los obstáculos que debes evitar:

1. Suposición: «Ya sé lo que los demás saben, sienten y desean»

Jerry Ballard expresó: «Todas las fallas en la comunicación se deben a diferencias en las suposiciones». ¿No lo descubriste aún por ti mismo? A veces, los resultados de esto pueden ser trágicos y, en ocasiones, pueden ser graciosos, como el caso de una pasajera que se encontraba en tránsito en un aeropuerto. Se dirigió a una sala de espera, compró un paquetito de galletas y se sentó a leer el periódico.

Escuchó el crujido de un papel y vio que un hombre bien arreglado se estaba comiendo las galletas. Como no quería armar un escándalo, se inclinó para tomar una con la esperanza de que el hombre entendiera el mensaje. Después de cierto tiempo, pensó que lo había logrado. Sin

> «Todas las fallas en la comunicación se deben a diferencias en las suposiciones».
> —Jerry Ballard

embargo, volvió a escuchar el ruido del papel. No podía creerlo. ¡Se estaba sirviendo otra galleta!

Sólo quedaba una en el paquete. Mientras observaba incrédula, el hombre partió la última galleta en dos, le ofreció una mitad, se comió la otra y se fue.

La pasajera aún seguía furiosa cuando se anunció su viaje. ¡Imagina qué sorprendida y avergonzada se habrá sentido cuando abrió su bolso para buscar el pasaje y encontró su paquete de galletas intacto![3]

Al igual que la mujer de la anécdota, ¿no supusiste que el hombre se estaba comiendo las galletas de la viajera? Eso es lo que pensé la primera vez que leí la historia. Este ejemplo nos dice mucho sobre nosotros. En muchas oportunidades hice conjeturas sobre otros. Hice muchas generalizaciones cuando debí de haber observado. Es muy fácil catalogar a las personas y luego seguir viéndolas únicamente desde esa perspectiva.

Necesitamos recordar que todas las generalizaciones son falsas, incluida esta. Una vez que encasillamos a alguien, se nos hace muy difícil verlo de otra manera. En cambio, debemos actuar como un buen sastre que cada vez que ve a un cliente, le vuelve a tomar las medidas. Los sastres nunca presuponen que una persona estará igual que la última vez que la vieron.

Hacer suposiciones acerca de los demás, aunque sean muy cercanos a ti, es poco sensato. Deb Ingino, vicepresidenta de operaciones internacionales de Marchon Eyewear, me contó acerca de una madre soltera joven que asistía al taller de crianza de niños que ella dictaba, quien hacía suposiciones respecto a su hijo. Ella solía decirle al niño que era exactamente igual a su padre. El problema era que el padre estaba en prisión, y la madre siempre hacía comentarios negativos sobre él. Suponía que su hijo sabía que lo amaba y que sólo se refería a los rasgos de su personalidad cuando hacía esos comentarios. Sin embargo, sus observaciones eran perjudiciales para el niño; por lo tanto, cambió su manera de interactuar y empezó a establecer una relación intencionada con él. «Ahora», dijo Deb, «la madre intenta descubrir qué sabe, lo ayuda a desarrollar sus fortalezas, alienta esas cualidades y advierte una mejoría notable en su comportamiento y en la relación entre ambos».[4]

¿Haces conjeturas sobre las personas según su origen, profesión, raza, sexo, edad, nacionalidad, ideología política, credo u otras cuestiones? Cada vez que te aventuras a hacerlo, dejas de prestarle atención al otro y te pierdes señales que, de otra manera, te ayudarían a buscar y encontrar intereses comunes. Según la escritora nigeriana Chimamanda Adichie: «Si escuchamos solamente una única historia acerca de una persona o un país, nos arriesgamos a que haya un gran malentendido».[5] ¿Por qué? Porque podemos presuponer que esa historia nos dice todo acerca de ella o del país y nos cerramos a aprender más sobre ellos. Cuando sucede esto, se hace difícil encontrar un punto de coincidencia.

2. ARROGANCIA: «NO NECESITO SABER LO QUE LOS DEMÁS SABEN, SIENTEN O DESEAN»

Las personas arrogantes casi nunca se relacionan con los demás basándose en sus intereses comunes. ¿Por qué? Porque no se esfuerzan por hacerlo, creen que no es necesario. En su opinión, son superiores a ellos. No les interesa bajar al nivel del resto, sino que esperan que todos hagan el esfuerzo de alcanzarlos.

Uno de los secretos para lograr buenas relaciones es tener en cuenta los puntos de vista ajenos. El juez de la Corte Suprema de Justicia Louis D. Brandeis observó: «Nueve de cada diez situaciones polémicas graves que ocurren en la vida provienen de los malentendidos; ya sea porque una persona desconoce qué es importante para otra o porque no comprende su postura».

La mayoría de nosotros estamos dispuestos a aceptar, tal como lo hicieron los Beatles, que necesitamos algo de ayuda de nuestros amigos. Sabemos lo ridículo que es que alguien crea que tiene todas las respuestas. Esta clase de personas parecen completamente de otra época. Son como Archie Bunker en la clásica comedia de los setenta, *All in the Family* [Todo queda en familia]. El inflexible, obstinado e intolerante Bunker esperaba que todos aceptaran sus condiciones.

Tanto sus amigos como su familia estaban a merced de sus insultos. La pobre Edith, su esposa, solía llevarse la peor parte. «Nuestro problema, Edith», le dijo en una ocasión, «es que yo hablo en inglés y tú escuchas en otro idioma».

Bunker lograba generar la risa de los televidentes porque era una parodia, pero no resulta tan divertido cuando alguien demuestra tal nivel de arrogancia en la vida real. Observé a líderes y comunicadores durante más de cuarenta años, y lo triste es que la mayoría intentan justificar su capacidad o punto de vista cuando se comunican. Como consecuencia, rara vez logran establecer un vínculo porque la arrogancia levanta una barrera entre ellos y los demás. No puedes cultivar una relación con todas las personas que están contigo en una habitación cuando no te interesas por ninguna de ellas.

> *No puedes cultivar una relación con todas las personas que están contigo en una habitación cuando no te interesas por ninguna de ellas.*

3. Indiferencia: «No me interesa saber lo que los demás saben, sienten o desean»

El comediante George Carlin bromeó: «Los científicos anunciaron hoy que encontraron una cura para la apatía. Sin embargo, afirmaron que nadie demostró el menor interés en conocerla». Lo mismo puede decirse de algunos cuando se comunican. Es posible que no se sientan superiores a quienes los escuchan, pero tampoco se molestan en aprender algo sobre ellos. Tal vez esto se deba simplemente a que hacerlo implicaría una gran cantidad de trabajo.

Todos los años viajo por el mundo como parte de mi programa de conferencias, y esto es algo que considero un gran desafío. Me encuentro con barreras que debo superar, a veces idiomáticas y siempre culturales. Pienso constantemente en distintas maneras de buscar puntos en común para establecer un vínculo, y esto siempre requiere de mucha preparación.

Varios años atrás, Margaret y yo llevamos a nuestros hijos, Joel Porter y Elizabeth, a Rusia. En esa época, el país atravesaba una transición por la caída de la Unión Soviética. Yo debía dar una charla importante en el Kremlin y, mientras me preparaba, me devanaba los sesos para buscar la manera de relacionarme con mis espectadores. De repente se me ocurrió: nuestra hija, Elizabeth, tenía una voz maravillosa y estaba buscando una oportunidad para cantar en ruso ante el público.

Elizabeth se esforzó por practicar mucho y aprendió a cantar una canción por medio de la fonética. Cuando llegó el momento y se puso de pie para entonar, los espectadores se animaron en cuanto escucharon que cantaba en ruso. La sala se cargó de energía de inmediato. Al terminar, ¡recibió un aplauso ensordecedor! Para el público significó mucho el esfuerzo que Elizabeth hizo por establecer una relación con ellos en su propio idioma. Es cierto lo que dijo el ex presidente de Sudáfrica, Nelson Mandela: «Si a un hombre le hablas en un idioma que entiende, llegas a su cabeza. Si le hablas en su idioma, le llegas al corazón».

El punto aquí es que, en realidad, la indiferencia es una forma de egoísmo. Un comunicador indiferente se concentra en sí mismo y en su propia comodidad en lugar de enfocarse en ir más allá y encontrar la mejor manera de relacionarse con el prójimo.

Si te ha sido difícil crear lazos con otras personas porque no te has esforzado en conocerlas, presta atención a las palabras de la novelista inglesa George Eliot, quien dijo: «En este vasto mundo, trata de interesarte por algo más que la gratificación de los pequeños deseos egoístas. Intenta preocuparte por lo mejor, tanto con el pensamiento como con la acción, por algo bueno que esté más allá de los accidentes de tu propia suerte. Observa las vidas de los otros además de la tuya. Presta atención a sus problemas y a lo que los originó». La mayoría de las personas valora cualquier intento que hagas, por mínimo que sea, por entender su punto de vista.

4. Control: «No quiero que los demás sepan lo que sé, siento o deseo»

El proceso de búsqueda de intereses comunes es recíproco. Así como es importante enfocarse en los demás para comprenderlos, también es primordial ser francos y auténtico para que ellos puedan entendernos. Por supuesto que no todos los líderes y comunicadores están dispuestos a hacerlo. El escritor y ex capitán de la marina estadounidense, Mike Abrashoff, comentó: «Algunos líderes sienten que, si ocultan algo, mantienen una medida de control. Sin embargo, esto es un disparate del líder y un fracaso para la organización. El misterio genera aislamiento, no éxito. El conocimiento es sinónimo de poder, es verdad, pero lo que los líderes necesitan es un poder colectivo, y esto requiere de conocimiento colectivo. Descubrí que, cuantas más personas saben cuáles son los objetivos, mayor apoyo logro, y todos juntos obtenemos mejores resultados».[6] Como señala C. Hannan, si das el paso siguiente, los resultados podrán ser mejores aún. Según su opinión: «Si explicas el porqué y las razones que lo motivan, no sólo ayudas a los demás a entender el propósito, sino que también les permites apoyar la visión y participar de ella. Así, ¡el trabajo conjunto se vuelve posible!»[7]

> «Nosotros, los no informados que trabajamos para el inaccesible, ¡hacemos lo imposible por el ingrato!»
> —El lamento del subordinado, por Jim Lundy

Cada vez que los empleados perciben que se les oculta información y que no participan en el logro de los objetivos de la empresa, se sienten excluidos. En consecuencia, tanto su ánimo como su desempeño bajan. Asimismo, cuando los espectadores perciben que un orador no revela información o se jacta de estar «informado» pero no los hace partícipes de ese conocimiento, se sienten marginados.

Me fascina el comentario de Jim Lundy en su libro *Dirija, siga o quítese del camino*. Allí incluye la reacción de quienes trabajan en un ámbito en el que los líderes les ocultan información. Lundy escribió sobre «el lamento del subordinado», que dice: «Nosotros, los no informados que trabajamos para el inaccesible, ¡hacemos lo imposible por el ingrato!»[8], y sobre el «lamento de la granja de cultivo de hongos» que dice así: «Sentimos que se nos oculta; de vez en cuando, alguien viene y nos echa algo de estiércol. Cuando asomamos la cabeza, nos la cortan, y luego nos enlatan».[9]

Los buenos líderes y comunicadores no se aíslan y no les ocultan información a otros de manera intencionada. En cambio, mantienen informadas a las personas, las hacen participar de los acontecimientos y las incluyen en la toma de decisiones siempre que es posible. No puedes establecer una base de intereses comunes si te rehúsas a permitir que los demás sepan quién eres y qué piensas.

CÓMO DESARROLLAR UNA MENTALIDAD CENTRADA EN LOS PUNTOS EN COMÚN

Muchos creen que encontrar intereses en común con otros es cuestión de talento: algunos son simplemente buenos comunicadores, mientras que otros no lo son. Si bien concuerdo con que no todos cuentan con la misma capacidad inicial para crear vínculos, también creo que cualquiera puede aprender a mejorar en ese arte porque *establecer relaciones es una elección*. Es un modo de pensar que puede desarrollarse. Si deseas incrementar tus probabilidades de relacionarte, deberás hacer las siguientes elecciones cada día de tu vida:

> *Establecer relaciones es una elección.*

DISPONIBILIDAD: «ELIJO PASAR TIEMPO CON LOS DEMÁS»

Los intereses comunes deben buscarse, y esto lleva tiempo. Cierta vez, alguien me dijo que el típico ejecutivo estadounidense sólo puede prestar atención en el trabajo durante un período de seis minutos. Esto es patético. En seis minutos, una persona difícilmente comienza a pensar con claridad, mucho menos busca intereses comunes.

La disponibilidad también requiere de intencionalidad. Hans Schiefelbein escribió: «Cuando estaba a cargo de acontecimientos multitudinarios, solía permanecer cerca de las personas dedicadas a la producción o corría de un lado al otro como si fuera el director de una película de alto presupuesto. Quería parecer alguien importante, entonces nunca estaba desocupado. Sé que esta característica proviene del ego y difiere de la búsqueda de intereses comunes, pero tal vez es una pulsión que tienen los líderes y que los lleva a no estar disponibles para el prójimo».[10]

Como líder y comunicador, siempre cumplí con mi objetivo de estar disponible para los demás. Cuando estoy con mis amigos o mi familia, no me desconecto sino que continúo en sintonía. Al disertar en una conferencia, en lugar de tomarme un descanso firmo libros y converso con los asistentes durante los intervalos. Cuando era pastor de la iglesia local, los domingos tenía una norma tanto para mí como para mi equipo: no había reuniones a puertas cerradas mientras hubiese congregantes en el lugar. Les pedía a quienes trabajaban conmigo que caminaran lentamente entre la concurrencia y estuvieran a su disposición. Yo también lo estaba: saludaba a los asistentes, conversaba con ellos y los escuchaba. Esto no sólo me servía para relacionarme en forma individual, sino que también me ayudaba a centrarme en ellos cuando disertaba.

Escuchar: «Encontraré intereses comunes al escuchar»

Cuando era niño, solía jugar al «frío o caliente» con mis amigos. Si tienes más o menos mi edad, es posible que también lo hayas hecho. Uno de los niños se retiraba de la habitación mientras los demás escondían un objeto pequeño. Cuando regresaba, su tarea consistía en encontrarlo. Mientras buscaba, los otros jugadores le decían «frío» (cuando se alejaba del objeto escondido) o «tibio» (cuando se aproximaba). Si se acercaba mucho, alguien le decía: «Caliente. ¡Te estás quemando!»

Creo que en la vida jugamos a diario a distintas versiones del «frío o caliente». Buscamos el éxito, pero no sabemos dónde está. Tratamos de encontrar a otras personas que compartan nuestros mismos valores, pero no sabemos cómo hallarlas. Si eres un líder o un comunicador, tienes la oportunidad de ayudarlos en su búsqueda. Sin embargo, para hacerlo necesitas aprender a escuchar. ¿De qué otra manera podrías saber qué buscan?

Para buscar intereses comunes debemos prestar atención a los demás. En su libro *How to Talk So People Listen* [Cómo hablar para que las personas escuchen], Sonya Hamlin advierte que a la mayoría de las personas les resulta difícil hacerlo debido al factor

> «*Cuando escuchamos, es necesario dejar de lado nuestro pasatiempo favorito: ocuparnos de nosotros mismos y de nuestros intereses*».
> —SONYA HAMLIN

«yo primero». Según afirma: «Cuando escuchamos, es necesario dejar de lado nuestro pasatiempo favorito: ocuparnos de nosotros mismos y de nuestros intereses. Ese es nuestro enfoque primario y es completamente humano; de allí proviene nuestra motivación para hacer las cosas. Si tienes esto en cuenta, ¿puedes ver el problema que se origina cuando se nos pide que escuchemos a alguien?»

¿Cuál es la solución, entonces? Ella recomienda lo siguiente: «Para lograr que te escuchen cuando intentas hacerte entender, siempre debes responder a la pregunta instintiva del oyente: "¿Por qué debo escucharte? ¿Qué beneficio obtendré?"» Cada vez que estés dispuesto a escuchar a otros y a tratar de comprender de qué manera aquello que ofreces satisfará sus necesidades, habrás encontrado una manera de encontrar cosas en común.

INTERROGANTES: «ME INTERESARÉ EN LOS DEMÁS LO SUFICIENTE
COMO PARA HACERLES PREGUNTAS»

Peter Drucker, el padre de la administración moderna, comentó: «Mi mayor fortaleza como asesor es ser ignorante y hacer algunas preguntas». ¡Qué gran forma de buscar intereses comunes! Yo convertí este consejo en práctica durante mi carrera como orador. Cada vez que me solicitan que diserte en una empresa, solicito una entrevista previa para hacer algunas preguntas y saber más sobre la compañía. En ocasiones, empiezo mis charlas con algunas interrogantes. Suelo preguntar: «¿Cuántos pertenecen al ámbito de los negocios? ¿A la comunidad educativa? ¿Al entorno gubernamental? ¿A la comunidad religiosa?» Esta información me ayuda no sólo a conocer a mi auditorio sino también a demostrarle que me interesa saber sobre ellos.

El presentador de televisión Larry King, quien realizó miles de entrevistas, opina que el secreto de una buena conversación es formular preguntas. «Todo me despierta interés, escribió en *Cómo hablar con cualquier persona, en cualquier momento, en cualquier lugar,* y cuando estoy en un cóctel, suelo hacer mi pregunta favorita: "¿Por qué?" Si un hombre me dice que se mudará con su familia a otra ciudad, le pregunto "¿Por qué?" Si una mujer cambia de trabajo, le consulto "¿Por qué?" Alguien alienta a los Mets y digo "¿Por qué?" Es probable que esta sea la expresión que más utilizo en mi programa de televisión. Es la mejor pregunta de todos los tiempos y lo seguirá siendo. Sin duda, es la manera más segura de mantener una conversación animada e interesante».

Si no eres particularmente extrovertido o te cuesta hacer preguntas, puedes usar este truco que Duke Brekhus dice haber aprendido de Ron Puryear. Recuerda la palabra FORMe, que se forma con las iniciales de familia, ocupación, recreación y mensaje. Duke comenta: «Es sorprendente cuánto se aprende acerca de los demás y qué rápido los llegamos a conocer cuando hacemos preguntas relacionadas con estos temas».[11]

CONSIDERACIÓN: «PENSARÉ EN LOS DEMÁS Y BUSCARÉ MANERAS DE AGRADECERLES»

Durante la década de los setenta, me desempeñé como pastor de una iglesia de rápido crecimiento en Lancaster, Ohio, y mis días estaban llenos de citas y otros compromisos que demandaban tiempo. Como estábamos muy escasos de personal, a veces me sentía presionado por los compromisos en mi agenda.

Un día observé que había un nombre anotado en mi calendario de citas que, a mi juicio, no debía estar allí. Aunque ese señor era un miembro de la iglesia, no era un líder y, en ese momento, intentaba concentrarme sólo en el 20 por ciento de los líderes principales.

Le pregunté con impaciencia a mi secretaria qué necesitaba esta persona. Ella me contestó que no estaba segura, y me irrité.

Cuando Joe llegó a mi oficina, mi prioridad era hacerlo entrar y salir tan rápido como fuera posible.

«¿En qué puedo ayudarte?», le pregunté en cuanto tomó asiento.

«En nada, pastor», contestó para mi sorpresa. «La cuestión es, en qué puedo ayudarte yo. Me lo pregunté por varias semanas y, cuando finalmente hallé la respuesta, pedí esta entrevista. John, veo que tu agenda está llena y estás muy ocupado. Me gustaría hacer tus trámites personales. Si puedes hacer una lista de las actividades que quieres que realice y se la entregas a tu secretaria, yo pasaré todos los jueves por la tarde y me ocuparé de estos asuntos por ti. ¿Qué te parece?»

Quedé pasmado. También me sentí avergonzado. Qué oferta tan considerada. Durante los siguientes seis años, Joe se ocupó de mis trámites todos los jueves. Ese día, me dio una clase magistral sobre la manera de buscar intereses comunes. Además, se convirtió en un amigo por el que estoy agradecido. Si eres capaz de demostrar tal nivel de amabilidad, también podrás encontrar algo en común con los demás.

APERTURA: «DEJARÉ QUE LAS PERSONAS ENTREN EN MI VIDA»

Hace poco tuve el privilegio de compartir una cena con el ex senador y candidato a presidente por el Partido Republicano Bob Dole. Tuvimos una charla interesante sobre liderazgo, política y acontecimientos mundiales. Una de las cosas que le mencioné esa noche fue la buena impresión que me había causado la forma en que su esposa, Elizabeth Dole, manejó su responsabilidad de disertar en la Convención Republicana de 1996. Para sorpresa de todos, se bajó del podio, caminó entre el público y dijo: «La tradición indica que los oradores de la Convención Nacional Republicana permanezcan en este imponente podio. No obstante, esta noche quisiera romper con la tradición por dos razones: la primera es que me dirigiré a amigos, y la segunda, que hablaré sobre el hombre que amo. Por estos motivos, me resulta mucho más cómodo hacerlo aquí abajo junto a todos los presentes». Elizabeth Dole encontró la manera de mostrarles su receptividad y generó un sentimiento de comunión con su auditorio.

La comunicación tiene que ver justamente con la apertura que representa sentir comunión con los demás. De hecho, la palabra *comunicación* deriva del latín *communis*, que significa «común».[12] Para poder comunicarnos de manera eficaz, debemos establecer antes qué es aquello que tenemos en común, cuanto mejor lo hagamos, mayor será el potencial para una comunicación efectiva.

Esta tarea no le resulta fácil a nadie, pero Michelle Pack comprende que es necesaria. Según dijo: «Suelo escuchar a los demás durante horas, especialmente porque es lo que ellos quieren por sobre todas las cosas: que se les escuche. Sin embargo, dada mi historia de abandono emocional, me cierro y no comparto mis sentimientos con los demás. Como escribo y deseo comunicarme, este es el muro más alto que debo derribar».[13] La relación siempre requiere que *ambas* partes se involucren y sean receptivas.

SIMPATÍA: «ME INTERESARÉ POR LAS PERSONAS»

Roger Ailes, un ex asesor de comunicación de presidentes, cree que el elemento más influyente de la oratoria es la simpatía. Ailes opina que si les agradas a los demás, te escucharán, y si no les gustas, no lo harán. ¿De qué manera puede volverse simpática una persona? Lo logrará si se interesa por los otros. Las personas se sienten atraídas por quienes se interesan en ellas. Cuando saben que te preocupas por ellos, te prestan atención. Cuando era pastor, solía explicarle este punto a mi equipo de la siguiente manera: a los individuos no les interesará cuánto sabes hasta que sepan cuánto te interesas.

> Las personas se sienten atraídas por quienes se interesan en ellas.

Grace Bower me escribió para contarme una anécdota sobre su hija, Louise. Cuando era una joven estudiante universitaria en Auckland, Nueva Zelanda, sus amigos Victoria y Phil tuvieron a su primer hijo. Louise tenía una relación muy cercana con la pareja y quería hacer algo por ellos. Intentó ponerse en el lugar de sus amigos y se preguntó qué sería de mayor utilidad para unos padres primerizos. Entonces se le ocurrió que podría comprarles las provisiones durante las primeras seis semanas de vida del bebé, Andrew.

Todas las semanas, Louise pasaba a buscar la lista que confeccionaba Victoria y el dinero para las compras y se dirigía a la tienda. Además, era una persona muy atenta: si notaba que faltaba algún artículo importante en la lista, lo compraba porque sabía que lo necesitarían. Victoria y Phil estaban contentísimos y realmente sentían cuánto se interesaba Louise por ellos. Dos años después, cuando tuvieron su segundo hijo, Louise volvió a hacerles las compras.[14] ¿A quién no le gustaría tener un amigo así?

Evoca a tus maestros preferidos, estoy seguro de que eran agradables. Piensa en cuáles vecinos de la niñez recuerdas mejor. ¿No eran simpáticos? ¿Qué hay de tus compañeros de estudios o tus parientes?

¿Y del mejor jefe que tuviste? ¡Seguramente todos ellos eran agradables! Esta es una cualidad muy atractiva y provoca que el resto quiera establecer una relación contigo.

HUMILDAD: «PENSARÉ MENOS EN MÍ PARA PODER PENSAR MÁS EN LOS DEMÁS»

El poeta, periodista y redactor Alan Ross afirmó: «La humildad significa conocer y usar tus fortalezas en beneficio de los demás, en pos de un propósito superior. Un líder que es humilde no es débil sino fuerte... no está preocupado por sí mismo sino por encontrar la mejor manera de usar sus fortalezas para el bien del prójimo. Un líder humilde no piensa menos en sí mismo, sino que elige tener en cuenta las necesidades ajenas para hacer realidad una causa digna. Me encanta estar en presencia de un líder humilde porque ellos hacen relucir mis mejores cualidades. Se centran en mi propósito, mi participación y mi capacidad para lograr todo lo que me propongo».[15] Qué gran perspectiva. La falsa modestia menoscaba las verdaderas fortalezas con el objeto de recibir elogios. La arrogancia exagera las fortalezas con el mismo fin. La humildad enaltece a los demás para que se les pueda elogiar.

> «La humildad significa conocer y usar tus fortalezas en beneficio de los demás, en pos de un propósito superior».
>
> —ALAN ROSS

Hace varios años me invitaron a hablar en la sesión de clausura de una convención de tres días donde habría muchos disertantes. Durante los dos primeros días, formé parte del auditorio y recibí un bombardeo de historias de éxito. Todos los oradores habían triunfado en la vida familiar, en los negocios y en la comunidad. Todos compartieron con el auditorio historias de éxito en la formación de compañías y en la persuasión de personas. Después de un tiempo de escuchar, me pareció que cada nuevo disertante trataba de superar el éxito del anterior.

Al tercer día, me sentía abrumado y sobrecargado. Los oradores me hicieron sentir completamente intimidado. Mi trayectoria, talento, experiencia y resultados parecían insignificantes en comparación con los de ellos, y podía notar que los asistentes se sentían de la misma manera que yo. Veían una gran brecha entre ellos y los disertantes. La moral del público estaba baja, y yo podía notar cuán desanimados estaban los miembros del auditorio.

Durante el almuerzo, pensé en lo que podía hacer para revertir la situación. Era imprescindible que alguien estableciera un vínculo con el público y salvara la distancia que se había creado durante las presentaciones anteriores. De repente, supe qué debía hacer. Me deshice del discurso que había preparado y en seguida comencé a bosquejar uno nuevo. Abordaría el tema del fracaso en lugar de centrarme en el éxito. Lo denominé «Fracasos, fallas y meteduras de pata». Allí incluí historias sobre mis errores más serios, mis peores ideas y mis mayores fracasos como líder. En uno u otro momento, la vida nos dio una lección de humildad a todos, y era allí donde me disponía a buscar algo en común con el público.

Cuando me puse de pie y comencé a hablar, dije que el tema del éxito me había hecho sentir abrumado y que percibía que quizá a ellos les había sucedido lo mismo. Durante la siguiente hora, compartí con todos algunas anécdotas sobre mis fracasos, no sólo como líder sino también como persona. Reconocí que me sorprendía que a mi organización le fuera tan bien dado que era yo quien estaba a cargo. Cada relato sincero sobre el fracaso hacía que el auditorio y yo nos acercáramos más y encontráramos cosas en común. Los asistentes se sintieron identificados conmigo y se identificaron con mi transparencia. Al finalizar la sesión, les dije que creía en ellos, y todos se pusieron de pie y aplaudieron porque se sentían muy entusiasmados con sus posibilidades futuras. Consideraban que, si yo había logrado triunfar, ellos también podrían hacerlo.

Si quieres causar una buena impresión en las personas, no les hables acerca de tus triunfos; cuéntales sobre tus fracasos. El activista por los derechos civiles Cornel West dijo: «La humildad supone dos cualidades. La primera es la capacidad de autocrítica... La segunda es permitir que los demás se destaquen, darles seguridad, darles poder y habilitarlos. Quienes carecen de humildad son dogmáticos y egotistas. Esta característica oculta un gran sentimiento de inseguridad. Sienten que el éxito ajeno se logra a expensas de su propia fama y gloria».

> «La humildad supone dos cualidades. La primera es la capacidad de autocrítica... La segunda es permitir que los otros se destaquen, darles seguridad, darles poder y habilitarlos».
>
> –CORNEL WEST

Entonces, ¿de qué manera pueden transformarse estas ideas en acción? Recomiendo que sigas el consejo del pastor y escritor Rick Warren, quien afirma que la humildad proviene de las siguientes acciones:

- Reconocer nuestras propias debilidades.
- Tener paciencia con las debilidades ajenas.
- Ser receptivo a la crítica.
- Centrar la atención en los demás.

Pon esto en práctica con las personas, y no sólo se identificarán contigo sino que también escucharán lo que tengas que decir.

ADAPTABILIDAD: «ME CORRERÉ DE MI LUGAR Y ME PONDRÉ EN EL DE LOS DEMÁS»

El erudito medieval Tomás de Aquino afirmó: «Para convertir a una persona, tómala de la mano y guíala». Para movilizar a otros, primero debemos estar dispuestos a movernos nosotros hasta el lugar donde se encuentran. Tenemos que adaptarnos a ellos e intentar ver las cosas desde su punto de vista.

Henry J. Kaiser, un constructor de buques que revolucionó la industria naval en la década de los cuarenta, lo puso tan en práctica como le fue posible en su época. En un año, gastó casi doscientos mil dólares en comunicaciones telefónicas para conectarse diariamente y por varias horas con los ejecutivos clave de todo el país. Mucho tiempo antes de que las conferencias telefónicas fueran algo común, logró que algunos integrantes de su compañía que residían en distintos lugares participaran, al mismo tiempo, de la misma conversación telefónica. Tal vez no podía desplazarse físicamente para estar junto a sus líderes todos los días, pero hizo lo más parecido a eso que le permitían sus condiciones.

Joel Dobbs explicó que, en su labor como ejecutivo de una gran compañía de origen nipón, enfrentó muchas dificultades al intentar establecer relaciones con los japoneses. «Tanto el idioma como la cultura son un campo minado», manifestó, «entonces se debe tener cuidado de no usar palabras que no sean básicas. Las relaciones se complican aún más porque la mayor parte del trabajo se realiza con la intermediación de traductores que hacen que la interacción se torne más impersonal todavía. Descubrí que al compartir las comidas y al hacer un verdadero esfuerzo por probar y disfrutar algunos de los platos exóticos de su menú se daba un gran paso hacia la consolidación de las relaciones».[16]

Cuando te das cuenta de que existe una brecha entre tú y las personas con las que intentas relacionarte, es sabio que intentes trasladarte mentalmente al mundo de ellos, si es que no te es posible hacerlo de forma física, y que luego busques algo en tu pasado y experiencia con lo que puedan identificarse. Esto mismo hice en los ochenta, cuando mi liderazgo y desempeño como ministro de la iglesia comenzaban a gozar de reconocimiento en todos los Estados Unidos. En esa época, el instituto Charles Fuller organizaba un curso para pastores de las iglesias más pequeñas del país denominado «Cómo romper la barrera de los doscientos». Recibí una invitación para disertar en esas sesiones y supe que me enfrentaría a un desafío. La iglesia que dirigía en ese momento contaba con más de 2 500 congregantes. ¿Cómo haría para relacionarme con los pastores de congregaciones pequeñas cuando en la mía había miles de asistentes más? Más aún, ¿cómo podía ayudarlos a que se identificaran conmigo?

Dediqué mucho tiempo a pensar en sus mundos, sus retos y sus aspiraciones. Entonces se me ocurrió una idea: mi iglesia de Hillham sería nuestro punto de coincidencia. Era la iglesia más pequeña y había logrado superar los doscientos fieles gracias a mi conducción. Les mostraría cómo lo había conseguido, y mis colegas serían capaces de identificarse con mi experiencia y de desarrollar una estrategia. Mi táctica funcionó. Logramos establecer una relación durante las sesiones, ellos aprendieron gracias a mi experiencia, y miles de pastores lograron expandir sus iglesias.

Si no sabes cómo salvar la distancia que se produce en la comunicación, no intentes hacerlo hablando de ti. Por el contrario, comienza por ponerte en el lugar de los otros y ver todo desde su perspectiva. Adáptate a ellos; no esperes que ellos se adapten a ti.

Quienes saben relacionarse llegan primero

Esta predisposición a adoptar el punto de vista ajeno es el verdadero secreto para encontrar intereses comunes, y encontrar intereses comunes es la clave fundamental de las relaciones. Sólo con hacer esto, tus habilidades comunicativas mejorarán mucho en todos los aspectos de tu vida. Como este punto es tan importante, quisiera delinear cuatro sugerencias que te ayudarán a mejorar tu capacidad para establecer vínculos con el prójimo:

Pregunta: «¿Siento lo mismo que tú?», antes de preguntar: «¿Sientes lo mismo que yo?»

La comunicación eficaz es como un viaje. No podemos llevar a los demás en él a menos que partamos desde el lugar donde ellos están.

Únicamente así podremos crear un lazo y tratar de hacerlos llegar a donde deseamos.

Herb Kelleher, fundador de la aerolínea Southwest Airlines, era un experto en este terreno. Estaba en contacto permanente con los trabajadores de la compañía aérea. Solía viajar por todo el país para reunirse y pasar algo de tiempo con los empleados de todas las jerarquías de su organización, desde los ejecutivos hasta los vendedores de pasajes y desde las azafatas hasta los maleteros. Sabía cómo se sentían los trabajadores porque se acercaba hasta su lugar de trabajo, estaba junto a ellos y compartía sus experiencias. Su actitud y sus actos crearon una base común y derribaron la barrera entre empleador y empleado. No me extraña que las personas que trabajaban para él lo apreciaran y escucharan.

Si deseas encontrar intereses comunes con los demás, debes comenzar por sus sentimientos. Si consigues establecer un vínculo emocional, te resultará más fácil relacionarte en todos los otros planos.

PREGUNTA: «¿VEO LO QUE TÚ VES?», ANTES DE PREGUNTAR: «¿VES LO QUE YO VEO?»

Durante años de labor como líder y comunicador estuve empeñado en que las personas adoptaran mi punto de vista. La capacidad para prever el futuro era natural en mí y me encantaba hablar sobre lo que podría suceder. Cuando la organización no avanzaba como yo deseaba, solía pensar: *«Si los demás pudieran ver el futuro como lo veo, entonces lograríamos salir adelante».* Pero el verdadero problema radicaba en que quería que primero ellos vieran las cosas a mi manera. Peor aún, presuponía que ya veían todo desde mi punto de vista. Esta clase de conceptos erróneos pueden llevar a una lección de humildad y, en ocasiones, a resultados divertidos.

Cuando Orville y Wilbur Wright lograron volar su aeroplano en Kitty Hawk, Carolina del Norte, el 17 de diciembre de 1903, le enviaron un telegrama a su hermana en Dayton, Ohio, para contarle su gran logro. Escribieron: «Hoy primer viaje ininterrumpido de cincuenta y nueve segundos. Esperamos estar en casa para Navidad».

La hermana de ellos, entusiasmada por la noticia, se dirigió de inmediato a la oficina del periódico local y le entregó el telegrama al redactor para que pudiera dar la información. A la mañana siguiente, en el titular que adornaba la portada podía leerse: «¡Famosos vendedores de bicicletas de la zona regresan a casa para Navidad!»

¿Cómo puede ser que el redactor se perdiera la verdadera noticia? No vio la realidad de la misma manera que la hermana de Orville y Wilbur. Por otra parte, es claro que ella tampoco había hecho nada para asegurarse de que así fuera. En la actualidad, semejante falla en la comunicación nos parece divertida, pero nosotros también cometemos los mismos errores de percepción. Por ejemplo, en el año 2000 asistí a la reunión de ex alumnos de la escuela de bachillerato de Circleville que se celebraba por los treinta y cinco años de haber terminado nuestra educación allí. Estaba muy emocionado por el encuentro ya que sería la primera vez que asistiría a una de estas reuniones. Apenas podía esperar el momento. ¡Imagina mi sorpresa al mirar alrededor y ver tantos viejos! Me sentía más joven de lo que los demás aparentaban. Sin embargo, apuesto a que ellos se asombraron al ver lo viejo que se me veía a mí.

Las personas pueden estar en un mismo lugar y compartir una experiencia idéntica al mismo tiempo y aun así marcharse con impresiones muy distintas. Quienes son buenos para establecer relaciones comprenden esta tendencia y, primero que nada, se esfuerzan por ver la situación desde el punto de vista del otro.

Hace más de treinta años, tuve el honor de hablar con Paul Rees en una conferencia de líderes. Famoso por su perspicacia y sabiduría, en esa época rondaba los ochenta años, mientras que yo apenas pasaba los treinta. Durante una sesión de preguntas y respuestas, alguien le preguntó qué haría en el caso de poder volver el tiempo atrás y hacer algo diferente. Nunca olvidaré su respuesta.

«Si pudiera regresar a la época en que era un padre joven», contestó, «me esforzaría por ver las cosas a través de los mismos cristales con los que las ven mis hijos». Procedió a explicar que se había perdido muchas enseñanzas por desear que sus hijos las vieran primero desde su punto de vista. Ese día me comprometí a ver las cosas como lo hacen los demás, antes de pedirles que lo hagan desde mi perspectiva.

Pregunta: «¿Sé lo que tú sabes?», antes de preguntar: «¿Sabes lo que yo sé?»

Durante años de trabajo como líder y pastor, traté de ayudar a los demás a resolver sus conflictos en el campo de las relaciones. La mayor parte del tiempo, cuando lograba que las personas que atravesaban estas situaciones se sentaran frente a frente a dialogar, su mayor deseo era expresar sus ideas desde su punto de vista. Querían estar seguros de hacerse entender. Cuando el conflicto me tiene como uno de sus protagonistas, trato de dejar hablar al otro hasta que «se queda sin combustible» y entonces le hago preguntas. Sólo después de entender sus ideas intento presentar mi punto de vista sobre lo sucedido. La persona que da respuestas antes de comprender el problema es muy tonta.

Abraham Lincoln dijo: «Cuando me dispongo a razonar con otro ser humano, dedico un tercio de mi tiempo a pensar en mí y en lo que diré y dos tercios a pensar en el otro y lo que dirá». Si deseamos encontrar cosas en común, sería una buena idea imitarlo.

Pregunta: «¿Sé lo que tú deseas?», antes de preguntar: «¿Sabes lo que yo deseo?»

Los líderes eclesiásticos son conscientes de que la concurrencia fluctúa por épocas. En la mayoría de las iglesias, la asistencia baja en el verano porque los congregantes se van de vacaciones, quieren dedicar más tiempo a las actividades al aire libre durante los fines de semana y se sienten cansados por la dedicación que le demandan sus hijos mientras no tienen que asistir a clases.

Cuando dirigía una iglesia, todos los años intentaba hacer algo para que la concurrencia no bajara durante el verano. Después de muchos intentos vanos, finalmente encontré una respuesta. Una primavera, le dije a mi congregación que durante el verano daría una serie de charlas denominadas «Tú lo pediste». Alenté a los asistentes para que cada uno sugiriera el tema sobre el que más le gustaría oír, y después yo elegiría los diez más solicitados. Miles de personas participaron, y luego elegimos los diez principales, los que se convirtieron en los temas de los sermones de esa temporada. El resultado fue que el número aumentó en vez de disminuir. ¿Por qué? Porque yo estaba al tanto de lo que ellos deseaban saber.

> «Hay una gran diferencia entre saber y comprender. Puedes saber mucho sobre algo y en realidad no comprenderlo».
> —CHARLES F. KETTERING

El inventor Charles F. Kettering expresó: «Hay una gran diferencia entre saber y comprender. Puedes saber mucho sobre algo y en realidad no comprenderlo». Esto también se aplica a las personas. Es posible que conozcas muy bien a alguien pero, aun así, no lo comprendas. La respuesta no siempre es contar con más información. Para entender verdaderamente al prójimo, debes saber qué desea, y esto requiere que vayas más allá de su intelecto y llegues a su corazón.

Cuando realmente quiero conocer a alguien, le hago tres preguntas. Sus respuestas me permiten comprender muy bien sus sentimientos. Se trata de las siguientes:

- ¿Cuáles son tus aspiraciones, tus sueños?
- ¿Qué te hace cantar?
- ¿Qué te hace llorar?

Al conocer las respuestas a estas preguntas serás capaz de encontrar puntos en común y de establecer una relación con otra persona.

No puedo pensar en nada más importante para la comunicación que la capacidad para buscar cosas en común con los demás. Los intereses mutuos permiten que las personas puedan hablar de las diferencias, compartir ideas, encontrar soluciones y comenzar a crear algo en forma conjunta. Por lo general, muchos consideran a la comunicación el proceso mediante el que se transmiten grandes cantidades de información a los demás. Sin embargo, esa idea es errónea. Como ya mencioné, la comunicación es como un viaje. Cuántas más cosas en común tengan dos personas, mayores probabilidades tendrán de viajar juntas.

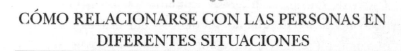

CÓMO RELACIONARSE CON LAS PERSONAS EN DIFERENTES SITUACIONES

PRÁCTICA PARA ESTABLECER RELACIONES: Las personas que se relacionan lo hacen a partir de puntos en común.

CONCEPTO CLAVE: Conoce las razones por las que tú y la persona que te escucha quieren comunicarse y construye un puente que una esas razones.

RELACIONES CON UNA SOLA PERSONA

Cuando dos individuos se encuentran con el objetivo de comunicarse, cada uno de ellos tiene un motivo para hacerlo. Si deseas entablar una relación a partir de sus intereses mutuos, es necesario que conozcas tus razones y las de la otra persona y que encuentres una manera de unir ambas. En lo que respecta a la búsqueda de puntos en común, lo importante es saber cómo se logra una interacción beneficiosa para ambas partes.

Es más fácil construir un puente que una los intereses comunes con una sola persona que con muchas, porque puedes obtener comentarios inmediatos y continuos de retroalimentación. Para encontrar puntos en común, haz preguntas con el objetivo de buscar intereses y experiencias compartidos. Cuando lo hayas logrado, cuenta historias, comparte emociones y ofrece lecciones aprendidas gracias a estas experiencias. De ser posible, hagan juntos algo que ambos disfruten.

Relaciones con un grupo

Tratar de encontrar intereses comunes en un grupo es un poco más difícil porque no puedes concentrarte en una única persona. (Si lo haces, corres el riesgo de perder la atención del resto del grupo). Entonces, ¿cómo lo logras? Comienza por preguntarte: «¿Qué nos unió?» La respuesta a esta interrogante suele ser un punto de partida eficaz.

Si el grupo se formó por obligación, como en el caso de un comité designado por un empleador, entonces pregúntate: «¿Cuál es la meta que todos tenemos en común?» Con este objetivo en mente, reconoce las diferencias de cada uno, pero también la capacidad para contribuir a ese objetivo conjunto mediante el uso de las destrezas individuales y recuérdales que la meta es más importante que la función de cada integrante. Cuando el grupo consiga un triunfo, celébrenlo juntos.

Relaciones con un auditorio

Cuando las personas asisten a una conferencia para escuchar a un orador, esperan aprender algo que los ayude. Esta es la principal idea en la mente de un auditorio expectante. Por su parte, es posible que un público hostil no piense en esto, pero si escuchar les resulta beneficioso, estarán dispuestos a hacerlo. La próxima vez que disertes frente a un auditorio, aprovecha este deseo de establecer una relación basándote en sus intereses mutuos. Para ello, utiliza el siguiente patrón: Sentir, sentiste, encontraste, encontrar.

- **Sentir:** Trata de percibir lo que ellos pueden *sentir* y reconoce y valida sus emociones.
- **Sentiste:** Cuéntales que tú también te *sentiste* de la misma manera.
- **Encontraste:** Cuéntales qué *encontraste* que te resultó útil.
- **Encontrar:** Ofrécete a asistirlos para que logren *encontrar* ayuda en sus vidas.

7

LAS PERSONAS QUE SE RELACIONAN SE ESFUERZAN POR SIMPLIFICAR EL MENSAJE

Hace algunos años, participé en un programa televisivo de entrevistas. El presentador mostró dos libros de mi autoría y dijo: «John, leí varias de tus obras, y son todas tan simples». ¡Tanto su tono de voz como su lenguaje corporal y sus gestos nos dejaron en claro a mí y al público que no se trataba de un mero cumplido!

Mi respuesta fue franca. «Es verdad. Los principios enunciados en mis libros son fáciles de entender. Sin embargo, no siempre son fáciles de aplicar». Los asistentes aplaudieron, y el presentador reconoció que lo que dije era cierto.

¿QUÉ TIENE DE MALO QUE SEA SENCILLO?

Ronnie Ding me contó la historia de un pastor que, mientras estrechaba las manos de algunos miembros de su congregación después de uno de sus servicios, recibió el siguiente comentario sobre su sermón de parte de uno de ellos: «Pastor, es más inteligente que Albert Einstein».

El pastor se sintió sorprendido y halagado por la afirmación, pero no supo cómo responder. De hecho, cuanto más pensaba en el comentario, más desconcertado se sentía. ¡No logró dormir bien durante una semana!

El domingo siguiente, le preguntó al congregante qué había querido decir.

«¿Sabe?», le contestó el hombre, «Albert Einstein escribió algo tan complicado que sólo diez personas pudieron entenderlo en su época, pero cuando usted predicó, nadie pudo comprenderlo».[1]

Creo que muchos piensan que si un individuo, sobre todo un escritor u orador, los bombardea con una gran cantidad de información compleja o escribe con palabras difíciles en un estilo denso y engorroso, es una persona inteligente y creíble. Esto parece cierto especialmente en el ámbito académico. Cuando los estudiantes no logran entender a su profesor, suelen suponer que se debe a que él es muy inteligente y sabe mucho más que ellos; no creo que ese sea siempre el caso. De acuerdo con el comentario de la agente inmobiliaria Sue Cartun: «Si utilizas un lenguaje denso y rebuscado para tratar de impresionar a los demás, no podrás crear lazos con ellos. El auditorio simplemente estará a la espera de que la tortura termine».[2] En la mayoría de estos casos, el docente no es un buen comunicador. Mientras muchos educadores suelen transformar algo simple en complicado, los comunicadores simplifican las ideas complejas.

En su excelente libro *The Power of Little Words* [El poder de las palabras simples], el escritor John Beckley, ex redactor de la sección de negocios de la revista *Newsweek*, observa: «En la educación, no suele ponerse el énfasis en comunicar ideas de manera simple y clara. En cambio, se nos alienta a usar palabras y estructuras sintácticas más complejas para hacer alarde de nuestros conocimientos y de nuestra formación… En lugar de enseñarnos a transmitir ideas de la manera más clara posible, nuestra educación nos enseña a empañar las cosas.

Hasta nos inculca el miedo de que si no hacemos que nuestra escritura sea lo suficientemente complicada, se nos considerará incultos».

Creo que todos coincidimos en que muchos de los problemas que enfrentamos en la vida son complejos. Un profesor puede argumentar con toda razón que su área de conocimientos es complicada. No lo refuto. Sin embargo, en función de nuestra condición de líderes y comunicadores, nuestra labor consiste en darle claridad a un tema, no en sumarle complejidad. No se necesita tanta destreza para identificar un

> No se mide a un gran profesor por sus conocimientos, sino por los conocimientos de sus estudiantes.

problema como para encontrarle una buena solución. No se mide a un gran profesor por sus conocimientos, sino por los conocimientos de sus estudiantes. Lograr que las cosas sean sencillas es una destreza, y es necesaria si deseas crear un vínculo con las personas cuando te comunicas con ellas. Para citar las palabras de Albert Einstein: «Si no puedes explicarlo de manera sencilla, no lo entiendes lo suficiente».

Charlie Wetzel, a quien contraté en 1994 para que me ayudara a redactar e investigar, proviene del ámbito académico. Tiene títulos en lengua inglesa y, antes de trabajar conmigo, se desempeñó como maestro y decano en una universidad especializada en ciencias empresariales. Yo sabía que para que su investigación me resultara eficaz, él debía comprender qué clase de materiales necesitaba. No me serviría tener pilas de trabajos de investigación que no me ayudaran a relacionarme con los demás.

Consulté a otros escritores para saber de qué manera capacitaban a alguien para semejante tarea, pero no fueron de gran ayuda. Entonces, Charlie y yo diseñamos nuestro propio método. Él leería un libro de citas y marcaría las que considerara interesantes; yo haría lo mismo. Cuando comparamos nuestras evaluaciones, ¡nos dimos cuenta de que el 90 por ciento de nuestras elecciones habían sido diferentes! La mayoría de las opciones elegidas por Charlie eran largas y pomposas. Reflejaban su origen académico. Explicó que había buscado citas que tuvieran pensamientos profundos o gran perspicacia. El problema de esto es que lo que una persona considera una fuente de perspicacia, otra lo ve como una cura para el insomnio. Por lo tanto, compartí con él algunos criterios para seleccionar buen material. Para mis propósitos, las citas o ejemplos debían cumplir con una o más de estas cuatro categorías:

- humor: algo que hiciera reír a las personas
- sentimientos: algo que lograra cautivar sus emociones
- esperanza: algo que los inspirara, o
- ayuda: algo que les sirviera de manera tangible.

Estas cuatro ideas pueden parecer simples, pero son eficaces.

Armados de esta información, Charlie y yo intentamos evaluar otro libro de citas. En esta oportunidad, el porcentaje de coincidencia fue del 50 por ciento. Al cabo de unos pocos meses, coincidíamos en el 90 por ciento del material que Charlie recopilaba. Hoy, quince años después, Charlie sabe qué quiero antes de que lo sepa yo mismo. Prácticamente lee lo que pienso, escribe con mi estilo, conoce mis intenciones, mi idiosincrasia y mis pasiones. Se ocupa de mejorar mi material, reescribe mis textos y perfecciona aquello que quiero transmitir. Lo más importante es que ambos nos esforzamos para que las ideas se plasmen de manera simple.

> «Ser sencillo es ser grande».
> —RALPH WALDO EMERSON

La sencillez cuesta mucho trabajo. El matemático Blaise Pascal escribió en alguna ocasión: «Hice esta carta más larga de lo habitual porque no tengo tiempo para hacerla corta». Lograr que cualquier tipo de comunicación sea breve, precisa e impactante conlleva un gran esfuerzo. Para citar las palabras del filósofo y poeta Ralph Waldo Emerson: «Ser sencillo es ser grande». Los buenos comunicadores aportan una gran claridad a su auditorio; los malos aportan confusión la mayoría de las veces.

CÓMO COMUNICARSE CON OTRAS CULTURAS

Lograr que la comunicación sea sencilla no es tarea fácil. Esto nunca me resulta más claro que cuando intento transmitir ideas a un auditorio o interactúo con individuos en mis viajes al exterior. Las relaciones transculturales exigen una gran energía mental, física y emocional. A veces incluso pueden llevar a situaciones cómicas. Estos son algunos carteles interesantes redactados originalmente en inglés que se observaron en distintas partes del mundo:

- Tintorcría en Bangkok: *Bájate los pantalones aquí para obtener los mejores resultados.*
- Folleto de un hotel en Italia: *Este hotel es famoso por su paz y soledad. De hecho, multitudes de todas partes del mundo llegan en tropel para disfrutar de su soledad.*
- Hotel en Tokio: *Está prohibido robar toallas del hotel por favor. Si no eres la clase de persona que pueda hacer esto, por favor no leas este aviso.*
- Vestíbulo de un hotel de Bucarest: *El ascensor estará en reparaciones durante las próximas 24 horas. Sentimos informarle que, durante ese lapso, usted será insoportable.*
- Hotel en Atenas: *Se espera que los visitantes se quejen en la oficina todos los días de 9 a 11 de la mañana.*
- Lavandería en Roma: *Señoras, dejen su ropa aquí y pásenla bien toda la tarde.*
- Sastrería en Rodas: *Encargue su traje de verano. Dada la prisa, ejecutaremos a los clientes por riguroso orden de llegada.*
- Oficina de venta de pasajes aéreos en Copenhague: *Recibimos tu equipaje y lo despachamos en todas las direcciones.*

- Zoológico en Budapest: *Favor de no alimentar a los animales. De tener algún alimento apropiado, entregárselo al cuidador de turno.*
- Folleto de una compañía de alquiler de automóviles en Tokio: *Si aparece un pasajero a pie, toque la bocina. Primero, tóquela melodiosamente. Pero, si continúa obstaculizando su camino, tóquelo a él con vigor.*[3]

Si no viajaste demasiado por el mundo, créeme que puede representar un reto. Después de disertar en más de cincuenta países y en cientos de lugares, desarrollé una estrategia llamada «3 S»:

Hazlo **S**imple.
Dilo **S**in prisa.
Esboza una **S**onrisa.

Si las dos primeras no funcionan, espero que por lo menos la tercera sirva para que las personas a las que me dirijo sepan que me agradan.

EL ARTE DE LA SENCILLEZ

Confío en que este capítulo no te desilusione, ya que no hay demasiado que decir con respecto al arte de lograr la sencillez en la comunicación. Después de todo, es una idea muy simple. No obstante, no siempre es fácil ponerla en práctica. A modo de ayuda, incluyo cinco pautas:

1. HABLARLES A LAS PERSONAS EN SU IDIOMA Y NO HACERLO POR ENCIMA DE SUS POSIBILIDADES

Un niño en edad preescolar comía una manzana en el asiento trasero de un automóvil. «Papi, ¿por qué se pone marrón la manzana?»

Su padre le explicó: «Esto se debe a que, después de comerte la cáscara, la pulpa de la manzana entró en contacto con el aire, lo que provocó su oxidación, y por lo tanto le cambió la estructura molecular y le modificó el color».

Después de un largo silencio, el niño le preguntó: «Papi, ¿me estás hablando a mí?»

Muchas personas se sienten así cuando un orador o un líder transmite ideas complejas sin tomarse el trabajo de hacerlas claras y sencillas. En ocasiones me sentí de la misma manera al escuchar a un disertante. Cuando ocurre esto, significa que el comunicador no comprende que disparar por encima de las personas no implica tener mejores municiones, lo único que esto hace es poner en evidencia que eres un pésimo tirador.

Mi primer título universitario fue en teología. Mientras estudiaba, nunca me enseñaron ni me incitaron a hablarle a un auditorio de forma sencilla. En el último año de estudio, recibí el primer premio en un concurso de oratoria. El tema sobre el que diserté no era especialmente atractivo para el público, y tampoco lo fue el estilo de mi discurso. Usé oraciones largas y muchas palabras difíciles. Mis profesores estaban impresionados. Yo también lo estaba… hasta que comencé a trabajar en mi primera iglesia, que estaba ubicada en una comunidad rural del sur de Indiana. En seguida me di cuenta de que analizar verbos griegos y ahondar en teología compleja no resultaba de gran interés para los miembros de la congregación.

Las personas a las que me dirigía semanalmente eran como el hombre que escuchaba al oficial de armamento y material de la Marina de los Estados Unidos mientras que este explicaba en gran detalle el funcionamiento de los misiles teledirigidos. Después de la charla, el hombre felicitó al oficial por su brillante exposición y le dijo: «Antes de la conferencia, me encontraba totalmente confundido sobre el funcionamiento de este tipo de misiles».

«¿Y ahora?», le preguntó el oficial.

«Gracias a usted», le respondió, «aún sigo tan confundido como antes, pero en un nivel mucho más profundo».

Una vez que comprendí que mis discursos «brillantes» no eran de utilidad para nadie, comencé a trabajar en modificar mi estilo. Esto significó un esfuerzo pero, como mencioné, pasé de ser un orador que quería impresionar a los demás y me convertí en un disertante que deseaba dejar una huella en ellos. El cambio más significativo fue la simplificación de las ideas complicadas. A medida que mis oraciones se acortaban, mi congregación crecía. Con el tiempo, me di cuenta de que uno de los mejores cumplidos que podía recibir era: «Pastor, entendí todo lo que dijo. Tiene sentido».

El enfoque directo y simple suele ser el mejor en todas las formas de comunicación. Janet George me escribió para contarme que, después de aceptar un cambio de puesto en el trabajo, comenzó a capacitar a la mujer que la reemplazaría en su labor anterior.

«Le mostré el formulario que había preparado para comunicarme con las oficinas locales», me contó Janet.

«Parece estar escrito para un nivel de comprensión elemental», comentó la mujer con tono despectivo. «Lo reescribiré para que tenga un estilo comunicativo más adulto».

Janet no volvió a verla durante varios meses, pero cuando se encontraron, la mujer le confió que había vuelto a utilizar el formulario anterior porque el nuevo había resultado muy difícil de comprender.[4]

En el arte de la comunicación, una mayor complejidad nunca es la respuesta, a no ser que lo que desees sea no relacionarte.

2. Ir al grano

Una mujer que se disponía a retirarse del consultorio miró al médico de manera socarrona. «¿Sucede algo?», le preguntó el facultativo.

«No estoy segura», le contestó la mujer. «Llegué cinco minutos antes del horario de mi cita y me atendió en seguida. Me dedicó mucho tiempo. Entendí todo lo que me explicó. Incluso puedo leer su receta. ¿Es médico realmente?»

En ciertas situaciones, no esperas que los demás sean claros, breves y rápidos. En otras, sí. Cuando te dispones a escuchar hablar a alguien y tarda demasiado en ir al grano, te das cuenta de que estás en problemas.

Winston Churchill dijo una vez sobre un colega: «Es uno de esos oradores que, antes de ponerse de pie, no sabe qué dirá; cuando está hablando, no sabe qué está diciendo y después de tomar asiento, desconoce qué dijo». ¡Qué crítica! Escuché a algunos oradores como ese. ¿Qué hay de ti? Lamentablemente, ¡yo también fui uno de ellos!

Todos los buenos comunicadores van al grano antes de que el auditorio empiece a preguntarse: «¿A qué viene esto?» Para lograrlo, es necesario saber desde el comienzo cuál es el punto en cuestión. El dramaturgo griego Eurípides dijo: «Un mal comienzo implica un mal final». Sin duda, el momento para ponerte a pensar en el objetivo de tu mensaje es antes de iniciar la comunicación.

> *Todos los buenos comunicadores van al grano antes de que el auditorio empiece a preguntarse: «¿A qué viene esto?»*

Cada vez que me preparo para comunicarme con otros, ya sea un auditorio conformado por cientos de personas o un único individuo, me hago dos preguntas: «¿Qué quiero que sepan?» y «¿qué quiero que hagan?» Si logro responder con claridad a estos dos interrogantes, entonces es más probable que me mantenga enfocado, vaya al grano y me relacione con mi público.

Tal vez una de las situaciones más difíciles en el arte de la comunicación sea el momento en que debes enfrentarte a otro. Dadas las posiciones de liderazgo que ocupé durante mi carrera, muchas veces debí enfrentarme con ciertas personas. En el pasado, estos encuentros me hacían sentir inseguro e intimidado. Por lo general, mi estrategia consistía en hablar sobre muchos otros temas antes de dar una mala noticia o en insinuar el problema en lugar de plantearlo francamente. Tardé muchos años en adoptar un enfoque más directo y transmitir lo más rápido posible lo que necesitaba decir.

El año pasado, cené en Cincinnati con Tom Arington, fundador y director ejecutivo de la compañía farmacéutica Prasco. Esa noche conversamos sobre muchos temas interesantes, como las decisiones difíciles que a veces debe tomar un líder. Durante nuestra charla, compartió conmigo una de sus estrategias para enfrentarse a un empleado cuyo desempeño no es eficiente. Me dijo: «Cuando un empleado de mi compañía no trabaja bien, le hago dos preguntas. La primera es: "¿Te interesa conservar este trabajo?" Esta sirve para hacerle ver que existe un problema. La segunda es: "¿Quieres que te ayude?" El objetivo de esta pregunta es que sepa que estoy dispuesto a ayudarlo». Eso sí que es ir al grano.

Sinceramente, creo que la mayoría de las personas prefieren que, cuando se dirigen a ellos, se vaya al grano. Optan por el enfoque directo, sobre todo en las situaciones difíciles. Esto me recuerda una anécdota divertida sobre un empleado que estaba en un apuro. Su nombre era Sam. Todos los empleados de la pequeña compañía para la que trabajaba, menos él, habían aceptado un nuevo plan de jubilación que requería que cada uno de ellos pagara un aporte mínimo de cada sueldo que percibía, y la compañía se haría cargo del resto de los costos y de las comisiones. Había una única condición: el plan sólo se implementaría si participaba el ciento por ciento de los empleados.

Los compañeros de Sam hicieron toda clase de intentos para convencerlo de firmar. A veces le suplicaban y otras veces lo increpaban. Su jefe trató de persuadirlo, pero Sam no cambió de parecer. No quería que su paga se redujera ni un centavo.

Finalmente, el presidente de la compañía lo llamó a su oficina y le dijo: «Sam, aquí tienes una copia del nuevo plan de jubilación y un bolígrafo. Las opciones son firmar el documento o empezar a buscar un nuevo empleo porque quedas despedido».

Sam firmó los papeles sin vacilar.

«Ahora dime», le dijo el presidente, «¿por qué no podías firmarlo antes?»

«Señor», respondió Sam, «hasta ahora nadie me lo había explicado con tanta claridad».

Todos aspiran a la claridad. Incluso las personas con mentes más dispersas desean saber cuál es el punto fundamental del mensaje, y los buenos comunicadores se lo ofrecen. Por supuesto que, en algunas ocasiones, las personas se comunican de tal manera que oscurecen intencionalmente el significado de su mensaje. Esto sucede con mucha frecuencia cuando un empleado ineficiente le pide una recomendación a un supervisor. Cuando la persona que la solicita es alguien a quien el supervisor no desea respaldar, este puede responder de manera muy creativa. A continuación, cito algunos ejemplos junto con su «verdadero» significado, seleccionados del libro de Robert Thornton, *Lexicon of Intentionally Ambiguous Recommendations (L.I.A.R.)* * [Léxico de recomendaciones intencionalmente ambiguas]:

[[Diseñador favor de poner esta nota al calce]]

*(N. de la t.) Del inglés *liar* que significa «mentiroso».

RECOMENDACIÓN	SIGNIFICADO
Siempre la consideré una persona muy elevada.	Se la vio fumando marihuana.
Mientras trabajó con nosotros recibió varias citaciones.	Lo arrestaron muchas veces.
Creo que no se aprovecha su verdadero talento en su trabajo actual.	Se embriaga con frecuencia.
Me complace decirle que esta candidata es una ex colega mía.	No sabe qué feliz me pone que haya dejado nuestra compañía.
Sencillamente no podrá creer la trayectoria de esta empleada.	La mayor parte de su currículum vítae es falso.
Siempre nos preguntaba si había algo que pudiera hacer.	Nosotros también nos lo preguntábamos.
Nunca lo encontrará dormido en el trabajo.	Es demasiado astuto como para que lo descubran.
No conoce el significado de la palabra detenerse.	Tampoco sabe deletrearla.

Cuando te comunicas con otros, ya sea que le hables a un niño, presidas una reunión o des un discurso ante un gran auditorio, tu objetivo debe ser ir al grano tan pronto como hayas establecido una relación con tus interlocutores y causarles la mayor impresión que puedas con la menor cantidad de palabras posibles. Los buenos líderes y oradores lo hacen constantemente.

Los fundadores de los Estados Unidos George Washington y Benjamín Franklin eran conocidos por poseer esta cualidad. Thomas Jefferson, el tercer presidente del país, escribió sobre ellos: «Serví junto al general Washington en la Legislatura de Virginia antes de la guerra de Independencia y junto al doctor Franklin en el Congreso durante la guerra. Nunca escuché a ninguno de los dos hablar durante más de diez minutos a la vez, ni hablar sobre temas que no fueran decisivos. Sólo se ocupaban de los puntos importantes porque sabían que los asuntos menores se resolverían solos». Si hacemos lo mismo, nos ganaremos el respeto de los demás y aumentarán nuestras posibilidades de mantener una relación con las personas cuando hablamos.

3. Decirlo una, y otra, y otra y otra vez

Los buenos maestros saben que la ley fundamental del aprendizaje es la repetición. Alguna vez me dijeron que es necesario escuchar algo dieciséis veces antes de creerlo. Parece demasiado, pero no obstante, creo que la repetición es esencial en la comunicación si quieres que las personas te entiendan y apoyen tu mensaje. Según William H. Rastetter, quien impartió clases en el Instituto Tecnológico de Massachusetts y en Harvard antes de convertirse en director ejecutivo de IDEC Pharmaceuticals Corporations: «La primera vez que dices algo, se escucha. La segunda vez, se reconoce. La tercera, se aprende». Esta idea es mucho más optimista, pero igualmente destaca el valor de la repetición.

Si deseas convertirte en un comunicador eficaz, tienes que estar dispuesto a hacer hincapié en un mismo punto una y otra vez. Esto también se aplica si quieres ser un líder eficaz. De acuerdo con mi amigo y pastor fundador de la iglesia de Willow Creek, Bill Hybels: «¡Los puntos de vista tienen filtraciones!» Con este pensamiento quiere decir que, aunque las personas apoyen una idea, con el tiempo pueden perder la pasión y el entusiasmo inicial. Incluso pueden llegar a perder totalmente de vista esa idea. Como esto es cierto, los líderes deben repetir de manera continua los valores y las visiones de su organización para que los empleados (o los voluntarios, en el caso de las iglesias y otras organizaciones sin fines de lucro) los conozcan, piensen en función de ellos y los experimenten en sus propias vidas.

Expresar una idea y repetirla suele ser un gran desafío. En el nivel más básico, puedes seguir el consejo de los instructores de la escuela Dale Carnegie, quienes les sugieren a sus estudiantes: «Informa al auditorio qué le dirás. Luego, dilo. Después, cuéntale lo que dijiste». Andy Stanley, líder de la iglesia comunitaria de North Point, un maravilloso comunicador y gran amigo, tiene un enfoque más sofisticado. Generalmente, compone un mensaje que se basa en un punto único, una gran idea. Después, todo lo que dice sirve para comunicar, ejemplificar o esclarecer esa idea principal. Es una forma muy creativa y eficaz de asegurarse que enfatiza lo que dice y de que su público realmente se relacione con el mensaje.

> «La primera vez que dices algo, se escucha. La segunda vez, se reconoce. La tercera, se aprende».
> —William H. Rastetter

Jim Blanchard, presidente de Synovus Financial Corp, organiza una conferencia sobre liderazgo en Columbia, Georgia, todos los años. El año pasado, tuve el privilegio de hablar allí junto al escritor ganador del premio Pulitzer Tom Freidman, junto al ex presidente de la Cámara de Diputados Newt Gingrich y al escritor Daniel Pink. Durante su charla, Daniel hizo la siguiente afirmación: «Para relacionarse con los demás, son esenciales tres cosas: (1) brevedad,

(2) liviandad y (3) repetición. ¡Lo diré una vez más!» La sala estalló en aplausos. Además, logró establecer una relación porque puso en práctica los consejos que predicaba, con sólo dieciocho palabras. Deberíamos tratar de seguir su ejemplo.

4. DECIRLO CON CLARIDAD

El gran transatlántico de la compañía Cunard, *Queen Mary*, iba a recibir otro nombre en un principio. La intención original era bautizarlo como *Queen Victoria*. Sin embargo, cuando se envió a un representante de Cunard al palacio de Buckingham para informar la elección a Jorge V, el enviado no transmitió el mensaje con claridad. Le dijo al rey que la compañía había decidido dar el nombre de «la más grande de todas las reinas de Inglaterra» al imponente buque nuevo.

> «*Logra el entendimiento para que no haya malentendidos*».
> —CHARLES BLAIR

«¿En serio?», exclamó el monarca encantado, «¡mi esposa se sentirá tan contenta!» dijo, pues pensó que se refería a ella. El representante de la compañía Cunard no tuvo el valor suficiente para corregir el error del rey. En cambio, regresó a las oficinas de la empresa, explicó la situación y al buque se le cambió el nombre y se le llamó *Queen Mary*.

Un mentor que tuve en la década de los setenta, Charles Blair, solía decirme: «Logra el entendimiento para que no haya malentendidos». En otras palabras, es necesario visualizar algo con claridad antes de poder decirlo claramente. Que las personas no logren expresar bien una idea es una señal indudable de que no poseen una comprensión suficiente del concepto. Es probable que esto nunca sea más evidente que cuando habla una persona insegura y mal informada que tiene un puesto de autoridad. Jack Welch, ex director ejecutivo de General Electric, señaló: «Los gerentes inseguros crean complejidad. Los gerentes asustadizos y nerviosos usan libros de planificación gruesos y enrevesados, y diapositivas recargadas con todo lo que aprendieron desde la infancia».[5]

En una ocasión me convertí en el líder de una organización y heredé a un marino de carrera como director de operaciones. Antes de mi llegada, él había preparado un manual grueso de recomendaciones que me hizo pensar en una observación de David Evans, quien criticó la forma en que los militares tienden a comunicar sus mensajes. Evans usó como ejemplo la siguiente afirmación sencilla y los diferentes tipos de correcciones que se implementan en las fuerzas armadas:

1er borrador: A buen entendedor, pocas palabras.

2º borrador: A un buen entendedor pueden bastarle pocas palabras.

3º borrador: Se cree que a un buen entendedor pueden bastarle pocas palabras.

4º borrador: Algunos creen que a un buen entendedor pueden bastarle pocas palabras en ciertas circunstancias.

5º borrador: Existen indicios de que algunos creen que a un buen entendedor pueden bastarle pocas palabras en ciertas circunstancias, aunque esto podría variar en otras coyunturas. Es probable que esta conclusión no pueda sostenerse si se analiza en detalle y sólo deba utilizarse en sentido general con la total comprensión de las presunciones subyacentes.

El manual que había elaborado mi director de operaciones era demasiado denso y complicado. Mientras lo leía, me preguntaba cómo podría entenderlo y seguirlo mi personal si yo mismo no lograba hacerlo. Me deshice de ese texto.

Si te estás preparando para comunicarte con un auditorio, sería prudente que siguieras el consejo del orador profesional Peter Meyer, quien dice:

La mayoría de los disertantes incluyen demasiadas ideas en sus charlas. No se pueden cubrir muchos temas en una hora y esperar que se produzca un aprendizaje. Nosotros hemos comenzado a seguir un modelo específico para asegurarnos de no romper esta regla. Lo llamo «el método del rompecabezas».

Mientras expones tus ideas, imagina que pedirás a tu público que arme desde cero un gran rompecabezas. Tus ideas serán las piezas.

Cuando armas un rompecabezas, lo primero que haces es observar la imagen de la tapa de la caja. Tu discurso debe tener una de esas imágenes, la que te dirá qué piezas quieres presentar.

Entonces, ¿cuántas ideas tiene tu rompecabezas? Recuerda que es mucho más difícil armar uno de mil piezas que uno que tenga cien cuando sólo cuentas con una hora. Si tienes más de un puñado de ideas principales, son demasiadas. Yo ciño mis charlas a un máximo de tres ideas, y es posible que incluso eso sea mucho para una hora.

Antes de empezar a organizar tu discurso, hazte otra pregunta. Si estuvieras jugando con un rompecabezas y sólo contaras con una hora para armarlo, ¿desearías que te escondieran la tapa? ¿Querrías que te agregaran más piezas a la pila? No cometas esos errores cuando des tus discursos.

En otras palabras, no importa cuán maravillosa te parezca la idea, no la incluyas a menos que coincida exactamente con la imagen de la tapa de tu caja.

Luego, al comenzar a hablar, asegúrate de comunicarle a tu auditorio cómo luce la imagen de la tapa de la caja. Anticípale que la mostrarás para que sepa qué lugar le corresponde a cada idea.

Al final, el público no queda convencido de lo que decimos, sino de lo que entiende. Cuando hablas con claridad y simplicidad, son más las personas capaces de entender las ideas que intentas comunicar. La sencillez no es una debilidad en un comunicador. ¡Es una fortaleza! El escritor y crítico John Ruskin comentó: «Lo más maravilloso que puede hacer un ser humano es observar algo y contarles a los demás lo que vio de manera sencilla. Cientos de personas pueden hablar por uno que piensa, pero miles pueden pensar por uno que ve. Percibir algo de manera clara y comentárselo a otros con claridad es poesía, profecía y religión a la vez».

> *Al final, el público no queda convencido de lo que decimos, sino de lo que entiende.*

5. Decir menos

Hace poco me convocaron para hablar en un programa en el que se habían planificado demasiadas actividades y, por consiguiente, estaban muy retrasados. A medida que pasaba el tiempo y se acercaba el momento de mi participación, noté que el presentador se inquietaba. Cuando me disponía a salir a escena, me explicó nervioso que mi intervención, que originalmente duraría una hora, se había reducido a sólo treinta minutos. Le resté importancia a la situación e intenté tranquilizarlo diciéndole: «No te preocupes. Daré mi discurso pizza. Si no lo entrego en media hora, no tendrás que pagarme». Hice algunas modificaciones sobre la marcha y todo salió bien.

Muchos tienen una actitud muy protectora cuando se trata de su tiempo en el estrado o de su oportunidad de hablar en una reunión. Les encanta estar en escena y, en lo que a ellos concierne, cuanto más tiempo tengan para estar frente al público, mejor. Es verdad, reconozco que disfruto de comunicarme con los demás. Me da energía. Incluso cuando se me solicita que hable todo el día en un seminario, termino entusiasmado, no agotado. Sin embargo, también descubrí que cuando doy un discurso que dura menos tiempo y es más conciso, el auditorio lo recuerda mejor y durante más tiempo. ¿No es irónico?

Tómate un momento para pensar en todos los maestros, oradores, predicadores, políticos y líderes que escuchaste en tu vida. ¿Qué porcentaje de las veces, después de una sesión con ellos, te surgió este pensamiento: *Ojalá hubiera hablado durante más tiempo; fue muy poco?* Apostaría que es un porcentaje muy bajo. Lamentablemente, en más del 90 por ciento de los casos, las personas se toman más tiempo del debido cuando hablan. Se parecen al político sobre el que Abraham Lincoln dijo: «De todos los hombres que conocí, él es el que más palabras puede comprimir en las ideas más pequeñas».

> *«De todos los hombres que conocí, él es el que más palabras puede comprimir en las ideas más pequeñas».*
> —ABRAHAM LINCOLN

La consultora en comunicación para ejecutivos Anne Cooper Ready ofrece el siguiente consejo en su libro *Off the Cuff* [El arte de la improvisación]:

Comienza y termina a tiempo. Mejor aún, termina un poco antes. Aunque seas un orador contratado y desees impresionar a los organizadores para que sepan que vales lo que te pagan, termina con una pregunta especialmente buena unos minutos antes del tiempo previsto. En esta sociedad hiperactiva, nada se aprecia más que el regalo de un poco de tiempo inesperado.

De acuerdo con la escritora de los discursos de Ronald Reagan, Peggy Noonan, él creía que a nadie le gustaba estar sentado entre el público sumido en un silencio respetuoso durante más de veinte minutos. Entonces, destina un máximo de veinte minutos a la sesión de preguntas y respuestas ¡y que luego todos se vayan a su casa!

Nada es peor que mantener a un auditorio cautivo hasta entrada la noche. No te enamores del sonido de tus propias palabras. Puedes echar por la borda todo lo bueno que lograste si alargas tu discurso para agregar un punto más. Si terminas un poco antes, lograrás infundir una actitud positiva a todo y a todos, y con suerte desearán oír más la próxima vez.[6]

Difícilmente algo saldrá mal si eres breve al comunicar tus ideas. Por el contrario, hay millones de maneras de equivocarse cuando se habla durante demasiado tiempo.

Una de las mayores ovaciones que recibí fue al finalizar el discurso más corto que di en mi vida. Estaba en el banquete posterior a un torneo de golf con fines benéficos. Había sido un día muy largo. Todos habíamos participado en la competencia, el programa se había extendido demasiado, y yo notaba que los golfistas estaban cansados e inquietos.

Finalmente, después de tres horas de programa, el presentador dijo a los espectadores que era el turno del orador principal, yo, y que hablaría sobre liderazgo. Después de un aplauso que sólo podría describirse como cortés, subí al podio y dije: «Hoy tuvimos una larga jornada y un programa extenso. La mayoría estamos cansados. Con respecto al liderazgo, puedo decirles esto: Todo surge o se desploma a causa del liderazgo».

Entonces bajé del podio y tomé asiento.

Por un instante, hubo un silencio de asombro. Después, la multitud estalló de repente. En una gran muestra de reconocimiento, todos se pusieron de pie para ovacionarme. ¡Te aseguro que nunca olvidarán ese discurso!

Sin embargo, no te recomiendo comenzar con un discurso que contenga nueve palabras únicamente. (Esa fue la única ocasión en la que hice algo así en más de cuarenta años). La mayoría de las veces que se te solicita que des una charla, tus anfitriones esperan más de ti. Se supone que debes agregarle valor a tu auditorio, y no es muy común que puedas lograrlo con tan pocas palabras. No obstante, cada vez que te comuniques, ya sea con una persona o con cien, siempre es aconsejable tratar de hacerlo de manera sencilla. Nadie te considerará mejor por transmitir un mensaje confuso o difícil.

Es probable que Winston Churchill haya sido el mejor comunicador del siglo XX. Fue un excelente líder, un comunicador que lograba inspirar a su auditorio y un escritor talentoso que ganó el premio Nobel de Literatura en 1953. Expresaba constantemente la importancia de lograr que la comunicación fuera simple. Según él: «Todas las cosas grandiosas son simples, y muchas pueden nombrarse con una sola palabra: libertad, justicia, honor, deber, misericordia, esperanza», y «En general, los vocablos cortos son los mejores, y los antiguos son los mejores de todos».

Podrá parecer ilógico, pero si deseas que tu capacidad para comunicarte llegue a una nueva dimensión y te permita establecer relaciones con las personas, no debes tratar de impresionar a los demás con tu inteligencia ni apabullarlos con demasiada información. Ofréceles claridad y sencillez. Ellos se identificarán contigo y desearán invitarte nuevamente para escuchar lo que tengas que decirles.

CÓMO RELACIONARSE CON LAS PERSONAS EN DIFERENTES SITUACIONES

PRÁCTICA PARA ESTABLECER RELACIONES: Las personas que se relacionan se esfuerzan por simplificar el mensaje.

CONCEPTO CLAVE: Cuanto más grande sea el grupo, más sencilla debe ser la comunicación.

RELACIONES CON UNA SOLA PERSONA

Ayudar a otra persona a comprender tu mensaje suele ser bastante sencillo. ¿Por qué? Porque puedes adaptarlo con precisión según su personalidad, experiencia c inteligencia. Si no eres claro como el agua cuando te comunicas, es probable que te des cuenta al leer la expresión en el rostro del otro. También puedes contestar cualquier pregunta que tenga esta persona. Desde luego, esto no significa que puedas ser holgazán. Si quieres relacionarte, y no solamente transmitir mucha información, debes esforzarte por simplificar el mensaje. Cuanto mejor se te entienda, mayores posibilidades tendrás de establecer un vínculo con quien te escucha.

Relaciones con un grupo

La comunicación con un grupo resulta un poco más complicada que con una sola persona. Debes lograr que tus ideas le sean útiles a más de un individuo; por lo tanto, tienes que simplificarlas. No se trata simplemente de «tirar» una cantidad de datos y esperar que los destinatarios los ordenen. Esto denota una actitud cómoda y es ineficaz. Si se te brindó la oportunidad de hablar, esfuérzate por lograr que tu mensaje sea sencillo. Para comprobar que lo hiciste de manera eficaz, sigue estos consejos:

- Solicita comentarios.
- Pídeles a los integrantes del grupo que digan qué aprendieron.
- Pregúntales cómo transmitirán tu mensaje a los demás.

Relaciones con un auditorio

Lograr que la comunicación sea sencilla y a la vez memorable es un verdadero arte. Tardé años en aprender a hacerlo. Dos buenas maneras de abordar un mensaje son preguntarte: «¿Qué es lo estrictamente necesario que debo comunicar para que el público entienda el punto?» y «¿Cómo puedo lograr que estos pocos puntos esenciales sean memorables?»

Otro truco que utilizan algunos buenos líderes para perfeccionar un mensaje importante, por ejemplo, para comunicar una visión, es practicar primero con una sola persona. Si funciona bien con un individuo, luego lo intentan con un grupo pequeño y especialmente seleccionado. De esta manera, el comunicador puede leer las expresiones de los interlocutores, probar qué funciona y también recibir comentarios. (A veces hasta les pido que expliquen lo que dije a la persona que tienen sentada al lado). Sólo después de probar un mensaje importante, los oradores lo transmiten a las masas.

8

LAS PERSONAS QUE SE RELACIONAN CREAN EXPERIENCIAS QUE TODOS DISFRUTAN

¿Qué palabras usarías para describir a los mejores comunicadores que lograron establecer relación contigo? ¿Amenos?, ¿dinámicos?, ¿vigorosos?, ¿divertidos? Es probable que, si le dedicas algo de tiempo a la tarea, puedas hacer una larga lista de atributos. Ahora piensa en los comunicadores que no te gustan, aquellos que fueron incapaces de relacionarse contigo. Si te pidiera que usaras una sola palabra para definirlos, ¿cuál sería? Podría apostar que se trataría del adjetivo *aburridos*. Esta es la palabra por excelencia para referirse a alguien que no logra establecer relación con los demás. Todos los días, en todas partes, millones de miradas vagan por los salones de clases, auditorios, iglesias, salas de reuniones y salas de estar porque las personas no consiguen despertar interés en sus interlocutores y, por consiguiente, no se relacionan con ellos.

¿Cuántas de las lecciones que soportaste hasta el final en un salón de clases recuerdas verdaderamente? ¿Cuántas conversaciones, y discursos? Por cada uno que recuerdas, es probable que te hayas olvidado de miles. El formador en el ámbito de las presentaciones corporativas

Jerry Weissman destacó: «Pocas actividades humanas se realizan tan a menudo, y tan mal, como las presentaciones. Según una estimación reciente, todos los días se preparan treinta millones de presentaciones con diapositivas usando PowerPoint de Microsoft. Estoy seguro de que asististe a algunas. ¿Cuántas fueron realmente memorables, eficaces y convincentes? Es probable que hayan sido unas pocas».

Pues, tengo una buena noticia: no importa cuál sea tu nivel actual de destreza en este campo, puedes mejorarlo. Es posible aprender a ser interesante. Lo sé porque mi experiencia personal puede demostrarlo. En los primeros años de mi carrera en oratoria, yo no era cautivador. De hecho, antes de conseguir mi primer trabajo, cuando aún estaba en la universidad, hice un test que medía la creatividad. ¡Mi puntaje fue el más bajo de la clase! Pensé: *Ay, no, seré un predicador aburrido más.*

Fue en ese momento que comencé a recopilar disciplinadamente citas, historias y ejemplos para mis discursos. Me parecía que si *yo* mismo no podía ser interesante, al menos podía agregar ideas en mis mensajes que sí lo fueran.

Desde luego que sin importar cuánto te esfuerces por relacionarte con las personas y por tratar de resultarles interesante, no se puede complacer a todo el mundo. Mis hijos eran pequeños cuando yo me dedicaba tiempo completo a predicar como pastor casi todos los domingos. Los sábados por la noche, cuando oraba junto con mi hija Elizabeth, ella solía pedir: «Querido Dios: por favor ayuda a mi papi a no ser aburrido mañana». Un domingo por la mañana, también la oí cuando le decía a su hermano menor, Joel, que se llevara muchos juguetes a la iglesia porque yo predicaría.

¿Qué puedo decir? Muchas veces me sentí identificado con el pastor cuya hija le preguntó por qué oraba antes de subir al púlpito.

«Querida», le contestó, «lo hago para pedirle al Señor que me ayude con mi sermón».

La niñita pensó durante un minuto y le respondió: «Entonces, ¿por qué no te ayuda, papi?»

No puedo culpar a mis hijos. Yo también fui un niño que se crió en el ámbito de una iglesia, y mi súplica del domingo por la mañana era algo así...

Ahora en sopor me hundo,
El sermón es largo; el tema, profundo.
Si no despierto antes de su despedida,
Le pido a alguien: «Dame una sacudida».

Por lo general, mi hermano, mi hermana y yo nos sentíamos igual que mis hijos, nos aburríamos. Con demasiada frecuencia, los predicadores que escuchábamos hacían exactamente aquello que Peggy Noonan, la escritora más destacada de los discursos de Ronald Reagan, desaconsejaba. Daban un discurso que ella definía como de «estilo hamaca»: «Es la clase de discurso que, al comienzo, tiene un árbol fuerte y hermoso que lo sostiene de un lado, al final otro árbol fuerte y hermoso que lo sostiene en el lado opuesto y, en el medio, hay una parte suave y agradable en la que todos nos quedamos dormidos». ¡No puedes hacer esto si quieres mantener una relación positiva con tu auditorio!

CÓMO SER INTERESANTE

Después de dar miles de discursos y de comunicar mis ideas durante décadas, aprendí algunas lecciones sobre cómo resultarle interesante a los demás y hacer que la comunicación se transforme en una experiencia que todos disfruten. Te presentaré las mejores lecciones que aprendí, ya sea estando frente a una sola persona, cuando lideré un grupo o me dirigí a un auditorio. Cuando te preparas para comunicarte, no importa si tu público está compuesto de una persona, cien o mil, intenta seguir tantos de estos siete consejos como te sea posible:

1. Responsabilízate de tu auditorio

A menudo oigo a presentadores hablar sobre ocasiones en que se dirigieron a malos auditorios. Normalmente, se refieren a las personas que no reaccionan de manera favorable a sus discursos. Creo que lo han malentendido. En general, no hay auditorios malos; solamente malos disertantes. Si el público se duerme, ¡alguien debería subir al escenario para despertar al orador!

El libro de Brent Filson, *Executive Speeches* [Los discursos de los ejecutivos], contiene consejos sobre oratoria ofrecidos por 51 directores ejecutivos. Uno de ellos escribe: «La Constitución garantiza la libertad de expresión, pero no asegura un auditorio. Aunque cuentes con público, no tienes la garantía de que te escucharán. Entonces, tu primera responsabilidad como orador es ganarte y mantener la atención de los espectadores. Cualquiera que sea tu propósito, tienes mayores posibilidades de éxito cuando sabes que su atención es tu responsabilidad, sólo tuya». Los buenos comunicadores se responsabilizan de la reacción que los demás tienen ante ellos, incluso en situaciones complicadas y bajo circunstancias difíciles.

> *En general, no hay auditorios malos; solamente malos disertantes.*

Casi todos escuchamos la expresión: «Puedes llevar un caballo hasta el abrevadero, pero no puedes obligarlo a beber». Es posible que esto sea verdad. Sin embargo, también es cierto que puedes alimentarlo con sal y dejarlo sediento. En otras palabras, puedes trabajar para mantener el interés de tu auditorio.

Cuando me dirijo a un auditorio, siento que es mi obligación lograr que sea una experiencia de aprendizaje placentera. *¿De qué manera puedo captar su atención? ¿Qué se necesita para que este discurso sea memorable? ¿Cómo puedo atraer su atención y lograr que se mantengan interesados en mi charla hasta el final?*

Con demasiada frecuencia, los que se enfrentan a un público esperan que quien escucha tenga la responsabilidad de «entender» de qué se está hablando y de reaccionar de manera favorable. Disertan con una actitud de «tómalo o déjalo». ¡Qué error! Esto es lo que llamo el cementerio de la comunicación: hay muchas personas allí, pero nadie escucha. Para evitar transformarme en esta clase de orador, asumo la responsabilidad de la comunicación cuando diserto. Nunca olvido que despertar el interés del auditorio, infundirle energía, disfrutar la experiencia y agregar valor a los demás es mi trabajo. Cuando puedo conseguir esto, mi misión, relacionarme, está cumplida.

Intenté conservar esa mentalidad al escribir libros. Cuando comencé con esta actividad, solía sentirme incapaz de mantener el interés del lector. Cuando interactúo con un solo individuo, soy un conversador bastante bueno. Como orador, había aprendido a usar el carisma para atraer al auditorio. Mostraba un interés genuino por las personas; empleaba un lenguaje corporal, unas expresiones faciales y un tono de voz positivos para man-

> *El cementerio de la comunicación: hay muchas personas allí, pero nadie escucha.*

tener la atención de los asistentes. Me divertía, y el público solía divertirse conmigo. Pero no contaba con esa ventaja como escritor. A menudo me preguntaba de qué manera podía lograr que mis libros fueran interesantes. Lo que me ayudó fue algo que leí sobre la historiadora Bárbara Tuchman. Durante todos los años en los que se dedicó a la escritura, tuvo un cartelito sobre la máquina de escribir que decía: «¿Pasará el lector a la página siguiente?» Ella no daba por sentado que su público tendría una reacción favorable, sino que asumía la responsabilidad de la respuesta de sus lectores.

Desde hace años, siempre que me siento a escribir con un bloc de notas, me hago esa misma pregunta. Me recuerda que debo asumir la responsabilidad de interesar al lector. Cuando empiezo a escribir, pienso: *¿Qué me haría querer leer esto?* Después de escribir un capítulo, intento leerlo desde la perspectiva de quienes podrían escoger el libro. *¿Qué los motivaría a pasar a la página siguiente? ¿Qué los alentaría a terminar el libro?*

También me responsabilizo de crear una experiencia que los otros disfruten cuando estoy con un grupo pequeño de personas. Si compartimos una cena, trato de iniciar una buena conversación. Pienso: *¿Qué puedo decir para que los comensales se involucren? ¿Cómo puedo hacerlos participar?* Si llevo a algunos amigos en un viaje o los invito a salir por la ciudad una noche, intento crear recuerdos. Por ejemplo, hace varios años invité a Dan y Patti Reiland, y a Tim y Pam Elmore a pasar un fin de semana en la ciudad de Nueva York con Margaret y conmigo. Una noche cenamos en Tavern on the Green, un restaurante de Central Park que es un importante destino turístico. Luego quisimos ir a las tiendas Macy's, y en lugar de caminar o tomar un taxi, alquilamos tres calesas orientales tiradas por bicicletas, una para cada pareja. Para hacerlo memorable, les dije a los tres conductores que se trataba de una carrera y quien llegara primero a Macy's recibiría una propina adicional de cincuenta dólares.

Pues, podrás imaginarte lo que sucedió. La salida fue como un latigazo para todos. Los conductores zigzagueaban entre el tráfico y se cruzaban unos delante de otros; en dos oportunidades, pensé que volcaríamos. Resultó ser el viaje de tres kilómetros más emocionante que haya hecho. Fue y es un gran recuerdo.

Tal vez creas que darle una propina de cincuenta dólares a un chofer sea algo excesivo. Posiblemente lo sea; pero, ¿qué precio le pondrías a una experiencia inolvidable? ¡Fue un momento que nos unió!, y es algo que recordaremos hasta el final de nuestras vidas. Yo diría que valió el precio, y el esfuerzo. Como líder, creo que brindar experiencias que el público disfrute es un privilegio y una responsabilidad. Como marido, padre y, ahora, abuelo, es aún más importante. Crear experiencias positivas y memorables es lo que establece más relaciones dentro de una familia. Te recomiendo especialmente que asumas la responsabilidad de hacerlo.

2. COMUNICA TU MENSAJE DESDE LA PERSPECTIVA DE LOS DEMÁS

Durante mi niñez, los padres no acostumbraban colaborar con los deberes que implica la crianza de los hijos como lo hacen en la actualidad. Los hombres y las mujeres solían vivir en mundos diferentes. En aquellos tiempos en los que se usaban pañales de tela, un hombre cuya obsesión era el béisbol salió a cenar con su esposa y el bebé comenzó a llorar. La madre había pasado todo el día dedicada al cuidado del niño y estaba agotada. Entonces le pidió a su esposo que le cambiara el pañal a su hijo.

«No sé cambiarle los pañales a un bebé» dijo el marido en un intento por librarse de la tarea.

«Mira, hombre», le dijo mientras lo fulminaba con la mirada, «dispones el pañal en forma de diamante. Llevas la segunda base hasta el puesto del bateador. Pones la colita del bebé en el montículo del lanzador, abrochas las bases primera y tercera y deslizas la base del bateador por debajo. Y si comienza a llover, el partido no se suspende, sino que comienzas todo de nuevo».

Si deseas que tu mensaje se entienda, debes aprender a comunicarte desde el lugar del otro. Relacionarse requiere de esta habilidad. Con frecuencia, los oradores no están dispuestos a salir de su propio mundo para transmitir una idea desde la perspectiva de quien la escucha, o no pueden hacerlo. Cuando sucede esto, no sólo es improbable que se desarrolle una relación, sino que realmente se crea una distancia entre orador y auditorio.

El ingeniero Lars Ray comentó:

«A menudo se me solicita que presente ideas o soluciones para nuevos productos en desarrollo. Si las personas con las que hablo no son otros ingenieros que conocen bien el tema, la conversación resulta fría y aburrida. Como siempre hay asistentes que pertenecen a los equipos de administración, liderazgo y finanzas, debo asumir la responsabilidad y asegurarme de que el mensaje llegue a todos los participantes de manera significativa y que les permita tomar decisiones... en lugar de suponer que entienden la jerga de la ingeniería».[1]

Uno de mis primeros retos en la comunicación ocurrió cuando pensé que quienes me escuchaban estaban tan interesados como yo en el tema que trataba. Había trabajado toda la semana en la preparación del mensaje de ese domingo. Creí que mi congregación tendría las mismas expectativas que yo. En cambio, la realidad era que ellos vivían sus propias vidas: trabajaban, dedicaban tiempo a la familia, hacían trámites, practicaban deportes, visitaban amigos y demás. Nadie contenía la respiración en espera de mi charla. Cuando llegó el domingo, deseaba con ansiedad que ellos entraran en mi mundo. Pero si quería establecer una relación, debía encontrarme con ellos en el *suyo*.

Esto mismo puede aplicarse en el ámbito de los negocios, especialmente a los vendedores y otras personas que trabajan con clientes, ya sea ocasionales o habituales. Según la opinión del orador, instructor y escritor Teri Sjodin:

«En promedio, los clientes potenciales sólo retienen la mitad de lo que les decimos. Antes de que haya pasado una hora, pierden el 10 por ciento de lo poco que ya sabían. Después de consultarlo con la almohada, adivina qué sucede: se evapora otro 20 por ciento. Para el momento en el que termina el ajetreo matutino, ya habrán evitado dos posibles choques en la autopista, habrán encontrado notas escritas por sus jefes sobre el escritorio y se habrán olvidado de otro 10 por ciento. Por lo tanto, todo el tiempo que nosotros creímos que habían dedicado a considerar nuestra propuesta, en realidad lo dedicaron a olvidarla».

Para relacionarte con los demás en su mundo, no puedes vivir únicamente en el tuyo. Debes encontrar un punto de unión entre el mensaje que deseas transmitir y las necesidades de los otros. Las personas no recuerdan lo que *nosotros* creemos importante, sino lo que es importante para *ellas*. Por este motivo, siempre que sea posible es una buena idea evitar el uso de términos abstractos y personalizar tu mensaje. Si formas parte del equipo de liderazgo de una organización, no hables sobre lo que quiere «la administración» o acerca de aquello que «la dirección» desea implementar. En cambio, comenta qué estás haciendo tú. Si te diriges a los empleados, no hables sobre ellos como si no estuvieran allí, háblales directamente. O mejor aún, siempre que puedas hacerlo de manera creíble, usa «nosotros» para incluir al auditorio cuando te refieras a *todos* los integrantes del equipo. Esto tiene que ver con el antiguo dicho:

> *Las personas no recuerdan lo que* nosotros *creemos importante, sino lo que es importante para* ellas.

Habla mucho y hablarás solo.
Habla conmigo y te escucharé.
Habla sobre mí y te escucharé durante horas.

Todo lo que puedas hacer para estar en sintonía con tu auditorio y encontrarte con ellos en *su* mundo te ayudará a establecer una relación, siempre y cuando seas auténtico. No puedes aparentar ser quien no eres, debes ser tú mismo pero hablar el idioma del otro.

3. Capta la atención de las personas desde el comienzo

La asesora en administración Myrna Marofsky bromeó: «En la actualidad, las personas están equipadas con un control remoto en la cabeza. Si no logras captar su atención, simplemente te apagan». ¿Te diste cuenta de que el auditorio puede «irse» muy rápidamente cuando comienzas a disertar? Yo sí. Como orador, observé que no pasa demasiado tiempo antes de que los espectadores sintonicen o se desconecten, y cuando sucede esto último tengo que esforzarme mucho para reconquistarlos, lo que no siempre sucede. Por este motivo, trato de hacer todo lo que está a mi alcance para causar una primera impresión buena y comenzar con el pie derecho cuando diserto.

Los individuos se forman una opinión inmediata sobre nosotros en todo momento, no sólo cuando nos comunicamos con un grupo. Como sugiere Sonya Hamlin, desde el instante en que alguien nos conoce, nos evalúa consciente o inconscientemente y decide si continuará escuchándonos o simplemente no nos prestará atención. Ella dice que si en los primeros momentos nada capta nuestro interés, usaremos la excusa: «Disculpa, acabo de ver a un amigo» y desapareceremos.

> «En la actualidad, las personas están equipadas con un control remoto en la cabeza. Si no logras captar su atención, simplemente te apagan».
> —MYRNA MAROFSKY

La mayoría de las veces tenemos una reacción instantánea de simpatía o antipatía hacia la gente. Al menos es así en mi caso. Si sonríen, hacen contacto visual y tratan de iniciar el contacto de alguna manera, ya sea con un «hola» o extendiendo la mano para saludarme, me hacen sentir positivamente predispuesto hacia ellos.

Cuando me dirijo a un auditorio, trato de comenzar de manera positiva, tal como lo hago con un solo individuo. Más específicamente, las siguientes son algunas de las cosas que hago:

Comienzo con un comentario acerca de la situación o del entorno. Antes de disertar, un comunicador experimentado presta atención a lo que pasa a su alrededor. Es consciente de lo que estuvo ocurriendo allí. Intenta saber quién habló y qué sucedió entre los asistentes. Además, está atento a cualquier comentario que se haya hecho.

Entonces, cuando se pone de pie para hablar, saca provecho de eso. La próxima vez que tengas que disertar, di algo referente a lo que todos acaban de experimentar. Esto te pondrá en el mismo lugar que están ellos, y los ayudará a sentir una conexión contigo.

Me presento. Cuando doy una charla, una de las primeras cosas que suelo hacer es decir sencillamente: «Hola, me llamo John. ¿Cómo te llamas?» Cuando la mayoría de los asistentes me grita su nombre, se crea un caos lleno de energía. Luego todos nos echamos a reír. Esto podrá sonar cursi, pero rompe el hielo y hace que las personas empiecen a sentir una relación conmigo.

Me relajo. Ya mencioné en un capítulo anterior que descubrí que podía sentirme más relajado frente a un auditorio si tomaba asiento; esto es algo que permite que los concurrentes sepan que estoy cómodo y que quiero que se sientan de la misma manera. La postura que adopto es la de alguien que quiere conversar *con ellos* y no escucharse *a sí mismo.* Si me siento a gusto y gozo de la experiencia, es más probable que los asistentes la disfruten también. Si puedes encontrar la manera de demostrarle a tu auditorio que estás relajado pero atento a ellos, lograrás relajarlos.

Comienzo con un comentario gracioso. Una vez fui el orador principal de un banquete que parecía no tener fin. Cuando finalmente subí al estrado para hablar, empecé con la siguiente anécdota: «Con 8,578 palabras, el discurso de toma de posesión del presidente William Henry Harrison fue el más largo de la historia. El día era frío y húmedo, y él se negó a usar sombrero o abrigo. El frío que tomó en esa ocasión se convirtió en una neumonía. Murió un mes después».

Luego agregué: «Como orador, aprendí una lección con este episodio histórico. Permaneceré bien vestido y prometo que mi discurso será breve». La sala estalló en carcajadas, todos se dieron cuenta de que haría que mi sesión fuera divertida, y nos relacionamos.

Creo expectativa. Al comenzar muchas de mis charlas, le comunico a los presentes que agregaré valor a sus vidas. Generalmente digo:

«Estás por aprender algo». Luego les pido que se lo transmitan a la persona que tienen sentada junto a ellos. Mientras se dirigen unos a otros, la energía de la sala aumenta, al igual que las expectativas. Cuando les pido que le digan a esa persona: «Ya era hora», se ríen y muchos de ellos realmente lo hacen. Esto es algo que suele resultarle divertido a la mayoría, y luego sienten un mayor vínculo conmigo y entre ellos.

Desde luego que no te recomiendo hacer todo lo que yo hago. Aquello que funciona para mí puede no ser tan útil para ti. A medida que te comunicas, necesitas encontrar tu propio estilo y experimentar con técnicas que te resulten apropiadas. No obstante, la regla es la misma. Debes hallar maneras de establecer un vínculo inmediato con tu auditorio, hacerlos sentir relajados y atraer su interés desde el comienzo. Busca formas de hacer de esta experiencia un momento agradable.

4. INFUNDE ENERGÍA A TU AUDITORIO

Es fácil comunicarse con personas que están llenas de energía y son muy activas. Resulta mucho más difícil hacerlo si son pasivas. ¿Qué tendrías que hacer en estas situaciones? ¿Deberías seguir adelante y esperar que todo salga lo mejor posible? Por supuesto que no. Debes esforzarte por infundir energía a tu auditorio y lograr involucrarlo.

Cada vez que diserto, busco señales que me demuestren que las personas con las que me comunico están involucradas con lo que digo. Me fijo si toman notas. Observo si están inclinados hacia delante, indicio de que están escuchando. ¿Hacen contacto visual? ¿Asienten con la cabeza como muestra de aprobación o comprensión? ¿Logro una reacción audible ante algunas de las cosas que digo? ¿Los asistentes se ríen o aplauden? Si hay signos de vida, ¡fantástico! Si no los hay, entonces intento conseguir la participación activa de los integrantes del auditorio. Esto es lo que hago en esos casos:

Hago preguntas. Ya sea que te comuniques con una sola persona o con un gran auditorio, las preguntas crean un vínculo entre tú y ellos que resulta vital para irradiar energía y aumentar sus niveles de interés. Como mi público suele ser bastante variado, al comenzar mis conferencias a veces les pregunto de qué estados provienen y hago chistes sobre los diversos lugares. En otras oportunidades, planteo una interrogante relacionada con el tema que abordaré. Mi objetivo es intentar involucrar a los presentes sin demoras.

A medida que continúa mi charla, suelo hacer preguntas más amplias y abarcadoras. Por lo general, son cuestiones sobre las que el 90 por ciento de los asistentes podrá responder. Por ejemplo, si estuviera tratando el tema del fracaso, haría una pregunta como «¿Cuántos cometieron por lo menos un error en su vida?» Normalmente, esto suscita una leve sonrisa y las personas levantan la mano. La mayoría desea sentirse parte de la experiencia, pero no quiere sobresalir en un grupo. Si haces preguntas demasiado específicas, nadie levantará la mano.

Te recomiendo intentarlo, pero siempre comienza con una victoria segura, una pregunta que genere una gran reacción, incluso una risa de reconocimiento. Luego haz otra pregunta para mantener el nivel de participación. Una vez que se familiaricen con la dinámica, les gustará ser parte de ella.

También utilizo preguntas en ámbitos mucho menos formales. Antes de cenar en compañía de otros, pienso un par de preguntas que les haría, tales como: «¿Qué experiencias emocionantes viviste en este mes?» o «¿qué libros buenos leíste últimamente?» No espero que los demás se involucren. Yo hago algo para invitarlos a participar del proceso.

Los hago moverse. Cuando diserto ante un auditorio, suelo hacerlo durante toda una mañana o una tarde. A veces, después de que los asistentes estuvieron sentados durante mucho tiempo, les pido que se pongan de pie y se estiren. La mayoría necesitan alguna clase de actividad física cada treinta minutos aproximadamente. El movimiento les da un breve descanso de la rutina.

En algunas oportunidades, les pido que hagan un ejercicio en sus asientos. Por ejemplo, cuando hablo sobre cuán difíciles pueden ser los cambios o sobre qué diferente resulta hacer algo nuevo, les pido que junten las manos y entrecrucen los dedos. Estamos acostumbrados a poner uno de los pulgares por encima. Entonces les solicito que vuelvan a juntar las manos pero, esta vez, coloquen el otro pulgar por encima. Esto siempre provoca una reacción porque se siente extraño. Como resultado, la energía de la sala aumenta.

Esta técnica del movimiento también funciona con grupos y con una sola persona. Puedes planificar actividades grupales que les sirvan para generar energía. Si la comunicación se estanca cuando te relacionas con un solo individuo, pueden ir a dar un paseo o cambiar de asiento. La actividad física sirve para crear actividad mental.

Les pido que interactúen: Aunque esto no funciona en todos los ámbitos, a veces les pido que interactúen con los otros integrantes del auditorio. En ocasiones, les solicito que se presenten a quienes los rodean o que compartan una idea con la persona que tienen sentada al lado. Otras veces armo grupos de discusión.

Una vez más, esto requiere que la participación del público y, por lo general, aumenta la energía que hay en la sala. El punto fundamental es que vigorizar a los asistentes y trabajar para estimularlos es responsabilidad del orador.

5. DILO DE MANERA QUE QUEDE GRABADO

Todos los grandes actos comunicativos tienen algo en común: el orador expresó una idea que los individuos recordaron mucho tiempo después de que la charla finalizara. A continuación presento algunos ejemplos:

- Patrick Henry: «Dadme la libertad o dadme la muerte».
- Nathan Hale: «Lamento tener una sola vida para ofrecer por mi país».
- Abraham Lincoln: «Un gobierno de las personas, por las personas y para las personas».
- Winston Churchill: «Nunca, nunca, nunca te rindas».

- John F. Kennedy: «No preguntes qué puede hacer tu país por ti. Pregunta qué puedes hacer tú por tu país».
- Martin Luther King hijo: «Tengo un sueño».
- Ronald Reagan: «Señor Gorbachev: Derribe este muro».

Si deseas que la gente recuerde tu mensaje, ¡debes decir lo indicado, en el momento justo y de la manera correcta!

En los comienzos de mi carrera, solía decir lo que pensaba y no prestaba demasiada atención a la manera en que lo hacía. A medida que comprendí la importancia que tiene la forma en que se expresa algo, trabajé más para mejorarla pero, para ser sincero, mis primeros esfuerzos fueron algo torpes. Continué trabajando en esta habilidad y, con el correr de los años, aprendí a transmitir ideas de maneras que las personas recuerden. Quisiera compartir contigo algunas de las cosas que aprendí:

Establece una relación entre lo que dices y lo que las personas necesitan. Nada hace que un discurso sea más memorable que la necesidad. Cuando Churchill dijo: «Nunca, nunca, nunca te rindas», el mundo enfrentaba la amenaza de la conquista del continente europeo por parte de los nazis.

> *Si deseas que la gente recuerde tu mensaje, ¡debes decir lo indicado, en el momento justo y de la manera correcta!*

Cuando Martin Luther King les dijo a las personas que estaban en el monumento a Lincoln que tenía un sueño, ellas necesitaban su inspiración para continuar luchando por los derechos civiles.

Los individuos prestan atención cuando lo que se dice se relaciona con algo que desean con fervor. Si sigues mi consejo y tratas de comunicarte con el prójimo considerando sus intereses en común, y te esfuerzas por ponerte en su lugar cuando hablas, vas a aumentar tus posibilidades de comprender sus necesidades y deseos. Esto incrementará tu capacidad para relacionarte.

Busca la manera de ser original. Algunos estudios demostraron que hay una correlación directa entre la previsibilidad y la influencia. Cuanto más previsible te considere el auditorio, menor será la impresión que logres en ellos. Por el contrario, si la previsibilidad es menor, la impresión aumenta. Si el auditorio siempre sabe qué sucederá, no establecerá contacto.

El gerente de producción Joseph Marler dice que hace un truco de magia para combatir la previsibilidad en los ámbitos de negocios.[2] El pastor Robert Keen me comentó que una vez puso un florero en una bolsa de plástico y lo rompió con un martillo para llamar la atención de los congregantes, pero lo golpeó tan

> *Los individuos prestan atención cuando lo que se dice se relaciona con algo que desean con fervor.*

fuerte que volaron trozos de vidrio en todas direcciones. Robert dijo: «La congregación se reía de manera histérica mientras yo intentaba recomponerme».[3] Jeff Roberts explicó que convirtió un aburrido proyecto para su licenciatura en administración de empresas en una presentación en rima inspirada en el Dr. Seuss que se completaba con un libro de cuentos hecho en cartulina. Los presentes se pusieron de pie para ovacionarlo. «Nuestro profesor, quien era famoso por su rigurosidad a la hora de las calificaciones» dice Jeff, «nos dio un 100%, algo nunca ocurrido antes. Dijo que jamás había visto una presentación igual y que nunca había observado a los estudiantes escuchar con tanta atención ni estar tan cautivados como lo estaba nuestro auditorio... Al crear una experiencia que todos disfrutaron, pudimos mejorar la típica presentación de estudios, atraer al auditorio y convertir el momento en un día de diversión y risas para un grupo de estudiantes dedicados que estaban finalizando sus estudios universitarios».[4]

Recurre al humor. Según dice el libro de Proverbios: «El corazón alegre es una buena medicina».[5] Aun cuando los integrantes del auditorio tengan problemas para recordar algunos de los puntos que mencionaste, muy pocas veces olvidarán el humor que utilizaste. Después de todo, a todo el mundo le gusta el humor, especialmente cuando hacemos bromas sobre nosotros mismos, algo que demuestra el grado de humanidad del presentador. Cada vez que alguien se resta importancia, logra crear un vínculo con las personas en lugar de ponerse por encima de ellas. El presidente Abraham Lincoln, a quien se conocía como el presidente sociable, solía burlarse de sí mismo, y la historia lo honra por esta cualidad humana. Se trata de una técnica que todo comunicador debería adoptar.

Usa una afirmación o estadística sorprendente. Nunca olvidaré las palabras de Nancy Beach en un mensaje sobre la pobreza: «Seis millones de niños menores de cinco años mueren de inanición por año. En el mundo, una de cada siete personas se acuesta con hambre todos los días. La riqueza de las tres personas más acaudaladas del planeta es mayor que la suma del producto nacional bruto de los 48 países más pobres del mundo».[6]

¿No crees que estas cifras son sorprendentes? Yo sí. Es por ese motivo que las recuerdo. Si cuentas con información relacionada con tu tema que puede captar la atención del auditorio, úsala.

Desde luego que también puedes utilizar las estadísticas con humor para relacionarte con la gente. Como dice Duke Brekhus: «Una de mis citas anónimas preferidas con respecto a las estadísticas dice que el 37,5 por ciento de todas las estadísticas se inventan en el momento. ¡Siempre hace reír a los demás!»[7]

Expresa las ideas de manera interesante. Si brindas información o comunicas ideas únicamente y no piensas en las expresiones que utilizas, te perderás oportunidades de establecer relaciones y el auditorio no recordará tus palabras. Compara las siguientes frases:

Una persona debe sacrificarse para llegar a la cima.	Para lograr una cosa debes renunciar a otra.
Las relaciones son importantes para influir en los individuos.	Los individuos no te seguirán si no les gusta caminar contigo.

Las personas no te prestarán atención hasta que sepan que te interesas.

A las personas no les interesará cuánto sabes hasta que sepan cuánto te interesas.

Cuando transmites algo de manera novedosa o inteligente, es más posible que la gente te preste atención.

Aprende a hacer una pausa. El proceso de relacionarte con los demás es recíproco. Es un diálogo, no un monólogo. Cada vez que hablas sin parar, las mentes de quienes te escuchan se desconectan. Sin embargo, si haces una pausa, aunque sea por un momento, les darás la posibilidad de considerar el mensaje que acabas de transmitir. Les aporta un descanso necesario a sus mentes. El mejor momento para hacerlo es cuando dices algo que tiene especial importancia.

> *El proceso de relacionarte con los demás es recíproco. Es un diálogo, no un monólogo.*

Muchos individuos se sienten inseguros cuando están en silencio; yo me hice amigo de él. Cuando en plena disertación hago una pausa, transmito los siguientes pensamientos: «Esto es importante... piensa en esta idea... considera esto en el contexto de lo que dije... subráyalo en tu mente». Las pausas me parecen valiosas porque permiten que el auditorio se ponga a tono con una afirmación importante. Mi consejo para quien quiere establecer un vínculo con otros es sentirse a gusto con el silencio y aprender a convertirlo en el signo de admiración que corona aquello que se transmite.

6. SÉ VISUAL

La mayoría de las personas aprende por medio de las imágenes. En esta época de televisión, películas, YouTube y otras formas de comunicación visual, las imágenes se convirtieron en algo sumamente importante. Hubo una época en la que las personas se sentaban en torno a una radio y escuchaban las noticias y los espectáculos, pero esos tiempos quedaron en el pasado.

Uno de los libros que tuvo un gran efecto en mi estilo comunicativo cuando era pastor fue *The Empowered Communicator* [El comunicador con poder] de Calvin Miller. En esta obra, Miller escribe una serie de cartas dirigidas a oradores de parte de integrantes imaginarios de un auditorio. En una de ellas dice:

Estimado orador:

El mundo nunca superó su afición a la verdad. Soy miembro de una iglesia desde hace más de cincuenta años. Debemos de haber tenido veinte pastores o más, no lo sé con certeza. Ninguno permaneció durante mucho tiempo. Todos dijeron la verdad. De hecho, podían aburrirnos durante varias horas seguidas con la verdad. Sólo hubo uno de todos ellos que realmente quisimos que se quedara. Decía la verdad de una manera interesante. En cierta ocasión se puso su bata de baño y actuó como si fuera el rey David. Sin duda, fue cautivador. En otra oportunidad, se puso en el papel de un posadero de Belén. Otra vez se embadurnó el rostro con hollín, sin duda lucía raro, y nos dijo que era Job. Todos sabíamos que no lo era, y él lo sabía, pero yo nunca había logrado comprender el libro de Job hasta aquel sermón. Una vez se disfrazó con una túnica blanca y entró con un cartel por la parte trasera del auditorio. Nos dijo que era un arcángel. Parecía tan convencido que le creímos. Fue lo más absurdo que hizo para llamar nuestra atención. Siempre lo hacía. Una gran iglesia de Chattanooga lo contrató y se fue. Parece que los buenos siempre se van.

Al día siguiente, arrestaron a un hombre en Greenville. Lo encarcelaron. Estaba deambulando con una túnica blanca por la ciudad y llevaba un cartel que decía: «SE ACERCA EL FIN DEL MUNDO». No sé por qué lo arrestaron. Prácticamente todos creían que tenía razón. Desde mi punto de vista, estaba diciendo la verdad de una forma interesante. La semana pasada, el pastor de mi congregación predicó sobre el mismo tema. La manera en la que transmitió la misma verdad no resultó para nada atractiva. Deben de haber encerrado al hombre equivocado.

Sin lugar a dudas me parece importante decir la verdad de manera interesante. No hay muchas personas que lo hagan. Un grupo de nosotros, quienes escuchamos tus sermones, desearíamos que lo hicieras. Deberías intentar la rutina de la túnica blanca y el cartel, procura solamente no salir a la calle.

—Tu auditorio

No cualquiera está en condiciones de lograr el estilo comunicativo que describe Miller en su carta, pero eso no viene al caso. Lo importante es que, como comunicadores, debemos encontrar alguna manera de atraer visualmente a nuestro auditorio. Algunos oradores usan películas, presentaciones en PowerPoint o gráficos. Ninguno de estos recursos me funciona demasiado bien a mí. En cambio, cuando diserto, suelo utilizar movimientos y expresiones faciales. También hago contacto visual. Todas estas estrategias me sirven para establecer un vínculo visual, aunque un buen contacto visual no siempre es síntoma de una buena relación. Candace Sargent me escribió para contarme el caso de un orador que vio que una señora del auditorio mantuvo con él un contacto visual intenso durante toda la presentación. «Lo puso muy contento» dijo Candace. «Además, ¡le dio más confianza aún! Después, se enteró de que la señora era sorda y simplemente necesitaba leerle los labios».[8]

Cualquier recurso que sirva visualmente a los asistentes les ayudará a crear un lazo. Yo animo a las personas a tomar notas. Una vez que se escribió una idea, es más probable que se la recuerde. En cierta ocasión, en una conferencia, mis amigos Terry y Jen Brown me entregaron una camiseta que me encanta usar. Tiene la siguiente leyenda: «Cuando hablo deberías tomar notas». ¿No es el pensamiento que tienen muchos cuando enseñan o disertan?

También uso palabras para intentar estimular la imaginación de mi auditorio. Deseo alentarlos a que se formen imágenes vívidas en sus mentes. Cuando comencé a transmitir a mi organización, EQUIP, mi visión sobre la búsqueda y capacitación de un millón de líderes en todo el mundo, usaba con frecuencia la palabra *imaginar*. Le pedía a la gente que imaginara qué sucedería con los países en vías de desarrollo si se capacitaba a los líderes para tomar las riendas o les decía: «Imagina cómo te sentirías si invirtieras tu tiempo y dinero para preparar líderes con el fin de marcar una diferencia en el mundo». Las personas empezaron a formarse sus propias imágenes mentales, se involucraron y continuaron interesados.

7. Cuenta historias

Es posible que la manera más eficaz de captar la atención y lograr una experiencia placentera cuando hablas sea mediante el relato de historias. Ya sea que comuniques algo gracioso, una verdad incontestable o una tragedia, las narraciones mejoran la experiencia. Isak Dinesen citó a un amigo: «Todas las penas pueden surgir si las incluyes en una historia o cuentas un relato sobre ellas». Por sí solos, los datos pocas veces logran que se dé una relación con los individuos. Sin embargo, las buenas historias tienen un efecto increíble y pueden ayudar incluso al comunicador menos sólido a mejorar y a comenzar a establecer contacto con los demás.

Aunque entendía esta idea con respecto a la conversación y a la oratoria, me resultó más difícil aprenderla para la escritura de libros. Soy una persona orientada a los resultados. Suelo tener la siguiente actitud: *sólo dame los preceptos y los usaré en mi vida*. Por consiguiente, a muchos de mis primeros libros les faltó la calidez de mis discursos. Sinceramente, los escribía para personas parecidas a mí. Se trataba de la clase de obra que yo deseaba leer. Eran simples, prácticos y aplicables. Estaban llenos de listas y buenas citas que yo había reunido. No obstante, les faltaba calidez.

Un amigo me ayudó a comprender que era lo que hacía mal cuando me señaló: «Al disertar, compartes anécdotas interesantes con tu auditorio. Logras que viajen contigo. Esto mismo es lo que debe pasar en tus libros». Tenía razón. La gente se relaciona con las historias, no con las estadísticas. En ese momento empecé a incluir más historias en mis libros.

Todos los buenos comunicadores las usan. Abraham Lincoln, quizá el mejor presidente de los Estados Unidos, expresó: «Dicen que cuento demasiadas historias; creo que es así, pero mi extensa experiencia me demostró que las personas comunes, cualquiera de ellas, se informan con más facilidad con un ejemplo que con cualquier otra cosa, y me tiene sin cuidado lo que pueda pensar la minoría hipercrítica».

Según los neurólogos, nuestros cerebros están mucho mejor programados para las narraciones que para las ideas abstractas o las diapositivas en PowerPoint. Después de todo, las historias son tan antiguas como la raza humana misma. Las vivimos y nos encanta contarlas. Las usamos para que nuestra experiencia cobre sentido. Además, cuando las compartimos ayudamos a los demás a entendernos, a comprenderse a sí mismos y a interpretar su mundo.

Me gusta mucho la descripción de la influencia de los relatos que hace Eugene Peterson en *The Message* [El mensaje]. Cuando los discípulos le preguntaron a Jesús por qué contaba tantas historias, él respondió:

A ustedes se les ha concedido conocer los secretos del reino del Señor. Saben cómo funciona. No todos cuentan con este obsequio, esta percepción; no se les otorgó a los demás. Cuando alguien está preparado para esto, la percepción y comprensión fluyen libremente. Si no hay buena disposición, cualquier indicio de receptividad desaparece en seguida. Por este motivo cuento historias: para crear buena disposición, para impulsar a los individuos a tener una percepción receptiva. En el estado en el que se encuentran, pueden mirar hasta el día del juicio final y no ver, es posible que escuchen algo hasta el hartazgo y no lo entiendan. (Mateo 13.10 – 13).

Durante años, me hice la fama de ser un comunicador que atrae a las personas a sus conferencias. Uno de mis secretos es que recopilo muchas anécdotas y luego las uso en mis charlas. Tengo una colección de tarjetas plastificadas que contienen las mejores historias que encontré. Cada vez que recurro a una de estas tarjetas frente a un grupo que ya me escuchó disertar, los asistentes pueden estar seguros de los siguientes cuatro puntos: Les leeré el texto de la tarjeta; será gracioso; les enseñará algo, y se los leeré como si fuera la primera vez que lo hiciera. Creo que sentarse en un banco, sacar una tarjeta y compartir su contenido demuestra una cierta calidad humana. Si memorizas fragmentos de este tipo y los transmites a un grupo, es posible que se entienda como un ardid y genere en cambio una distancia entre tú y ellos. Sin embargo, leer estos fragmentos de la manera correcta puede salvar esta distancia y ayudarte a que te relaciones. Descubrí que puede ser una experiencia agradable, tanto para mí como para mi auditorio.

CÓMO CONVERTIRTE EN EL TIPO DE COMUNICADOR QUE TE GUSTA ESCUCHAR

En lo que respecta a mantener el interés de tu auditorio y relacionarte con los demás, la conclusión es que debes tratar de ser la clase de comunicador que a *ti* te gustaría escuchar. ¿Qué oradores disfrutas escuchar? ¿Quién establece un vínculo contigo cuando diserta? ¿Qué cualidades descubriste en los comunicadores que admiras?

En su libro *How to Talk So People Listen* [Cómo hablar para que las personas escuchen], Sonya Hamlin llega al meollo de la cuestión cuando presenta dos listas de cualidades que muchos comunicadores comparten y les pide a sus lectores que elijan la que mejor represente el estilo de orador que les gustaría ver. Sus listas son las siguientes:

Lista 1	Lista 2
Cálido	Presuntuoso
Sincero	Impreciso
Simpático	Aburrido
Fascinante	Complejo
Interesante	Condescendiente
Entendido	Nervioso
Ordenado	Formal
Creativo	Irrelevante
Seguro	Remilgado
Inspirador	Monótono
Receptivo	Vehemente
Auténtico	Cerrado
Informal	
Divertido	

Hamlin continúa con una descripción sobre la manera en que las cualidades de cada una de las listas tienen un efecto positivo o negativo en nosotros. Sin embargo, considero que es muy fácil deducir por qué el primer grupo de cualidades funcionaría bien con nosotros, y el segundo no. La próxima vez que escuches a un orador, creo que sería una buena idea que tuvieras las dos listas contigo. Cuando observes una de las cualidades, haz una marca junto a la palabra. Si encuentras un comunicador cuyo estilo y cualidades están reflejados en la primera lista, estudia a la persona para ver si utiliza técnicas interesantes que tú también puedas adoptar.

Nadie es capaz de crear relaciones con todas las personas, no importa cuánto trabajes para lograrlo. Aunque yo me esmero en ser un comunicador eficaz, sé que mis presentaciones les resultan indiferentes a algunos, está bien. Pero puedes estar seguro de que hago todo lo que está a mi alcance para evitar que se duerman. Cuanto más tiempo permanecen atentos, tengo mayores posibilidades de conquistarlos y también cuento con mayores posibilidades de agregarles valor.

CÓMO CONVERTIRTE EN LA CLASE DE PERSONA CON LA QUE DESEAS RELACIONARTE

Una de las preocupaciones que me generaba este capítulo era que hay mucho énfasis en la oratoria, tal vez demasiado. Existen muchos oradores que no logran relacionarse, así como muchas personas que saben relacionarse pero no disertan en público. Traté de darles algunos recursos a quienes desean mejorar sus habilidades para la oratoria, pero quiero recordarte que la capacidad para las relaciones no tiene que ver principalmente con aprender a ser un mejor presentador. Tiene que ver con convertirse en la clase de persona con la que los demás desean relacionarse.

Billy Hawkins me escribió para contarme una historia que ejemplifica magníficamente lo que significa relacionarse mediante la creación de una experiencia que alguien disfrute. Explicó lo siguiente:

En nuestro servicio para niños teníamos un niño de seis años, Ollie, que había pasado toda su vida al cuidado del estado. Su madre se había suicidado y su padre entraba y salía de la cárcel. Decidí que mi objetivo sería relacionarme con Ollie una vez por semana. Me aseguraba de darle palabras de aliento todos los domingos y los lunes le enviaba una carta por correo. Un domingo lo vi sentado en el piso, solo y detrás del resto de los niños. Tenía una pila de papeles que había extendido delante de él.

Lo observé mientras levantaba cada uno de los papeles, simulaba leerlos y los volvía a alinear en el piso. Se negó a participar en la actividad del grupo; únicamente deseaba mirar sus papeles.

Como estaba preocupado, me senté junto a él y traté de evaluar la situación. Cuando me acerqué a saludarlo, vi mi letra en algunos de los papeles.

«Hola, Ollie. ¿Qué tienes ahí?» Entonces me di cuenta. Eran todas las cartas que le había enviado durante el trimestre. Se me llenaron los ojos de lágrimas mientras él me observaba, sosteniendo una carta borrosa como consecuencia de la lluvia y me decía: «Estas son mis cartas especiales».

Billy explicó que, unos años después, Ollie ingresó a un psiquiátrico para niños y, aunque no se solían permitir visitas, recibió una autorización especial para visitarlo porque había logrado establecer una relación con él. Billy resumió la experiencia de esta manera:

«Fue un privilegio haberme podido relacionar con un niño cuyo mundo era un caos y recordarle cuán especial es a los ojos de Dios y cuánto se le ama». [9]

Nunca se debe subestimar el poder de las relaciones y la marca que se puede dejar cuando simplemente se trabaja para crear una experiencia que los demás disfruten.

CÓMO RELACIONARSE CON LAS PERSONAS EN DIFERENTES SITUACIONES

PRÁCTICA PARA ESTABLECER RELACIONES: Las personas que se relacionan crean experiencias que todos disfrutan.

CONCEPTO CLAVE: Esfuérzate por crear la experiencia adecuada para la situación comunicativa.

RELACIONES CON UNA SOLA PERSONA

El goce de una experiencia comunicativa con otra persona se debe, por lo general, al sentimiento de intimidad que se ha generado. Esto no significa necesariamente que se trate de una intimidad romántica; sólo se trata de una relación creada por medio de una comunicación sincera que beneficia a ambas partes. Esfuérzate por lograrlo y para ello, sigue una de las sugerencias de este capítulo, como hacer preguntas, recurrir al humor o contar historias.

RELACIONES CON UN GRUPO

La experiencia que los individuos suelen disfrutar más en un entorno grupal es el trabajo en equipo. Desde tu función de comunicador, si puedes ayudarlos a tener un sentimiento de logro compartido, se sentirán relacionados contigo y entre sí. La próxima vez que estés a cargo de dirigir un grupo, pídeles que realicen juntos alguna actividad placentera. Asegúrate de que todos participen. Luego observa de qué manera afecta eso el nivel de energía y la afinidad con el grupo.

RELACIONES CON UN AUDITORIO

Cuando las personas integran un auditorio que escucha a un comunicador, desean que los entretengan. La próxima vez que disertes frente a un auditorio, intenta poner en práctica algunas de las técnicas que compartí en este capítulo. En especial, incluye historias en tu mensaje. Una buena historia puede dar vida incluso a un informe aburrido o a una presentación llena de datos. (Es probable que las comunicaciones de este tipo sean las que más *necesitan* de una buena historia).

Si nunca utilizaste historias, intenta comenzar a usarlas de ahora en adelante cuando establezcas relación con otros. Si ya las utilizas, piensa en algunas formas de mejorar tus narraciones. Martin Thielen, quien asistió al Festival Nacional de Narración de Cuentos de Jonesborough, Tennessee, observó que los mejores presentadores mostraban las siguientes cualidades:

- ENTUSIASMO. Era evidente que los narradores disfrutaban de lo que hacían y se expresaban con alegría y vitalidad.
- ANIMACIÓN. Las presentaciones contaron con expresiones faciales y gestos animados.
- PARTICIPACIÓN DEL PÚBLICO. Casi todos los narradores lograron involucrar al público de alguna manera, ya sea pidiéndoles que cantaran, aplaudieran, repitieran frases o usaran lenguaje de señas.
- ESPONTANEIDAD. Aunque las historias eran memorizadas, los narradores respondieron de manera espontánea al público.
- NO USABAN NOTAS. Fue un verdadero acontecimiento oral. Los narradores no leyeron sus relatos; los contaron, y esto permitió que se estableciera contacto visual.
- HUMOR. Se recurrió al humor incluso en las historias serias o tristes.

¿Cuál de estas cualidades puedes usar para dar vida a tu mensaje?

9

LAS PERSONAS QUE SE RELACIONAN INSPIRAN AL PRÓJIMO

Bill Hybels, fundador de la iglesia Willow Creek Community Church de Chicago, organiza todos los años una conferencia sobre liderazgo con 70 000 asistentes, que participan en persona o por conexión satelital. Siempre representa un acontecimiento poderoso e impactante para los pastores y líderes cristianos, y yo tuve el privilegio de disertar allí en algunas ocasiones. En 2008, cuando Bill habló en la sesión de clausura, abordó el tema de la importancia de que los líderes inspiraran a otros. Comenzó la sesión con la siguiente pregunta:

¿Qué tanto importa en realidad si alguien está muy motivado en su trabajo y en su vida personal? Parte de mi investigación sobre cuánto influye la motivación me dejó atónito... Muchos de los estudios que leí mencionaban cifras cercanas al 40 por ciento, o incluso más altas, cuando se comparaban los desempeños de empleados motivados y desmotivados. Una diferencia del 40 por ciento en el rendimiento; algo asombroso desde mi punto de vista. Según otro estudio que leí, los empleados motivados tienen 87 por ciento menos probabilidades de dejar una organización que aquellos que no lo están... De acuerdo con muchas de estas investigaciones, las personas que se sienten motivadas en sus trabajos se ausentan muchos menos días por razones de salud, presentan muchos menos siniestros a la aseguradora, roban menos, tienen una menor cantidad de horas improductivas, etcétera, etcétera, etcétera...

La diferencia en los resultados, los productos y los logros de los trabajadores motivados y desmotivados es colosal. Pero creo que ya sabes esto por experiencia propia; eres consciente de cuánto más puedes dar si alguien te inspira.

No hay dudas: todos se benefician con la motivación. Todos quieren sentirse inspirados.

> *«Los empleados motivados tienen 87 por ciento menos probabilidades de dejar una organización que aquellos que no lo están».*
>
> —BILL HYBELS

Si hago una retrospección de mi vida, puedo observar que, con frecuencia, mi energía para el trabajo dependió de la capacidad para inspirarme de la persona que lo dirigía. Mis recuerdos en este aspecto llegan hasta la escuela primaria. Me esforcé mucho más con mi trabajo escolar de quinto grado con el señor Horton que en sexto con la señora Webb. Fue así tanto en los primeros años de la escuela secundaria como en los últimos del bachillerato. Jugué con mucha más intensidad al baloncesto cuando me dirigió el entrenador Neff que cuando lo hizo el entrenador Shaw. Lo mismo sucedió con mis trabajos en la edad adulta. Dediqué mucho más tiempo a trabajar por la visión de Tom Phillippe que por la de otros líderes del mismo departamento. También aporté más dinero a la organización sin fines de lucro que dirigía Tom Mullins que a otras instituciones que poseían una misión similar. En todos los casos, ¡la inspiración marcó la diferencia! Algunas personas logran inspirarnos más que otras.

TODO ESTÁ RELACIONADO CON LA INSPIRACIÓN

Durante años, me dediqué a estudiar líderes y oradores que inspiran y establecen relación con las personas. Cuando se entabla una comunicación entre individuos, lo primero que hacen es hacerse preguntas de manera subconsciente. Desean saber qué beneficios les reportará esa interacción. Quieren saber si el orador es creíble. Pero también les importa *cómo* se comunica esa persona con ellos.

Al observar a comunicadores eficaces que inspiraban a los individuos, llegué a la conclusión de que entra en juego una especie de fórmula que llamo «la ecuación de la inspiración». Funciona de la siguiente manera:

Lo que saben + lo que ven + lo que sienten = Inspiración

Cuando estos tres factores entran en juego y un comunicador es capaz de vincularlos, se crea una sinergia que inspira a la gente. Desde este lugar de inspiración, podrás lograr que los demás tomen un curso de acción. Examinemos cada uno de los tres elementos de la ecuación de la inspiración.

LO QUE LAS PERSONAS NECESITAN SABER

Cuando los oradores que no saben relacionarse piensan en lo que su auditorio necesita saber, se concentran en la información. Pero no es a eso a lo que me refiero aquí. En lo que respecta a las relaciones, la gente necesita saber que estás de su lado. El filósofo griego Aristóteles comprendía este concepto y lo mencionó en *El arte de la retórica*. En el contexto de la persuasión, identificó el elemento más importante como *pathos*, la capacidad de los comunicadores para relacionarse con los sentimientos, anhelos, deseos, miedos y pasiones de su auditorio. Es una forma de brindarle tranquilidad al prójimo, de hacerle saber que puede confiar en ti, de decirle que debe escucharte. ¿De qué manera transmites este mensaje? Creo que se reduce a dos cuestiones:

LAS PERSONAS NECESITAN SABER QUE LAS COMPRENDES Y QUE TE CENTRAS EN ELLAS

¿Cuánto te inspiran quienes sólo parecen preocuparse por sí mismos? Es probable que nada. No conozco un solo orador que sepa crear vínculos que no se interese por su auditorio. Los individuos egocéntricos no suelen interaccionar con los demás.

Si quieres relacionarte con el prójimo, este debe saber primero que lo comprendes; necesita sentir que cuenta contigo. Los buenos comunicadores entienden que todo lo que hace la gente parte de su motivación personal; no lo hace por el orador. Por consiguiente, se concentran en las necesidades del auditorio y no en las propias.

Quienes son duchos en el establecimiento de vínculos tienen la misma idea que tenía la actriz Lisa Kirk cuando dijo: «Un chismoso es alguien que te habla sobre los demás; un pelmazo es alguien que te habla de sí mismo; mientras que un conversador estupendo es alguien que te habla sobre ti».[1] Esto es lo que hacen quienes saben relacionarse. Te hablan sobre ti en el idioma que te inspira.

Los líderes y comunicadores que así lo entienden pueden influir mucho en las personas. Por ejemplo, Henry J. Kaiser, un constructor naval de la Segunda Guerra Mundial, usó su comprensión de los individuos para inspirar a sus trabajadores y lograr incrementar la producción de la compañía cuando los Estados Unidos necesitaban con desesperación más barcos. ¿Cuál era el lenguaje inspirador que compartían en ese momento? La competencia. Entonces Kaiser les dijo a los empleados en sus instalaciones de Richmond, California, que quería ver si podían romper las marcas de construcción de barcos, pues esta sería su contribución para la guerra. Se sintieron motivados, no sólo a esmerarse más sino también a dar sugerencias que mejoraron los métodos productivos. Por consiguiente, construyeron barcos Liberty en únicamente 72 días mientras que el resto de los astilleros tardaban, en promedio, el doble de tiempo.

Cuando las personas saben que te interesas por ellas y que las entiendes, eso deja una marca duradera. Lea Carey conserva la primera nota que recibió de su ex jefe, a quien describe como el mejor líder con el que haya trabajado. «A pesar de todos los años transcurridos, cuando miro su nota manuscrita mi corazón aún da uno o dos vuelcos porque se tomó el tiempo para hacerla»[2], dijo. El pastor Adam Henry nunca olvidará el mensaje positivo que su ex maestro y luego supervisor dio a su congregación: «Algún día podré decir: "Yo le di clases a este tipo"». Adam y su esposa se conmovieron. «Allí estábamos, una joven pareja de ministros junto a este hombre tan respetado, a quien tanto admirábamos, quien decía que se enorgullecería de decir que me conocía. Este recuerdo aún me inspira. Sus palabras dejaron una marca en mi corazón que es más profunda que la que puede provocar un simple cumplido».[3]

Cuando te preparas para comunicarte con otros, debes hacerles saber que los comprendes y deseas ayudarlos. Tienes que aprender cuál es su lenguaje inspirador y usarlo para dirigirte a ellos. ¿Cómo puedes lograrlo? Por medio de las siguientes preguntas...

¿En qué piensan? Antes de comunicarme, trato de averiguar la mayor cantidad de información posible sobre las personas a las que me dirigiré. Me interesa conocer la cultura y los valores de su organización. Deseo saber cuáles son sus responsabilidades y quiero entender sus sueños. ¿Por qué? Porque me interesa saber qué piensan. Eso me sirve para hablar el mismo lenguaje inspirador que ellos. A menudo, los oradores tienen la siguiente actitud: *Esto es lo que pienso; siéntate*

y *presta atención*. Pero quienes saben establecer vínculos tienen otra actitud: *Antes de compartir mi forma de pensar, tomaré asiento y escucharé.*

¿Qué dicen? Según la poeta y escritora estadounidense Maya Angelou: «El requisito esencial que más se busca en un amigo es un oído dispuesto a escuchar». También es una condición indispensable de un líder o comunicador que logra inspirar a los demás.

Los buenos líderes saben escuchar. Para lograr más eficacia, siguen el siguiente orden: escuchan, aprenden y luego dirigen. Los buenos comunicadores actúan de manera similar. Escuchan lo que las personas dicen y prestan atención a la manera en que lo hacen. Incluso están atentos a aquello que no se dice, de este modo logran entenderlas. Es la forma en la que algunos logran comprender el clima de una sala antes de ponerse de pie para hablar, y esto tiene un efecto sobre la manera en que se comunican. Ni siquiera la idea correcta, transmitida en la situación equivocada, logrará que haya un vínculo.

> «El requisito esencial que más se busca en un amigo es un oído dispuesto a escuchar».
> —MAYA ANGELOU

¿Qué hacen? Esta última pregunta puede responderse mediante la observación de los demás. Cada vez que entro a un lugar donde daré una charla, observo en qué actividades están ocupados quienes me escucharán. También presto atención a su lenguaje corporal y trato de percibir sus actitudes y niveles de energía. Esta es otra de las cosas que me sirve para entender la atmósfera del lugar antes de hablar.

Desde luego que la observación no funciona solamente en compromisos formales como orador, sino que también puede ayudarme a establecer una relación con una sola persona. En uno de mis viajes recientes, observé a un auxiliar de vuelo que manifestaba su deseo por ayudar a los pasajeros pero que parecía realmente nervioso. Cuando se acercó a mi asiento, le pregunté su nombre. Me dijo que se llamaba Tim y me confió que era nuevo en el trabajo.

Mientras Tim asistía a otros viajeros, decidí escribirle una nota de aliento. Después de entregársela, noté que se dirigió a su puesto y la leyó. Luego observé que se la daba a una compañera, quien también la leyó. Pocos minutos después, ella se me acercó y me dijo: «Señor Maxwell, le llevó cinco minutos darle algo que él valorará durante toda su vida». Por lo general, animar o inspirar al prójimo no lleva demasiado tiempo. Todo lo que se requiere es un pequeño gesto que permita que alguien sepa que lo entiendes y te interesas por él.

LAS PERSONAS NECESITAN SABER QUE DEPOSITASTE MUCHAS ESPERANZAS EN ELLAS

Era sabido que el presidente Abraham Lincoln, un comunicador increíble, asistía los miércoles por la noche a una iglesia que no estaba lejos de la Casa Blanca durante la época de la Guerra Civil. El predicador, el Dr. Gurley, permitía que el presidente se sentara en la oficina del pastor con la puerta abierta hacia el presbiterio para que pudiera escuchar el sermón sin tener que interactuar con los asistentes.

Un miércoles por la noche, mientras Lincoln regresaba a pie a la Casa Blanca después del sermón, su acompañante le preguntó: «¿Qué piensa del sermón de esta noche?»

«Pues» contestó Lincoln, «partió de una idea brillante y fue bíblico, relevante y estuvo bien presentado».

«Entonces, ¿fue un buen sermón?»

«No» respondió Lincoln, «fue un fracaso. Falló porque el Dr. Gurley no nos pidió que hiciéramos algo significativo». Los comunicadores que inspiran a los demás siempre esperan mucho de su auditorio.

Cada vez que me pongo de pie frente a un grupo con la intención de transmitir un mensaje, pienso que será una buena experiencia tanto para ellos como para mí. ¿Por qué? Porque creo lo mejor de los individuos y confió en que pueden, y quieren, cambiar para ser mejores. Estoy convencido de que todos los líderes y comunicadores eficaces poseen este tipo de cualidad positiva. Piensan que pueden ayudarles a realizar cosas asombrosas. Tal como lo afirmó Steve Jobs, cofundador de la compañía Apple: «La dirección trata de persuadir a las personas de llevar a cabo tareas que no quieren realizar, mientras que el liderazgo las inspira a ejecutar tareas para las que no se creían capaces».

Cuando me dirijo a los demás, hago algo que denomino «ponerles un 10». Con esto quiero decir que, en una escala del 1 al 10, veo a todos como «10» potenciales. Una de las razones que me motivan a hacerlo es que soy positivo por naturaleza. Creo que Dios dotó a todos de valor y de un potencial increíble. La otra razón que motiva mi optimismo es que considero que, la mayor parte del tiempo, la gente responde a las expectativas de los demás. Si creo que alguien es un 5, lo trataré y le hablaré como si lo fuera. Es casi seguro que, después de un tiempo, lo convenza de actuar como un 5. ¿Qué tiene de bueno esa actitud? Sin embargo, si considero que alguien es un 10, esta persona lo percibirá y es probable que reaccione de manera positiva. Si tratamos al prójimo según el potencial que puede desarrollar, se sentirá inspirado para alcanzar nuestro nivel de expectativas.

> «La dirección trata de persuadir a las personas de llevar a cabo tareas que no quieren realizar, mientras que el liderazgo las inspira a ejecutar tareas para las que no se creían capaces».
>
> —STEVE JOBS

Por supuesto que esta técnica de poner mucho valor en los individuos puede llevarse a un extremo gracioso. Jacques Fortin contó que compartía con su esposa esta idea de considerar a todos un 10. Poco tiempo después de implementar este sistema, regresó de la tienda de comestibles y le dijo: «Tuve que darle un 20 a una mujer».

«¿Tan hermosa era?» le preguntó su mujer.

«No, estaba embarazada»[4].

El mensaje que me escribió Bart Looper sirvió para confirmar la influencia positiva que nuestras expectativas pueden tener en los demás. Me explicó lo siguiente: «Tengo dos empleados que trabajan conmigo desde hace tres años. Tienen aproximadamente la misma edad y un comportamiento similar. Ahora me doy cuenta de que yo soy responsable de que uno de ellos tenga un desempeño mucho mejor que el otro. En algún momento durante estos tres años, consideré que uno valía un 10 y el otro, un 5. Los traté de acuerdo con esa calificación y se convencieron de esto. A partir del lunes por la mañana, me aseguraré de tratarlos, capacitarlos y compartir mi visión con los dos de manera igualitaria, ya que ambos tienen el mismo potencial. Sólo debo hacérselos saber».[5]

Siempre tengo la intención de conversar, escribir y hablar de los demás con un alto nivel de expectativa. Cuando aliento personalmente a un individuo, creo lo mejor de él. Cuando me dedico a trabajar en un libro, imagino que los lectores adoptan mis ideas y, por consiguiente, se convierten en mejores personas. Cuando diserto, creo que el auditorio reaccionará de manera positiva. Me impongo el reto de dar lo mejor de mí a los demás para que ellos me brinden lo mejor de sí. Los individuos responden positivamente al entusiasmo, no al escepticismo. Anhelan recibir nuestro estímulo más que nuestra experiencia. De lo contrario, transmitimos lo mismo que Walter Mondale, candidato a presidente de los Estados Unidos en 1984, durante su campaña. Según observó un periodista: «Genera apatía en todo el país».

El pastor y profesor Calvin Miller describe en su libro *The Empowered communicator* [El comunicador con poder] la manera en que se siente la mayoría de los auditorios. Cuando alguien se dispone a disertar, a la mayoría de los integrantes del auditorio les gustaría decir:

Prométeme que yo, que soy inferior, por fin creeré en mí mismo. Siempre temí a las alturas; desafíame con el Everest. Prométeme que después de tus palabras seré capaz de escalar esas laderas gélidas y, con la ayuda del Señor, plantaré su poderosa bandera en la cumbre de todas mis dudas. Prométeme que por fin sabré quién soy y cuál es mi misión en la vida. Prométeme todo esto y primero tendrás mi oído... y luego mi alma.

Todos desean sentirse inspirados. Todos quieren que alguien crea en ellos. Esperan que alguien los desafíe, motive y aliente a ser todo aquello que pueden llegar a ser. Si tienes la oportunidad de comunicarte con otros, ¿por qué no convertirte en aquel que los inspire?

Lo que las personas necesitan ver

La mayoría decide de inmediato si continuará escuchándote o si simplemente se «desconectará» de ti y dejará de prestarte atención. Por lo general, toman esa decisión basados en lo que observan, y sus percepciones comienzan en un nivel superficial. ¿Pareces agradable? ¿Sonríes? ¿Tu postura y tus modales transmiten una energía positiva? Si tu público no encuentra señales de alarma, suele mostrarse dispuesto a brindarte suficiente tiempo como para que demuestres tu valía. El auditorio busca las siguientes señales:

Las personas necesitan ver que estás convencido

Al filósofo y escéptico religioso escocés David Hume se lo vio una mañana temprano cuando corría a escuchar al predicador evangelista George Whitefield. Cuando alguien le preguntó hacia dónde se dirigía y él le contestó: «A escuchar a George Whitefield», el interrogador le preguntó si creía en lo que el evangelista predicaba.

«¡Claro que no!» contestó Hume. «Pero Whitefield sí lo cree, y quiero escuchar a un hombre convencido».[6]

Según el comentario de Larry Phillips: «Hay una diferencia evidente entre el acero y la hojalata, sobre todo cuando se los golpea. Las convicciones sentidas simplemente se entienden como si fueran "palabras de acero". Hay una gran determinación en el tono. Como comunicadores, ¡debemos recordar que no podemos fingir convicción! El auditorio siempre distinguirá entre las palabras de acero y el sonido de la hojalata, ¡sin importar cuán fuerte se golpee la hojalata!»[7]

Quienes saben relacionarse e inspiran a los demás poseen una convicción que supera ampliamente sus palabras. El mensaje que transmiten proviene de lo más profundo de su interior, de sus valores básicos más íntimos. Su misión es persuadir, cambiar puntos de vista. Los oyentes suelen sentir cuando un orador transmite únicamente información y cuando se comunica con toda la pasión de su corazón.

Como afirmó el presidente Lyndon B. Johnson: «Lo que convence es la convicción. Cree en el argumento que presentas. Si no lo haces, estás muerto. La otra persona sentirá que falta algo, y ningún razonamiento, sin importar cuán lógico, elegante o brillante sea, te hará triunfar». Si el orador no está convencido del tema de su mensaje, ¿por qué habría de estarlo el auditorio?

Las personas necesitan ver tu credibilidad

Muchos de mis compromisos como disertante fueron ocasiones únicas. Se me contrata como orador principal y tengo una sesión de 45 minutos para cumplir con lo que se espera de mí. Sin embargo, dados mis antecedentes como ministro, también cuento con mucha experiencia en hablar a prácticamente las mismas personas todas las semanas durante muchos años. No obstante, en ambos casos el auditorio busca lo mismo en mí: credibilidad.

Cuando la gente confía en ti, te escucha y te permite que la inspires. Si eres un orador que escuchan por única vez, los individuos suelen darte el beneficio de la duda, siempre y cuando tus referencias sean buenas. Pero si hablas ante el mismo público en repetidas ocasiones, debes trabajar para mantener la credibilidad.

Las personas necesitan ver un indicio de tu personalidad

En definitiva, los demás desean poder confiar en la personalidad del orador que se dirige a ellos. El carácter de una persona confiable no desaparece cuando terminan sus palabras sino que persiste en el comportamiento de todos los días. Es posible que este sea el motivo por el que se afirma que el maestro mediocre dice, el buen maestro explica y el gran maestro demuestra. En definitiva, todos debemos esforzarnos por *ser* el mensaje.

Esto fue particularmente cierto en el caso de Mohandas Gandhi durante el movimiento de independencia de la India. Gandhi inspiró a su pueblo con sus palabras, pero lo inspiró aún más con sus actos. Su compromiso con la independencia de la India y su ejemplo de protesta pacífica le ganaron el apoyo de su nación en su reclamo de independencia de Gran Bretaña. Tal es el poder del carácter. De acuerdo con la observación del escritor, orador e instructor Brad Cork: «La capacidad para relacionarse consiste en gran medida en permitir que tu personalidad influya en todo lo que haces».[8]

> *El maestro mediocre dice, el buen maestro explica y gran maestro demuestra.*

Como ya mencioné, los individuos deciden de inmediato si desean escuchar al otro. En buena parte, hacen esta primera evaluación de acuerdo con las impresiones superficiales. Su decisión de *continuar* escuchando suele basarse en una percepción más profunda que se relaciona con la credibilidad del orador. Abordaré este tema en mayor detalle en el próximo capítulo.

LO QUE LAS PERSONAS NECESITAN SENTIR

Asegurarse de que las personas saben lo que necesitan saber es importante para inspirarlas. También lo es asegurarse de que ven lo que necesitan ver. Pero el factor más importante de la ecuación de la inspiración es lo que sienten. Si no tienes en cuenta este elemento y no ayudas a los demás a sentir lo que necesitan sentir, nunca estarán inspirados. ¿Por qué? Porque no siempre recordarán lo que dijiste o hiciste, ¡pero nunca olvidarán cómo las hiciste sentir!

Si deseas inspirar a los demás, hay tres sentimientos que debes infundirles:

LAS PERSONAS NECESITAN SENTIR TU PASIÓN POR EL TEMA Y POR ELLOS

Las visiones sin pasión son como una situación sin posibilidades. Una visión no inspira el cambio por sí sola, se debe fortalecer con la pasión. Si estudias historia, observarás que hay muchos ejemplos que sostienen esta idea. Martin Luther King hijo no se paró en la escalinata del monumento a Lincoln y declaró: «Tengo un plan». Ninguna estrategia lógica habría inspirado a la gente a hacerle frente a la opresión o a cambiar la manera en que trataban a los demás. En cambio, con la pasión que caracteriza a alguien que sufrió el prejuicio y soñó con la igualdad, King proclamó: «¡Tengo un sueño!»

> *Las personas no siempre recordarán lo que dijiste o hiciste, ¡pero nunca olvidarán cómo las hiciste sentir!*

En su libro *El sentido de la urgencia*, el escritor, profesor y experto en liderazgo John Kotter describe así el estilo comunicativo de King:

Había razones lógicas para generar un cambio con facilidad, y muchos impulsaban esas razones en ese momento: el trato hacia los negros no concordaba con algunos de los valores más preciados del país, y las contradicciones tienen un efecto perjudicial; el desperdicio del talento de los individuos de raza negra debilitaba el interés de la nación; los conflictos hostiles entre negros y blancos implicaban un desaprovechamiento de los recursos y herían a la gente; las actitudes contrarias al espíritu cristiano minaban el propio cristianismo y su base, que servía a la sociedad. El discurso de King trató brevemente todos estos puntos pero, sobre todo, impresionó de manera visceral debido a la poesía de su retórica y a sus apasionadas palabras sobre justicia y ética. Les tocó los corazones de tal manera que convirtió el enojo y la preocupación en un compromiso de acción; haz lo correcto y hazlo ahora. Los conmovió de tal forma que transformó la autocomplacencia en un verdadero sentimiento de urgencia. Decenas de millones de individuos que no habían asistido ese día a la concentración vieron el discurso por televisión o lo escucharon por radio. El sentido de urgencia aumentó, lo siguió una acción esencial, y la legislación que probablemente habría fracasado el año anterior se aprobó.

La pasión es poderosa. Va más allá de la mera palabra enunciada. Joyce McMurran comentó: «Estoy convencida de que tu pasión y determinación siempre podrán verse y lograrán provocar una influencia pese a lo que hagas».[9] ¿No es verdad? El mensaje puede ser escrito u oral pero, para que sea inspirador, debe provenir de la pasión de la persona que lo transmite. Por este motivo, Horst Schultze, presidente fundador y ex director ejecutivo del hotel Ritz-Carlton, afirmó: «No eres nada a menos que lo que hagas provenga de tu corazón. Debe haber pasión, interés y el verdadero propósito de crear excelencia. Si simplemente cumples con tus funciones y asistes al trabajo para llevar a cabo procesos, es como si estuvieras jubilado. Me asusta ver que la mayoría de las personas que observo ya están jubiladas a los veintiocho años».

> *Las visiones sin pasión son como una situación sin posibilidades.*

Hace años, cuando vivía en San Diego, tenía una amiga llamada Geri Stevens quien estaba a cargo del proceso de selección del jurado en el departamento judicial de la ciudad. Cada lunes llegaba al tribunal un nuevo grupo de posibles miembros para el jurado, y mi amiga les hablaba sobre sus responsabilidades.

Si alguna vez estuviste sentado en una sala de posibles miembros para un jurado, sabrás que no es un lugar alegre. La sala suele estar llena de personas disgustadas que no sienten motivación por estar allí. Un lunes por la mañana, después de que Geri me insistiera durante meses, logró convencerme de presenciar una de estas sesiones. Los acontecimientos me asombraron.

Geri se puso de pie entusiasmada frente a su poco receptivo auditorio y dijo: «Esta semana será una de las más maravillosas de sus vidas». Esto logró despertar el interés de todos. Luego habló de manera apasionada durante 45 minutos sobre la grandeza de los Estados Unidos y el derecho de todos los ciudadanos a tener un juicio justo. Les explicó a los miembros del jurado de qué manera sus decisiones marcarían una diferencia y les dijo que ellos eran ejemplos de por qué Estados Unidos era una nación envidiada y admirada por los demás. Al finalizar su charla inspiradora, ¡los posibles jurados se pusieron de pie para ovacionarla! Les había transferido su pasión. Se sentían inspirados y realmente ansiaban que los seleccionaran para integrar el jurado.

¿Transmites pasión cuando hablas? La verdadera pasión es más que una simple emoción que utilizas para lograr el entusiasmo de tu auditorio. Proviene de un lugar mucho más profundo. Si no estás seguro, hazte estas cuatro preguntas antes de tu próxima disertación:

1.   ¿Creo en lo que digo?
2.   ¿Ha provocado un cambio en mí?
3.   ¿Creo que ayudará a los demás?
4. ¿He notado que cambia a otros?

Si puedes dar una respuesta afirmativa a estas preguntas, harás mucho más que encender un fuego junto a las personas. ¡Lograrás encenderles un fuego interior! Si posees ese fuego, serás capaz de encenderlo en los demás.

Las personas necesitan sentir tu confianza en ti mismo y en ellos

Como ya expresé, la pasión tiene mucho valor porque motiva a la gente. ¿Por qué? Porque la ayuda a responder afirmativamente a la pregunta: «¿Valdrá la pena?» Sin embargo, la pasión no basta por sí sola. Los individuos también deben percibir tu confianza, porque es este sentimiento el que les ayuda a responder afirmativamente a la pregunta: «¿Puedo hacerlo?» La inspiración les llegará cuando puedan responder «sí» a ambas interrogantes. Es entonces cuando se dispondrán a intentar hacer cambios que influyan de manera favorable en sus vidas.

¿Alguna vez escuchaste a un orador que careciera de confianza y declarara estar nervioso? ¿Cómo te hizo sentir esta situación? ¿Confiado? Probablemente no. Es más probable que te hayas inquietado por cómo sería la sesión. Los presentadores que infunden preocupación en su auditorio no inspiran mucha confianza. De hecho, no inspiran nada.

Como comunicador, debes sentirte bien contigo mismo para ayudar a los demás a sentirse bien consigo mismos. Si estoy seguro de mí y te digo que confío en ti y en tu capacidad para hacer algo, es más probable que creas en mis palabras.

Algunos líderes y oradores irradian confianza con naturalidad y consiguen que los demás se sientan seguros de sí mismos. Se decía que el presidente Franklin Roosevelt era uno de ellos. En su biografía de Franklin y Eleanor Roosevelt, intitulada *No Ordinary Time* [No era una época común], Doris Kearns Goodwin señala que Roosevelt no fue el más inteligente de los presidentes de los Estados Unidos. Se rodeó de personas más educadas, talentosas y cultas que él. Sin embargo, la cualidad que sí tenía era una plena confianza en sí mismo y en el pueblo estadounidense.

El asesor de la Casa Blanca durante la época de Roosevelt, Sam Rosenman, observó que el presidente poseía la capacidad para lograr que el prójimo confiara en sí mismo. Manifestó que quienes estaban expuestos a la confianza que irradiaba Roosevelt «comenzaban a sentirla y a formar parte de ella, la disfrutaban y la devolvían multiplicada por diez». La secretaria de Trabajo Frances Perkins dijo que solía sentirse mejor después de una entrevista con el presidente, no porque él le resolviera algún problema... sino porque la hacía sentir más contenta, fuerte y decidida.

Si no derramas confianza de forma natural, no te desanimes. Aún puedes aprender a ayudar a quienes te escuchan a sentirse más seguros de sí mismos, siempre y cuando abordes la comunicación de la manera adecuada. En su libro *Influencer* [Influyente], Patterson, Grenny, Maxfield, McMillan y Switzler cuentan la historia de un grupo de trabajadores estadounidenses de la industria automotriz que visitaron una planta en Japón y, al regresar a su patria, deseaban decirles a sus compañeros de trabajo que todos necesitaban esforzarse más y trabajar más rápido. La historia demuestra que casi todos pueden aprender a establecer mejores relaciones con el prójimo. En el siguiente fragmento se explican los múltiples intentos de los trabajadores por transmitir su mensaje y la manera en que finalmente comprendieron cómo relacionarse con sus compañeros y ayudarlos a confiar en el orador y en sí mismos:

> Reunieron a un grupo de sus compañeros y les anunciaron sus hallazgos: la producción por empleado de sus competidores era un 40 por ciento superior y la lograban trabajando con mayor rapidez y de manera más constante. Al término de este anuncio algo escueto e impopular, los integrantes del equipo de trabajo recibieron el abucheo de sus propios compañeros sindicales.
>
> Impávidos, los viajeros reunieron a otro grupo y le transmitieron la versión resumida de los acontecimientos. Recibieron más abucheos. Por último, el líder del equipo eligió al mejor narrador de historias y lo dejó hablar en la siguiente reunión de empleados. Este orador no arruinó el

mensaje diciendo directamente: «¡Los trabajadores debemos estar unidos o estamos muertos!» En cambio, este talentoso relator se tomó diez minutos para hacer una descripción vívida de lo que había ocurrido:

«Los integrantes del destacamento especial habíamos llegado a Japón, y casi todos estábamos absolutamente seguros de que los extranjeros a quienes estábamos a punto de observar tratarían de impresionarnos. En efecto, lo hicieron (abucheos). Sin embargo, nuestro destacamento especial no se dejó engañar (aplausos)». Luego contó cómo habían ingresado a hurtadillas a la planta durante el horario nocturno y cómo habían espiado al enemigo (a lo que aplaudieron más). «Un momentito por favor; los empleados estaban trabajando incluso más rápido (silencio). Eso era deprimente. Si los trabajadores nipones nos iban a seguir superando a nosotros, los estadounidenses, las compañías japonesas podrían mantener bajos sus costos y llegarían a dominar el mercado. Las firmas estadounidenses deberían, en tal caso, reducir su personal, y nosotros los trabajadores perderíamos nuestros empleos».

Después de espiar a los japoneses, el destacamento especial regresó al hotel e intentó encontrar una manera para derrotar a sus competidores con sus propias armas. «Entonces tuvimos una idea. ¿Por qué no trabajar en la línea de producción de los japoneses y probar si podíamos lidiar con el trabajo? Durante los dos días siguientes realizamos una variedad de tareas en la línea de producción de los japoneses y las desempeñamos fácilmente y con bastante ahínco. Requería esfuerzo, pero no era nada que no pudiéramos realizar» (más aplausos). Finalmente llegó la frase clave, el remate: «Si damos los pasos correctos, podremos lograr que la suerte vuelva a estar de nuestro lado y salvaremos nuestros empleos» (aplauso estridente).

El trabajador automotriz que fungió de narrador abordó el mensaje con confianza y ayudó a sus compañeros de trabajo a sentirse seguros de sí mismos. Este elemento siempre resulta necesario a la hora de lograr que la comunicación sea inspiradora.

LAS PERSONAS NECESITAN SENTIR TU GRATITUD HACIA ELLOS

El último elemento necesario para inspirar al prójimo es la gratitud, tu gratitud hacia tu auditorio. Así debe ser. Como comunicador, debes estar agradecido porque estén dispuestos a escucharte. También debes dar las gracias si se quedan y continúan escuchándote. Debes estar más agradecido aún si están tan inspirados que se toman en serio tus palabras.

Yo creo que, de todas las virtudes, la gratitud probablemente sea la más olvidada y la menos expresada. Son demasiadas las personas que tienen la misma actitud que el hijo del tendero inmigrante que se quejó con su padre: «Papá, no comprendo cómo llevas adelante esta tienda. Guardas las cuentas por pagar en una caja de cigarros. Juntas las cuentas por cobrar en una chincheta. Todo el dinero en efectivo está en la caja registradora. Nunca sabes cuáles son tus ganancias».

«Hijo» le contestó el tendero, «déjame decirte algo. Cuando llegué a esta tierra, sólo tenía los pantalones que traía puestos. Ahora, tu hermana es profesora de arte, tu hermano es médico y tú eres contador público. Tu madre y yo tenemos una casa, un automóvil y esta tiendita. Suma todo eso, resta los pantalones y tendrás como resultado las ganancias».

> *De todas las virtudes, la gratitud probablemente sea la más olvidada y la menos expresada.*

De acuerdo con la observación de Gladys Stern: «La gratitud silenciosa no es buena para nadie». Esto es muy cierto. Por eso trabajo para desarrollar un sentimiento de gratitud y me esfuerzo continuamente por demostrar mi agradecimiento. Trato de dar las gracias por las cosas pequeñas. Con respecto a las grandes, a veces debo actuar con gran deliberación para expresar mi gratitud.

Un ejemplo de esto fue lo que sucedió en el verano de 2008. A medida que se acercaba la fecha del décimo aniversario de mi ataque cardíaco, comencé a sentirme especialmente agradecido por mi vida y por los médicos cuyo trabajo me salvó. Con el fin de expresar esa gratitud, Margaret y yo decidimos hacer una cena de agradecimiento e invitarlos a ellos y a sus esposas a celebrar los diez años adicionales de vida que disfruté (hasta ahora). Acordamos organizar la cena en la casa de unos amigos, contratamos a un chef que prepararía un menú compuesto de cinco platos, y yo escribí algo especial para la ocasión.

> «La gratitud silenciosa no es buena para nadie».
> — GLADYS STERN

La noche resultó ser una experiencia inolvidable. Después de unas dos horas de buena comida y conversación, les leí la siguiente carta:

Doctores John Bright Cage y Jeff Marshall:

Hace diez años tuve un ataque cardíaco. Dios los usó para perdonarme la vida. Este es un mensaje de agradecimiento. Todo lo que digo en esta carta proviene de mi corazón. Debía escribirla para demostrarles cuán agradecido estoy de manera tangible. Creo que la gratitud silenciosa no es buena para nadie.

Sus vidas han estado dedicadas a ayudar a los demás. No tengo dudas de que, con el correr de los años, les habrán dado una segunda oportunidad de vivir a muchas personas. Yo he estado viviendo mi «segunda oportunidad» desde hace diez años. Compartiré rápidamente lo que ha sucedido todo este tiempo, gracias a la bondad de Dios y a los talentos de ustedes:

- He disfrutado de mis diez años adicionales de vida junto a Margaret y mi familia.

- Tuve cinco nietos que se adueñaron de mi corazón.

- Escribí 38 libros que vendieron más de 15 millones de copias.

- Amazon.com me nombró integrante de su Salón de la Fama.

- Se me designó «el gurú Nº 1 del liderazgo mundial».

- Fundé tres conferencias sobre liderazgo:
  Catalyst: Una reunión de jóvenes líderes que promedia los 12 000 asistentes por encuentro.
  Maximum Impact Simulcast: Reúne a 100 000 personas por año.
  Exchange: Una experiencia para ejecutivos de alto nivel.

- Dos de mis compañías experimentaron un gran crecimiento:
  INJOY Stewardship Services trabajó en forma conjunta con 4 000 iglesias y recaudó más de 4 000 billones de dólares.
  EQUIP ha capacitado a tres millones de líderes de 113 países.

- Tuve el privilegio de disertar para las Naciones Unidas, West Point, la NASA, la CIA y muchas compañías de la lista Fortune 500.

- Más importante aún, ¡más de 7 500 personas recibieron a Cristo a través de mis enseñanzas!

En el capítulo 2, versículo 9 del primer libro de Samuel dice: «Dios guarda los pies de sus santos». Dr. Cage: No fue un «accidente» que me diera su tarjeta y me dijera: «John, Dios me pidió que te cuidara. Llámame cada vez que necesites ayuda». Dr. Marshall: No fue un «accidente» que me conociera en el hospital junto a su equipo y me dijera: «Estamos aquí para ocuparnos de ti; todo saldrá bien».

Durante los últimos diez años le he expresado continuamente mi gratitud a Dios por los dos. Esta noche les entrego esta carta y les digo con profundo amor y agradecimiento: «¡Muchas gracias!»

Su amigo,

John

Margaret le entregó a cada uno la carta que acababa de leer. Yo lloraba, al igual que ellos. Durante los siguientes treinta minutos, intercambiamos muestras de afecto y abrazos. La experiencia fue indescriptible. Sin embargo, por más que lo intenté, no conseguí expresar de manera adecuada el agradecimiento que sentía.

Si deseas ayudar a tu auditorio a sentirse apasionado, seguro e inspirado, debes expresar gratitud. Para lograrlo, primero tienes que ser una persona agradecida; no puedes dar aquello que no posees. La buena noticia es que la gratitud es una cualidad que puede desarrollarse, sin importar tus circunstancias. Todos deberíamos de esforzarnos para parecernos más a Matthew Henry, quien vivió en el siglo XVIII. Cuando le robaron, escribió las siguientes palabras en su diario: «Primero, quiero agradecer porque nunca antes me habían robado; segundo, porque me quitaron el dinero pero no la vida; tercero, porque, aunque se llevaron todas mis posesiones, no eran muchas; y cuarto, porque fue a mí a quien robaron y no soy yo quien roba».

ACCIÓN: LA INSPIRACIÓN EN EL NIVEL MÁS ELEVADO

Cuando un comunicador combina estos tres elementos...

Lo que sabe + lo que ve + lo que siente

logra como resultado la inspiración. Esto es lo que Jerry Weissman, autor de *Presenting to Win* [Presentar para ganar], denomina «revelaciones». Él escribe:

Una revelación podría representarse por medio de la imagen de una lámpara que se enciende sobre las cabezas de los integrantes del auditorio. Se trata de ese momento satisfactorio de comprensión y acuerdo que ocurre cuando una idea que proviene de la mente de un individuo se transmitió de manera exitosa a la de otro. Este proceso es un misterio tan antiguo como el lenguaje mismo y es casi tan profundo como el amor; la capacidad humana de comprenderse unos a otros y encontrar puntos en común en una idea, un plan y un sueño sólo por medio de palabras y símbolos.

Tal vez hayas disfrutado de momentos como estos en tus experiencias pasadas como presentador, disertante, vendedor o comunicador; momentos en los que viste que se iluminaba el rostro del interlocutor al tiempo que las miradas establecían contacto, las sonrisas se contagiaban y las cabezas asentían. Una revelación es el momento en el que sabes que tu auditorio está preparado para marchar a tu paso.[10]

Algunos comunicadores se detienen en este punto. Alientan a las personas, las hacen sentir bien, las ayudan a ganar confianza, pero nunca las llevan a actuar. ¡Qué tragedia! No basta con ayudar a alguien a sentirse bien. La comprensión modifica *mentes*; la acción cambia *vidas*. Si realmente quieres ayudar al prójimo, necesitas llevar la comunicación un paso más allá; es decir, debes motivar a las personas a actuar. Según las palabras de Maribeth Hickman: «La relación crea un puente entre "se hace de esta manera" y "comienza ahora"».[11] ¿Cuándo actúan las personas inspiradas? Cuando tú haces las dos cosas siguientes:

DECIR LAS PALABRAS JUSTAS EN EL MOMENTO INDICADO

Para lograr que las personas pasen de la inspiración a la acción, debes tener preparadas las palabras justas y decirlas en el momento indicado. Los buenos líderes entienden la importancia del sentido de la oportunidad. En mi libro *Las 21 leyes irrefutables del liderazgo*, escribí lo siguiente sobre la Ley del Momento Oportuno: «Cuando ser un líder es tan importante como qué hacer y dónde ir». El sentido de la oportunidad puede ser la diferencia entre el éxito y el fracaso en cualquier cosa que se emprenda. Los buenos comunicadores entienden la importancia de las palabras justas. El novelista Joseph Conrad señaló: «Las palabras pusieron en marcha a naciones enteras y agitaron el terreno árido y duro sobre el que descansa nuestra estructura social. Con la palabra justa y el énfasis apropiado podré movilizar el mundo». ¡La combinación de ambos elementos es poderosa!

En su libro *¿Me explico?*, Terry Felber comenta de qué manera Franklin Roosevelt preparó el discurso que dio ante el Congreso después del bombardeo de Pearl Harbor. Felber cuenta que, en su primer borrador, Roosevelt dictó: «Ayer, 7 de diciembre de 1941, un día que pervivirá en la historia mundial, se atacó de manera repentina y deliberada a los Estados Unidos... » Después de que un secretario mecanografiara el mensaje de quinientas palabras, Roosevelt le echó un vistazo e hizo un solo cambio. Tachó los términos «historia mundial» y los reemplazó por una palabra única y acertada: «infamia». Felber escribe: «Como todos sabemos, "un día que pervivirá en la infamia" es una de las expresiones más famosas que pronunciara un presidente de los Estados Unidos. La elección correcta de las palabras creó un mensaje que perdurará por siempre en la historia».

Esta frase, que se pronunció el día posterior al ataque de Pearl Harbor, puso a la nación en marcha. Miles de jóvenes se alistaron después de escucharla, y todos los estadounidenses se prepararon para la guerra.

DARLES UN PLAN DE ACCIÓN A LAS PERSONAS

Hay una vieja historia que cuenta que un granjero le preguntó a su vecino: «¿Asistirás a las clases del nuevo agente agrícola la semana entrante?» Su vecino le respondió: «¡Caramba! Ya tengo muchos más conocimientos sobre agricultura de los que pongo en práctica». Ese es el caso de la mayoría: su conocimiento supera con creces su accionar. Los buenos comunicadores ayudan al prójimo a vencer esta tendencia.

Yo me considero un maestro motivador, no un orador motivador. ¿Cuál es la diferencia? Un orador que motiva te hace sentir bien, pero al día siguiente no estás seguro del porqué. Un maestro motivador te hace sentir bien y al día siguiente sabes los motivos y actúas. En otras palabras, el primer tipo de comunicador quiere que te *sientas* bien, mientras que el segundo desea que *actúes* bien.

En una ocasión leí una estadística que decía que el 95 por ciento de los integrantes de un auditorio comprenden el mensaje y coinciden con el punto de vista del orador. Sin embargo, no saben cómo aplicar estas enseñanzas en sus vidas. ¿No es increíble? Por esta razón, suelo darle un plan de acción a la gente. También es uno de los motivos por los que comencé a escribir libros y a ofrecer lecciones en audio. Quería que tuvieran algo que pudieran llevar consigo a todas partes y que los ayudara sobre la marcha. Mi deseo es ayudar al prójimo a pasar de «sé cómo hacerlo» a «lo hago».

Las personas que se relacionan inspiran al prójimo a pasar de «sé cómo hacerlo» a «lo hago».

Muchas veces ofrezco pasos muy específicos que mi auditorio puede seguir. Recomiendo un plan de acción basado en las tres primeras letras de la palabra ACTuar, incluso en el caso de un mensaje general o que no se presta a pasos concretos. Lo que digo es:

- Escribe una letra «A» junto a las cosas que aprendiste que necesitas Aplicar.
- Escribe una letra «C» junto a las cosas que aprendiste que necesitas Cambiar.
- Escribe una letra «T» junto a las cosas que aprendiste que necesitas Transmitir.

Luego los animo a que elijan uno de estos puntos y hagan algo al respecto dentro de las siguientes veinticuatro horas, y a que compartan lo más importante que hayan aprendido con otra persona. Esto puede parecer sencillo, pero si se aplica, puede cambiarles la vida.

CÓMO COMPROMETERSE A INSPIRAR A LOS DEMÁS TODO EL TIEMPO

Norm Lawson cuenta la historia de un rabino y un fabricante de jabón que salieron juntos de paseo. El fabricante de jabón preguntó: «¿Para qué sirve la religión? ¡Observa todos los problemas y sufrimientos que hay en el mundo! Siguen existiendo a pesar de los años, miles de años, de enseñanzas sobre la bondad, la verdad y la paz. Siguen existiendo pese a las oraciones, los sermones y las enseñanzas. Si la religión es buena y verdadera, ¿por qué existen aún?»

El rabino no dijo nada. Siguieron su caminata hasta que vieron a un niño que jugaba en una alcantarilla.

Entonces el rabino dijo: «Mira a ese niño. Tú dices que el jabón hace que las personas estén limpias, pero observa la mugre que tiene ese jovencito. ¿Para qué sirve el jabón? A pesar de todo el jabón que hay en el mundo, y pese a todos los años que pasaron desde que existe, el niño aún está mugriento. Me pregunto cuán eficaz es el jabón después de todo».

El fabricante protestó: «¡El jabón no puede hacer nada si no se lo usa, rabino!»

«Precisamente» respondió el rabino.

Raymond Master comentó: «Parecería que nuestra sociedad va de inspiración en inspiración, en busca de la siguiente cosa que los haga sentir bien, pero sin hacer mucho al respecto».[12] ¡Qué triste! De acuerdo con algunos eruditos, no siempre existió tal división entre el entendimiento y la acción. Según un lingüista, las palabras «audición» y «acción» eran una sola en casi veinte idiomas primitivos. Recién las dividimos en nuestro entorno moderno. Como comunicadores, debemos volver a unir estas dos ideas para nuestro auditorio, y esto requiere de un compromiso constante para relacionarse con el prójimo, inspirarlo y animarlo a actuar.

El actor Will Smith dijo en una ocasión: «Me gusta medir la grandeza de la siguiente manera: ¿A cuántas personas puedes impresionar? Durante tu existencia en la Tierra, ¿en cuántas puedes influir? ¿Cuántas puedes lograr que quieran ser mejores? ¿A cuántos individuos puedes inspirar?» En definitiva, ¿de qué sirve nuestro mensaje si la influencia que genera termina en el momento en que dejamos de hablar?

El verdadero propósito de la inspiración no es conseguir el aplauso. Su valor no está en el asombro que pueda provocar o en los sentimientos positivos que pueda suscitar en el otro. La verdadera prueba de la inspiración es la acción. Esto es lo que marca la diferencia.

Si deseas relacionarte con otros, debes esforzarte por inspirarlos. No obstante, no lo hagas para sentirte mejor o hacer que los demás se sientan mejor. Hazlo

> «Me gusta medir la grandeza de la siguiente manera: ¿Cuántas personas puedes lograr que quieran ser mejores?»
> —WILL SMITH

para lograr que el mundo sea mejor. Si puedes inspirar al prójimo, esto está a tu alcance.

CÓMO RELACIONARSE CON LAS PERSONAS EN DIFERENTES SITUACIONES

PRÁCTICA PARA ESTABLECER RELACIONES: Las personas que se relacionan inspiran al prójimo.

CONCEPTO CLAVE: Lo que más recuerdan las personas es cómo las hiciste sentir.

RELACIONES CON UNA SOLA PERSONA

Los tres factores de la ecuación de la inspiración entran en juego cuando se trata de inspirar a la gente, pero tienen distintos valores según el entorno en el que se establece la comunicación. En el caso de las relaciones con un solo individuo, tiene mayor peso aquello que ven. Quién eres en realidad inspira o desanima a quienes están más cerca de ti. No puedes ocultarlo. El carácter, por encima de todo, es el atributo que más impresionará a los demás en esta situación.

¿Qué cualidades les ayudan a establecer una relación contigo? A continuación enumero las que ellos desean observar:

- Vocación de servicio: Necesitan saber que deseas ayudarles.
- Valores sólidos: Muestra tus valores por medio de palabras y acciones.
- Solidaridad: Agrega valor al prójimo y siempre trata de animarlo.

- Espíritu bondadoso: A las personas no les interesará cuánto sabes hasta que sepan cuánto te interesas.
- Disposición a la confianza: Los individuos se acercan a quienes creen en ellos.

RELACIONES CON UN GRUPO

En lo que respecta a inspirar a los integrantes de un grupo, lo más importante es aquello que saben sobre ti. Desean saber qué hiciste. Esto es lo que te da más credibilidad. Si los demás conocen y respetan tus logros, y tú crees en ellos, tendrán confianza en sí mismos y se sentirán inspirados a actuar.

Los integrantes de un grupo desean saber...

- que llevarás la delantera y darás el ejemplo
- que sólo les pedirás que hagan lo que ya hiciste o estás dispuesto a hacer
- que les enseñarás a hacer lo que ya hiciste
- que su éxito te parece más importante que el tuyo propio
- que obtendrán reconocimiento por sus logros
- que festejarás sus triunfos.

RELACIONES CON UN AUDITORIO

El aspecto más importante de la comunicación cuando intentas relacionarte con un auditorio es la manera en la que los haces *sentir*. En la mayoría de los casos, no pueden conocer bien al orador ni saber nada sobre su personalidad desde lejos. Es probable que hayan recibido información sobre los logros del disertante, pero no tienen manera de estar seguros de ellos. Cuentan únicamente con la reacción que les provocan los pocos minutos que el orador está en el estrado. Si se sienten bien, establecen un vínculo. Si no es así, no se relacionan. Entonces, si te estás preparando para disertar frente a un auditorio, asegúrate de crear con ellos un lazo desde el punto de vista emocional. Los siguientes consejos te ayudarán a hacerlo:

- Deben percibir que disfrutas de estar con ellos y que deseas ayudarlos.
- Deben sentir que eres su amigo.
- Deben sentir que eres auténtico y vulnerable, no que eres perfecto, sino que estás evolucionando.
- Deben sentir que conversas con ellos y no que les hablas con aires de superioridad.
- Deben sentir que crees en ellos y que pueden confiar en sí mismos.

10

LAS PERSONAS QUE SE RELACIONAN VIVEN LO QUE PREDICAN

Por lo general, cuando una persona nueva llega a una posición de liderazgo, quienes están bajo su ámbito de influencia se sienten esperanzados: quieren que su nuevo líder tenga éxito. Si el líder tiene buenas habilidades comunicativas y tiene la capacidad de relacionarse con el prójimo, los demás lo escuchan, le creen y lo siguen. Pero la luna de miel no dura para siempre.

Durante los primeros seis meses de una relación, ya sea personal, profesional, entre dos individuos o entre líder y seguidor, nos centramos en la capacidad comunicativa de la otra persona para juzgarla. ¿No te habías dado cuenta de eso? Si las personas no son buenas en lo que a comunicarse se refiere, tenemos dudas, pero si son buenas para establecer relaciones, sentimos esperanzas. Por ejemplo, cuando tenemos un nuevo jefe que habla bien y proyecta un punto de vista convincente, lo seguimos. Cuando tenemos una buena interacción con un nuevo vecino o compañero de trabajo, sentimos que tenemos un nuevo amigo. Cuando conocemos a la persona con la que acabamos casándonos, creemos que todo será siempre maravilloso. Para la mayoría, la luna de miel es extraordinaria. Pero después de la luna de miel viene el matrimonio. Si bien en algunos casos también es extraordinario, en otros no lo es.

¿Qué es lo que marca la diferencia? ¡La credibilidad! Así es como funciona esta cualidad en todo tipo de relaciones:

Durante los primeros seis meses, la comunicación tiene más importancia que la credibilidad.

Después de los seis meses, la credibilidad tiene más importancia que la comunicación.

> *La credibilidad es moneda corriente entre los líderes y los comunicadores: les da solvencia, y sin ella, están en bancarrota.*

Cuando alguien es creíble, el paso del tiempo mejora las cosas. Para quienes carecen de credibilidad, las cosas se ponen peor con el tiempo. La credibilidad es moneda corriente entre los líderes y los comunicadores: les da solvencia, y sin ella, están en bancarrota. Si son creíbles, los líderes pueden seguir estableciendo relaciones con las personas. Sin credibilidad, quedan desconectados.

LA PRUEBA DE LA VERDAD

En enero de 2009, Barack Obama asumió su posición como el cuadragésimo cuarto presidente de los Estados Unidos. Mientras escribo estas palabras, lleva menos de seis meses en su cargo. Todos siguen esperanzados. El presidente es un buen comunicador y sabe cómo relacionarse con los demás. Le fue muy bien durante el período de campaña electoral. Carl M. Cannon, el autor del artículo «Ten Reasons Why Obama Won» [Diez razones por las que ganó Obama], escribe sobre el presidente: «Con una alquimia un tanto extraña, combinó la disciplina de Kennedy como candidato, el don de palabra de Bill Clinton y el optimismo, el carisma, la simpatía y la calidad de estratega de Ronald Reagan».[1] Realmente fue excepcional durante su campaña por la presidencia.

Cuando leas esto, seguramente habrá pasado suficiente tiempo desde que asumió el puesto, y el jurado estará preparado para dictar sentencia. O bien reconocerás que el presidente Obama desarrolló su credibilidad, demostró sus capacidades y gobernó bien o dirás que sus capacidades comunicativas superaron su credibilidad y que no cumplió con lo que dijo que haría. Así funciona la credibilidad, y no sólo en el caso de él, sino en el de todos los políticos, todos los líderes, todos los padres. A medida que pasa el tiempo, la forma en que viven las personas es más importante que las palabras que emplean, y si viven bien, el tiempo es su amigo.

La credibilidad parte de la confianza. En *El factor confianza*, Stephen M. R. Covey escribe acerca de la influencia de la credibilidad en el mundo de los negocios y afirma: «La confianza trae seguridad» porque elimina las preocupaciones y te libera para que puedas continuar con otros asuntos. «Una confianza baja es un costo invisible tanto en la vida como en los negocios, porque da origen a intenciones ocultas y a una manera de comunicarse muy reservada, lo que dilata los procesos de toma de decisiones. La falta de confianza pone obstáculos a la innovación y la productividad. Por otra parte, la confianza genera velocidad porque alimenta la colaboración, la lealtad y, en última instancia, los resultados».

> *A medida que pasa el tiempo, la forma en que viven las personas es más importante que las palabras que emplean.*

La confianza desempeña el mismo papel en todas las relaciones humanas y siempre tiene una influencia en la comunicación. Para ser una persona que se relaciona efectivamente a largo plazo, necesitas establecer una credibilidad viviendo lo que predicas. De no hacerlo, la confianza se ve socavada, las personas se «desconectan» de ti y dejan de escucharte. La cuestión esencial aquí es que la efectividad de la comunicación depende más del carácter del mensajero que del contenido del mensaje.

Tú eres el mensaje

Una de las cosas que me generan frustración son las acciones de muchos de los jugadores de béisbol de las grandes ligas. Durante mi niñez y adolescencia me encantaba el béisbol y era fanático de los Rojos de Cincinnati. En los últimos años, los beisbolistas rompieron marcas muy antiguas, pero lo hicieron con la ayuda de esteroides. Algunos admitieron llevar una doble vida, mientras que otros lo negaron o se reservaron el derecho de declarar contra sí mismos. El béisbol es un deporte de estadísticas. Si las estadísticas no son creíbles debido al consumo de sustancias para mejorar el rendimiento por parte de los deportistas, el juego sufre un daño irreparable.

No importa si quieres serlo o no; tú eres el mensaje que les das a los demás, y eso es lo que determinará si desean relacionarse contigo o no. Ni el actor más talentoso puede mantener una pose para siempre. Tarde o temprano, tu verdadero yo se hará visible, ya sea en el escenario, en el trabajo o en casa. Entonces, si quieres tener buenas relaciones, debes convertirte en la clase de persona con la que te gustaría relacionarte. Debe haber coherencia entre cómo te muestras, qué dices y cómo vives. Éstas son mis sugerencias sobre cómo puedes lograrlo.

Relaciónate contigo mismo

Las relaciones que tenemos con los demás se ven determinadas en gran medida por las relaciones que tenemos con nosotros mismos. Si no aceptamos quiénes somos, si estamos incómodos con la clase de persona que somos, si no conocemos nuestras propias debilidades y fortalezas, con frecuencia nuestros intentos de interactuar con el prójimo serán fallidos. ¿Cómo puedes relacionarte con otros basándote en sus intereses comunes si no te agradas ni te conoces a ti mismo? ¿Cómo puedes ver claramente a la gente cuando tienes una idea vaga de tu persona? No es sino hasta que nos conocemos, nos agradamos y nos sentimos cómodos con nosotros mismos que estamos dispuestos a conocer a las personas, a que nos agraden y a sentirnos cómodos con ellas. Sólo entonces tenemos la posibilidad de relacionarnos.

El primer paso que debemos dar para establecer un vínculo con nosotros mismos es conocernos, y para eso es necesario hacer una autoevaluación. Tenemos que ser conscientes de nosotros mismos. Enfrentar pruebas que nos permitan conocer nuestros puntos fuertes, dedicar tiempo a la reflexión, a pasar revista a nuestro día y a orar. Debemos hablarles a los demás sobre nuestras debilidades y actuar con deliberación. La ironía aquí es que debemos dedicar algo de tiempo a centrarnos en nosotros mismos para que podamos liberarnos al quitar el enfoque de nosotros y ponerlo en ellos.

El segundo paso es agradarnos a nosotros mismos, y para eso necesitamos tener diálogos internos. El maestro de la motivación Zig Ziglar dice: «La persona más influyente que te hablará durante todo el día eres tú mismo. Por lo tanto, debes tener mucho cuidado con lo que te digas». Si todo el tiempo te dices internamente cosas críticas y negativas sobre ti, no te sentirás seguro de ti mismo ni de los demás. Debes tener una actitud positiva. Esto no significa negar las malas acciones o quitarle importancia a los problemas o los errores, sino ver la vida de manera realista pero positiva.

Hace poco tiempo estaba cenando con un amigo que dirige una organización exitosa en Arkansas, y una de las cosas que me dijo durante nuestra conversación fue: «John, de todas las personas que conozco, eres la que más a gusto se siente consigo mismo». Lo tomé como un gran cumplido. Es cierto, me siento cómodo conmigo. Sé quién soy. No soy una persona completamente desarrollada y equilibrada. Mis fortalezas son pocas; de hecho, creo que sólo tengo cuatro: capacidad de liderazgo, de comunicación, creatividad y capacidad para establecer relaciones. Por otra parte, mis debilidades son muchas. Intento ser honesto en cuanto a mis debilidades, enfocarme en utilizar mis fortalezas y comportarme con integridad en todas las áreas de mi vida. ¿Qué otra cosa podría hacer?

Si hasta ahora nunca te tomaste el tiempo necesario para relacionarte con tu persona, espero que comiences a hacerlo hoy. No es un acto de egoísmo. Tengo la certeza de que sólo podrás cumplir el propósito para el que fuiste creado si te conoces e interaccionas contigo mismo. Además, establecerás mejores relaciones con el prójimo y les agregarás más valor si sabes qué es lo que tienes para ofrecerles y qué no puedes brindarles.

ENMIENDA TUS ERRORES

Tal como mencioné antes, para interactuar con los demás necesitas gozar de credibilidad. Pero, ¿cuál es el nivel de credibilidad que puedes mantener cuando cometes errores? Eso depende de cómo respondas en la situación.

> No admitir los errores
> ocasiona
> que se cuestione el mensaje,
> lo que hace que
> ¡se cuestione la integridad del líder!

Todos cometemos errores. Yo cometo errores como líder, como comunicador, como esposo y también como padre. Ser humano implica meter la pata, pero para establecer relaciones, es necesario reconocer los errores.[2] Esta es la forma de mantener la integridad y recuperar la credibilidad. Debes estar dispuesto a...

Reconocer tus errores. Cuando tus decisiones no tienen los resultados esperados, las personas esperan una explicación. Una de las cosas que admiré de los primeros noventa días de la presidencia de Obama fue su predisposición a reconocer sus propios errores. Cuando la nominación de Tom Daschle para el gabinete acabó en escándalo, el presidente Obama simplemente dijo: «Cometí un error». Esto es algo que admiro en un líder.

Pedir disculpas. Cuando tus acciones dañan a otros, debes admitir que lo que hiciste estuvo mal y que lo sientes. Por lo general esto es algo muy doloroso en el momento, pero es lo correcto y además puede acortar la agonía en la que estás inmerso y ayudar a dejar el incidente atrás. Por eso es una buena idea tomar el consejo que Thomas Jefferson dio en este sentido. Dijo: «Si has de comerte tus palabras, mejor hacerlo cuando aún están frescas».[3]

Reparar el daño. Por supuesto, si está dentro de tu alcance, también busca maneras de compensar a las personas que salieron perjudicadas por tus acciones. No hace mucho tiempo tuve que hacer precisamente esto tras cometer un error terrible cuando me contrataron para dar una charla ante una organización por segunda vez. Mientras hablaba, la reacción del auditorio me indicaba que algo no estaba bien, pero no podía darme cuenta de qué se trataba. No fue sino hasta que abandoné el escenario que se me ocurrió pensar que tal vez

> *Ser humano implica cometer errores. La cuestión es, ¿puedes reconocerlos?*

había dado prácticamente el mismo discurso que la vez anterior. Llamé a mi asistente, y ella me confirmó que mi sospecha era correcta. Me acerqué a mi anfitrión en seguida, le pedí disculpas y le pregunté si podía disculparme también ante el grupo al otro día. Él se mostró muy clemente con la situación. Luego, le ofrecí regresar el año siguiente, pagar de mi bolsillo todos mis gastos y volver a disertar para ellos sin ningún costo. Me pareció que eso era lo que había que hacer en esas circunstancias. No podía volver el tiempo atrás, pero podía hacer todo lo que estuviera a mi alcance para subsanar el error.

Sé responsable

Como probablemente ya te hayas dado cuenta, me gusta mucho estudiar a los líderes, y los presidentes de los Estados Unidos me resultan en particular interesantes. En relación con este interés, tengo una pregunta para ti: ¿Qué tienen en común Theodore Roosevelt, Franklin Delano Roosevelt, Harry Truman y Ronald Reagan? Si alguna vez leíste algo sobre ellos, sabrás que todos fueron muy distintos. Pertenecían a diferentes partidos políticos, sus filosofías diferían y tampoco tenían el mismo estilo en lo que al liderazgo se refiere. Entonces, ¿qué tenían en común? El público los veía como personas que cumplían sus promesas.

¿Cuál es uno de los mejores elogios que puedes hacerle a una persona? En mi opinión, es «Puedo contar contigo». Es por eso que incluí la Ley de la Confiabilidad en mi libro *Las 17 leyes incuestionables del trabajo en equipo*. Esta ley dice que, cuando de contar se trata, los miembros del equipo deben poder contar los unos con los otros. Pero la necesidad de que seamos confiables y responsables ante los demás está presente en todas las relaciones humanas, no solamente en un equipo. Esta es la razón por la que, cuando aceptas un compromiso, generas expectativas y cuando lo honras, generas confianza.

> *Cuando aceptas un compromiso, generas expectativas y cuando lo honras, generas confianza.*

En general, casi siempre necesitamos asumir la responsabilidad de rendir cuentas en las áreas en las que somos más débiles. En lo que respecta a nuestras fortalezas, no suele haber problemas. Nos gusta trabajar en nuestras fortalezas. Es más probable que completemos lo que emprendamos en las áreas en las que somos fuertes. Todos esperan eso de nosotros. Sin embargo, en lo que respecta a nuestros puntos débiles, debemos permitirles a los demás que nos cuestionen, que nos desafíen. Si no lo hacemos, tenemos más posibilidades de perder el rumbo.

DIRIGE A LOS DEMÁS POR LA MANERA EN QUE VIVES

El escritor y orador Jim Rohn observó: «No puedes hablar de aquello que no sabes. No puedes compartir algo que no sientes. No puedes cambiar lo que no tienes. No puedes dar algo que no posees.

Para darlo y compartirlo, y para hacerlo de manera eficaz, primero debes poseerlo». Eso significa que primero ¡debes experimentarlo en tu propia vida!

En el mundo del liderazgo, es clara la importancia de ser un modelo de lo que se pretende comunicar. La historia está llena de ejemplos de líderes que dejaron una marca por ponerse al frente y decir, básicamente, «sígueme». En *Secrets of Effective Leadership* [Los secretos del liderazgo eficaz], Fred A. Manske hijo afirma. . .

- El general Robert E. Lee tenía la costumbre de visitar a sus tropas la noche anterior a una batalla importante, aun cuando eso le costara su propio descanso.
- Al general George S. Patton solía vérsele montado en el tanque que iba al frente de sus unidades acorazadas para inspirar a sus hombres a luchar.
- El duque de Wellington, quien venció a Napoleón en Waterloo, creía que la presencia de Napoleón en el campo de batalla equivalía a 40 000 soldados.

Las personas que viven lo que predican, que dirigen a otros por la forma como viven y que tienen coherencia entre palabra y acción, son diferentes de las que no lo hacen. Saben relacionarse con los demás, y una de las razones de esto es la manera en la que viven. Allí donde algunos ven un mensaje como una *lección a enseñar*, ellas ven al mensaje como una vida que llevar. Donde algunos brindan un mensaje que es una *excepción* a la forma en que viven, ellos comunican mensajes que son una *extensión* de sus vidas. Para algunos comunicadores, el contenido es lo más importante. Para quienes saben establecer relaciones, lo más importante es la credibilidad.

La docente Lindsay Fawcett comentó: «Escuché que el primer trabajo que tienes como maestra influencia el resto de tu carrera. A veces es muy abrumador y no hay nadie que quiera ayudarte a dar los primeros pasos (como le sucedió a una amiga, quien ya no enseña), y en ocasiones la dirección te toma de la mano para que te pongas de pie y te alienta a que alcances tu potencial. Mi experiencia fue esta última», dijo Lindsay acerca de su primer trabajo tras terminar la universidad en Minneapolis. «El director de la escuela y el coordinador del programa de Inglés como segundo idioma me alentaron a que me pusiera al mando y probara nuevas cosas. Confiaban en mi criterio. Me sentí tan querida y valorada que todo lo que quería era demostrarles que tenían razón al depositar en mí su confianza. Ellos saben cómo relacionarse con el personal, y esto hizo que trabajar con ellos fuera para mí como estar en familia».[4] El liderazgo creíble tiene una fuerte influencia en las personas que integran una organización.

Si no estás dispuesto a intentar vivir de acuerdo con cierta idea, entonces es probable que no debas intentar comunicarla. Esto no significa que debas intentar ser perfecto porque, por supuesto, eso no es posible. Simplemente significa que debes esforzarte por *ser* lo que instas a otros a ser. De otra manera, no tendrás credibilidad y tu capacidad de liderazgo estará en problemas. Tal como lo expresa el seminarista y escritor de *blogs* Adam Jones: «Liderar sin integridad es como decidir fracasar antes de dar el primer paso».[5]

DI LA VERDAD

Una mujer acompañó a su esposo, quien estaba muy enfermo, al consultorio del médico. Después de revisarlo, el doctor le pidió al hombre que fuera a la sala de espera para que él pudiera hablar con su mujer.

«El problema de su esposo es grave» le dijo. «Si no sigue mis indicaciones, su esposo morirá:

- Prepárele un desayuno saludable todas las mañanas, de manera que se vaya a trabajar de buen humor.

- Cuando llegue a casa, permita que se siente a descansar con los pies hacia arriba y asegúrese de no cargarlo con preocupaciones o tareas del hogar.
- Prepárele una cena caliente y nutritiva todas las noches.
- Mantengan relaciones sexuales varias veces a la semana, y satisfaga todos sus caprichos».

De camino a casa, la esposa condujo en silencio. Finalmente, el hombre preguntó: «Bien, ¿qué dijo el doctor?»

«Tengo malas noticias» contestó. «Dijo que morirás».

Lo sé, es un chiste terrible, pero me encanta. ¿Por qué? Porque describe la manera en que algunas personas suelen interactuar con el prójimo: sin honestidad. Sin embargo, la honestidad es fundamental para que haya credibilidad. El periodista Edward R. Murrow señaló: «Para ser persuasivos debemos ser verosímiles; para ser verosímiles debemos ser creíbles; para ser creíbles debemos ser confiables».

Hace varios años hablaba ante un grupo de ejecutivos, y uno de ellos me preguntó qué principios seguía a la hora de contratar personal.

—¿Cuál es la clave? —preguntó.

—Tengo una sola regla —expliqué—. Nunca me ocupo de las contrataciones. —Esto llamó la atención del grupo—. Y ésta es la razón por la que no lo hago: soy malísimo en esa tarea.

Continué con una explicación de mi pésimo historial de contrataciones de personal. Como soy tan optimista y tengo tanta fe en el prójimo, soy poco realista. No importa qué luces de alarma se enciendan en una entrevista con un candidato, siempre pienso *Yo puedo ayudar a esta persona a que mejore y alcance el éxito*. Pero esta *no es* la actitud correcta para un entrevistador de personal. Para que las contrataciones sean exitosas, es necesario tener un encargado escéptico, el tipo de persona que no contrataría a su propia madre. Cuando dejé de ocuparme de esta tarea, mi empresa avanzó a una nueva dimensión.

Cuando le conté a este grupo de ejecutivos que ya no me encargaba de las contrataciones, pude notar que su primera reacción fue negativa. Sin embargo, cuando expliqué las razones, percibí que valoraban que conociera mis propias debilidades y que respetaban mi honestidad. Hay pocas cosas peores que alguien que no sabe de lo que habla e inventa al tiempo que simula tener experiencia cuando en realidad no tiene la menor idea. Como señaló Roger en un comentario en mi *blog*: «La credibilidad no parte de la perfección, sino de la predisposición a admitir las propias imperfecciones».[6]

SÉ VULNERABLE

Cuando Bob Garbett estaba en el cuerpo de infantería de marina, se asignó a su unidad un nuevo subteniente recién salido de la Escuela de Aspirantes a Oficial. Según Bob, el joven estaba claramente abrumado por su nueva misión, pero la trató bien.

«Su primer día». cuenta Bob, «convocó a todos los oficiales que no estábamos embarcados y nos dijo que contaba con nosotros para que le enseñáramos. Dijo "No me lastimen. Cuento con ustedes". Nunca olvidé sus palabras. En poco tiempo, el nuevo subteniente comenzó a afianzarse en su puesto ante los ojos de todos nosotros».[7] Cuando eres honesto con los demás, te vuelves vulnerable. Para muchos, esto es algo en extremo incómodo. Algunos líderes, docentes y oradores creen que las personas que ocupan el lugar de comunicadores deberían tener todas las respuestas, ya que creen que de otro modo darían una imagen de debilidad. Por supuesto, ese es un estándar poco realista. Es mejor ser auténtico y vulnerable, ya que los demás pueden identificarse con eso, y esto a su vez lleva a crear un vínculo. Parker Palmer, autor de *The Courage to Teach* [El coraje de enseñar], dice: «Todos sabemos que la perfección es una máscara, y no confiamos en quienes se esconden tras máscaras de sabelotodo porque no son honestos con nosotros. Las personas con las que establecemos las relaciones más profundas son aquellas que reconocen sus debilidades».

Hace poco di una charla sobre liderazgo ante algunos directores ejecutivos en la que hablé acerca de la importancia de ser vulnerables, admitir los propios errores y reconocer nuestras debilidades. Al finalizar mi disertación, uno de estos directores esperó a que estuviera solo y se me acercó.

—Creo que estás completamente equivocado en cuanto a ser tan honestos con aquellos con quienes trabajamos —dijo—. Un líder nunca debe mostrarse débil. Nunca deberías permitir que quienes trabajan contigo te vean sudar.

—¿Sabes? —le respondí—. Creo que partes de un malentendido.

—¿Qué malentendido? —respondió con escepticismo.

—Crees que los individuos de tu organización no conocen tus debilidades —respondí—, pero las conocen. Al admitirlas, sólo les haces saber que *tú* eres consciente de ellas.

> *«Todos sabemos que la perfección es una máscara... Las personas con las que establecemos las relaciones más profundas son aquellas que reconocen sus debilidades».*
>
> —PARKER PALMER

La razón por la que le dije esto con tanta seguridad es porque yo también pensaba como él en una época. Durante los primeros diez años de mi carrera, intenté ser el «señor Respuestas». Quería ocuparme personalmente de todos los problemas, de responder todas las preguntas y de enfrentar cada crisis que surgiera. Quería ser indispensable. Pero no logré engañar a nadie más que a mí mismo.

El artista Walter Anderson señaló: «Nuestras vidas sólo mejoran cuando asumimos riesgos, y el primer riesgo, y el más difícil, que podemos tomar es ser honestos con nosotros mismos». Cuando me di cuenta de que había otros que sabían cosas que yo ignoraba y que podían hacer algunas cosas mejor que yo, sentí la libertad de quitarme la máscara, bajar la guardia y ser yo mismo con los demás, y esto genera relaciones con las personas. Después de todo, a nadie le agradan los farsantes o los sabelotodo.

SIGUE LA REGLA DE ORO

Algunas organizaciones son como un árbol lleno de simios. Si eres un líder que se encuentra en la copa del árbol, todo lo que verás al mirar abajo serán rostros sonrientes que miran hacia arriba. Sin embargo, si te encuentras en la base de la organización y levantas la vista, el panorama no será tan bonito. Si te quedas en ese lugar, sabes que los deshechos de todos los que se encuentran arriba de tí te caerán encima. Pero nadie quiere que los demás lo traten así.

> «Nuestras vidas sólo mejoran cuando asumimos riesgos, y el primer riesgo, y el más difícil, que podemos tomar es ser honestos con nosotros mismos».
> —WALTER ANDERSON

Cuando las personas alcanzan una posición de poder, puedes aprender mucho sobre ellas al observar qué es lo que hacen con ese poder. ¿Cómo tratan a quienes no tienen poder, fuerza o que no ocupan una posición privilegiada cuando interactúan con ellos? ¿Su comportamiento es coherente con su mensaje? ¿Es coherente con la regla de oro? La respuesta a estas preguntas te dirá mucho sobre su personalidad.

Si quieres relacionarte con otros, necesitas tratarlas de acuerdo con la regla de oro: debes tratar a los demás como quieres que te traten, sobre todo si eres un líder o un orador o si tienes algún tipo de autoridad. Creo que la mayoría estarán de acuerdo con esto. Es algo fácil de saber, pero no es tan sencillo ponerlo en práctica. Como se ha dicho: Saber cuál es el camino correcto es un signo de sabiduría; tomarlo es un signo de integridad.

Uno de los líderes que admiro es Jim Blanchard, el ex director ejecutivo de Synovus Financial Corp., quien se jubiló en 2006. La revista *Fortune* reconoció en varias ocasiones a Synovus como una de las mejores organizaciones para las cuales trabajar en los Estados Unidos. En una ocasión en que felicité a Jim por su desempeño y le pregunté cuál era la clave del éxito de su organización, me dijo: «La compañía tiene una sola regla: la regla de oro». Luego, me contó que en los dos primeros años posteriores a que se anunciara que la regla de oro sería el estándar dentro de Synovus se despidió a dos ejecutivos de la compañía porque no trataban bien a las personas. Jim también explicó que todos los años, en la reunión anual de la compañía, solía darles a todos los empleados del país su número de teléfono celular privado y les decía que si alguien en Synovus los trataba de alguna forma que contradijera la regla de oro, debían llamarlo para informárselo. ¡Eso es lo que yo llamo vivir lo que predicas!

Obtén resultados

Peter Drucker, el padre de la administración moderna, afirmó: «La comunicación… siempre plantea exigencias. Siempre exige que el receptor de ella se convierta en alguien, haga algo, crea en algo. Siempre apela a la motivación». En otras palabras, los comunicadores exhortan a las personas a obtener resultados. Pero para ser un comunicador creíble, ¡tú también debes obtener resultados!

Estoy sorprendido por la cantidad de oradores, consultores y consejeros personales que hay hoy en día en el mercado. Algunos de ellos son fantásticos, mientras que otros gozan de muy poca credibilidad. ¿A qué se debe esto? A que en realidad nunca lograron nada por sí mismos. Hicieron estudios relacionados con el éxito, el liderazgo o la comunicación, pero nunca estuvieron en el frente de batalla, ya sea en la construcción de una empresa, al frente de una organización o en el desarrollo de un producto o servicio. Venden una promesa pero no tienen un historial de éxito que la sustente. Esto es algo que me desconcierta.

Nada habla como los resultados. Si quieres construir la clase de credibilidad que facilita las relaciones con los demás, entonces obtén resultados antes de dar un mensaje. Sal y haz lo que aconsejas hacer a otros. Comunica sobre la base de la experiencia.

LA CREDIBILIDAD NOS RELACIONA

Para tener éxito a largo plazo, es necesario hacer algo más que entablar relaciones: hay que mantenerlas, y esto sólo puede hacerse cuando se vive lo que se predica. Si actúas de esta manera, podrás obtener resultados fantásticos. Como dije al comienzo del capítulo, cuanto más tiempo pasa, mejor se vuelve la relación.

> *Para tener éxito a largo plazo, es necesario hacer algo más que entablar relaciones: hay que mantenerlas, y esto sólo puede hacerse cuando se vive lo que se predica.*

Mi amigo Collin Sewell, quien forma parte de la junta directiva de mi organización sin fines de lucro EQUIP, me contó hace poco una historia que ilustra el poder de vivir de acuerdo con lo que se predica. No es un secreto que la industria automotriz estadounidense está pasando por una época difícil. La situación económica amenazó con dejar fuera del mercado a algunos fabricantes de automóviles. Las ventas disminuyeron, los incentivos aumentaron, y muchas agencias automotrices tuvieron que cerrar sus puertas.

Collin es el director ejecutivo de la agencia Sewell Family of Dealerships en Odessa, Texas, por lo que sabe de primera mano cuán difícil se puso la situación para esta industria. Su familia está en el negocio de la venta de automóviles desde 1911, cuando su abuelo, Carl Sewell, abrió una tienda que era en parte ferretería, en parte cine y en parte agencia de vehículos Ford. Pronto resultó claro que el potencial del negocio se encontraba en la agencia de automóviles. En los casi cien años que pasaron desde la creación de la empresa, la familia Sewell abrió agencias en todo Texas que se dedican a la venta y el mantenimiento de vehículos, no sólo Ford sino también Cadillac, Hummer, Infiniti, GMC, Lexus, Pontiac, Saab, Buick, Mercury, Lincoln y Chevrolet. Los Sewell tuvieron mucho éxito en su negocio.

Sin embargo, con el comienzo de 2009 llegaron los tiempos difíciles, y las agencias comenzaron a arrojar saldos negativos. Collin me contó que, durante nueve meses, puso en práctica todo lo que le vino a la mente para transformar la situación y devolver la compañía al lado seguro. En marzo, llegó a reducir su propio salario en un 65 por ciento y a vivir de sus ahorros para intentar salvar el negocio. Pero nada parecía suficiente. Finalmente, debió enfrentar la difícil decisión que esperaba poder evitar. ¿Debía despedir a muchos de sus empleados o aplicarles un recorte de salarios?

Muchos de los asesores de Collin compartieron con él su sabiduría convencional y le aconsejaron no recortar el salario de todos, ya que eso ocasionaría un mal humor general y tendría un efecto negativo en la moral de los empleados. En cambio, tendría que despedir a tantos empleados como fuera necesario para que el negocio fuera rentable. De este modo, las personas que quedaran en la compañía no se verían afectadas de forma negativa. Sin embargo Collin no quería hacer eso; quería que la mayor cantidad posible conservara su empleo. Entonces, diseñó un plan junto con su equipo directivo.

No veían otra alternativa más que eliminar veinte empleos y reducir así la fuerza laboral de 250 a 230 personas. Pero todos los demás, gerentes, técnicos, vendedores y empleados administrativos, tendrían que aceptar una rebaja en su salario. Las reducciones iban desde un dólar por hora hasta miles de dólares por mes.

Cuando Collin anunció los recortes salariales a todo el personal, no esperaba que le fuera bien, para decirlo de manera suave. Les dijo a todos la verdad y les explicó la gravedad de la situación, mas supuso que de cualquier modo todos se enojarían y reaccionarían de forma negativa. Una mujer, una obrera que cobraba nueve dólares la hora a quien se le acababa de recortar ese monto en un dólar, se acercó a Collin después de la reunión. Él esperaba lo peor, no obstante, en lugar de descargar su ira sobre él le preguntó si podían orar juntos.

Un técnico se acercó a Collin, quien podía ver el enojo en su rostro. «No me insulte» dijo el técnico. Collin respiró hondo; esperaba una perorata de su parte. En cambio, el hombre dijo: «No recortó lo suficiente. Este fin de semana iré a casa y hablaré con mi esposa y luego le diré cuál debería ser mi paga».

Al final, ninguno de los empleados que recibió el recorte renunció a la empresa. La moral se mantuvo en un buen nivel, y el negocio comenzó a mejorar. ¿Cómo fue posible? Fue posible porque Collin actuó de acuerdo con lo que predicaba.

«Me tomó años establecer credibilidad con mi equipo, generar "crédito" con ellos», dice Collins y hace referencia a la idea de que, en el ámbito del liderazgo, se obtiene crédito cada vez que se toman buenas decisiones y se dirige con integridad. «Había acumulado crédito con ellos centavo a centavo, y ese día me tocó gastarlo de a dólar».

Nadie puede esperar relacionarse con los demás si no vive de acuerdo con su propio mensaje. Esto es algo que puede dañar nuestra vida profesional, pero por supuesto es aún más doloroso en la vida personal. Para comprobar si estoy viviendo de la manera correcta, una de las cosas que hago es pensar en la influencia que tienen mis actos en mi familia. Por esta razón, siempre intento tener en mente esta definición de éxito: «Las personas más cercanas a mí y las que más me conocen son las que más me quieren y respetan». Cuando aquellos que saben cómo vives día tras día ven que tus palabras son coherentes con tus acciones, pueden confiar en ti, estar seguros de ti y relacionarse contigo, y esto convierte a la vida en un viaje maravilloso y agradable, día tras día.

El verdadero poder detrás de las relaciones no proviene de las interacciones superficiales que tengamos con el prójimo: sonreírle a un extraño, ser amigables con quien nos sirve la comida o deslumbrar a un auditorio ocasional. Su verdadero poder se encuentra en mantener las relaciones a largo plazo. Podemos tener una influencia verdaderamente valiosa en las relaciones duraderas: cuando en nuestra vidas mostramos una integridad coherente ante nuestro cónyuge, hijos y nietos;

cuando tratamos a nuestros clientes y colegas de la forma en que desean que los traten; cuando nuestros vecinos ven que nuestros valores son congruentes con nuestras acciones; cuando dirigimos a otros con honestidad y respeto. Estas son las cosas que nos dan credibilidad, nos permiten relacionarnos y nos dan la oportunidad de ayudar a otros y de agregarle valor a sus vidas. Tal como señaló el consultor en capacitación Greg Schaffer: «Si no te relacionas con los demás, olvídate de poder influenciarlos».[8]

Henry Adams dijo: «Un maestro tiene un efecto perpetuo; nunca puede saber dónde termina su influencia».[9] Creo que puede decirse lo mismo de las personas que establecen vínculos basadas en la integridad. Podemos hacer una diferencia en nuestro mundo, pero para hacerlo debemos comenzar con nosotros mismos: debemos asegurarnos de que nuestras palabras y acciones sean coherentes, día tras día. Debemos vivir de acuerdo con lo que decimos. Si lo hacemos, no hay límites para lo que podremos lograr.

CÓMO RELACIONARSE CON LAS PERSONAS EN DIFERENTES SITUACIONES

PRÁCTICA PARA ESTABLECER RELACIONES: Las personas que se relacionan viven lo que predican.

CONCEPTO CLAVE: La única forma de mantener las relaciones con las personas es vivir de acuerdo con tu mensaje.

RELACIONES CON UNA SOLA PERSONA

Más del noventa por ciento de las relaciones que se establecen son entre dos individuos. Por lo general, esta es la manera en que te comunicas con quienes más te conocen: la familia, los amigos y los compañeros de trabajo. También es menos probable que estés a la defensiva con estas personas y más probable que establezcas compromisos con ellas. En consecuencia, son las que mejor conocen tu personalidad.

¿Tu carácter resalta o mina lo que dices?, ¿te ayuda tu personalidad a cumplir y mantener tus promesas o juega en tu contra?, ¿qué es lo que necesitas mejorar?

RELACIONES CON UN GRUPO

Cuando nos comunicamos en una situación grupal o con un equipo, nuestros interlocutores observan nuestro ejemplo, nuestro desempeño y la forma en que trabajamos con los demás. ¿Pones en práctica lo que les dices a otros que hagan? ¿Refleja tu historial tu mensaje? ¿Pueden depender los demás de tu desempeño y de tu predisposición a poner primero al equipo? Si no es así, debes hacer cambios para mejorar tu nivel de credibilidad.

RELACIONES CON UN AUDITORIO

Los individuos suelen verse más tentados a ocultar partes de su personalidad cuando se comunican con un auditorio porque el público no los conoce en persona. Es fácil mostrar solamente nuestro lado positivo y reducir u ocultar nuestras debilidades en situaciones como esta, pero eso le quita autenticidad a tu mensaje. Las personas no se relacionan con los comunicadores que son farsantes. En lugar de mostrar algo que no eres, muéstrate vulnerable ante ellas y deja que sepan quién eres en realidad.

CONCLUSIÓN

Con frecuencia me preguntan cómo aprendí sobre liderazgo y comunicación, quiénes fueron mis modelos, cómo descubrí los que hoy son mis principios, cómo hice para mejorar con el paso de los años. No hay duda de que aprendí mucho de la observación de buenos líderes y comunicadores. También leí muchos libros excelentes y me entrevisté con líderes que eran superiores a mí. Además aprendí mucho por prueba y error. Pero las primeras lecciones que aprendí vinieron de la Biblia, y creo que la historia de uno de sus líderes te servirá de aliento.

CÓMO SE APRENDE A SER BUENO PARA RELACIONARSE

Uno de los mayores líderes de la historia de la humanidad fue Moisés. Estuvo al frente de una nación entera y la llevó, junto con todas sus pertenencias, de una tierra a otra. Les presentó un código de leyes y le pasó la responsabilidad a otro líder que los ayudaría a establecerse en su nuevo hogar.

Pero Moisés no era un líder nato. De hecho, podemos ver que tuvo que desarrollarse en todas las áreas de su vida para lograr el éxito:

No era bueno a la hora de socializar

Solemos pensar que los buenos líderes y comunicadores tienen un don de gentes natural. Este no fue el caso de Moisés. De hecho, era tan malo para relacionarse con el prójimo que en el primer caso registrado en el que intentó influenciar a otra persona, un egipcio, acabó por matarlo.[1] En consecuencia, debió abandonar su tierra y vivir en el exilio.

No era un buen comunicador

Cuando recibió el llamado de Dios en el arbusto en llamas, Moisés no quería tener nada que ver con eso. No tenía confianza en su propia capacidad para comunicarse con las personas. Moisés respondió: «¿Y quién soy yo para presentarme ante el faraón y sacar de Egipto a los israelitas?»[2] Luego agregó: «Señor, yo nunca me he distinguido por mi facilidad de palabra, y esto no es algo que haya comenzado ayer ni anteayer, ni hoy que te diriges a este servidor tuyo. Francamente, me cuesta mucho hablar. ... ¡Señor!, te ruego que envíes a alguna otra persona».[3] Para que Moisés aceptara la misión, Dios debió convenir en enviar a su hermano, Aarón, para que lo acompañara.

No era un buen líder

Después de que Moisés tuviera éxito en la misión de guiar a los hijos de Israel fuera de Egipto, no tuvo especial éxito en marcarles el camino. Las personas continuamente intentaban ir en la dirección errónea, y Moisés intentaba hacerlo todo él mismo, una receta para el fracaso en el mundo del liderazgo. Fue necesario que el suegro de Moisés, Jetro, viera qué hacía mal y le enseñara a nombrar otros líderes que le ayudaran a compartir la carga.

¿Por qué es importante el ejemplo de Moisés? Porque nos muestra que la capacidad para relacionarse con los demás, para comunicarse con ellos de manera eficaz y para aumentar la influencia que se tiene sobre ellos puede aprenderse. Lorin Woolfe, en *Valores para líderes contemporáneos*, dice: «Existe un amplio debate sobre la naturaleza del "carisma" y sobre si las habilidades para comunicarse de manera eficaz son innatas o adquiribles». Él demuestra que pueden aprenderse. Woolfe continúa:

> La sugerencia que Dios le dio a Moisés fue que uniera fuerzas con su hermano Aarón, quien era un mejor orador. Pero fue Moisés y no Aarón quien habló al faraón y guió a su pueblo fuera de Egipto. Lo que le faltaba en capacidad de oratoria, Moisés lo tenía en convicción, valentía y compasión por su pueblo. Estas características fueron inconfundibles para todas las personas que estuvieron en contacto con él, fueran seguidores o adversarios.

Moisés tomó las capacidades que sí poseía y las aprovechó al máximo. Hizo lo que lo llamaron a hacer, aumentó su influencia y la utilizó para ayudar a un número incalculable de individuos. Interaccionó con ellos. Cuando murió, una nación entera lo lloró; el pueblo lloró su pérdida por treinta días.

¡Comienza a relacionarte hoy mismo!

¿Qué puedes hacer con tus talentos? Cualquier cualidad que poseas puede aprovecharse mejor si aprendes a relacionarte con las personas. Puedes aprender a aumentar tu influencia en todas las situaciones ya que la capacidad para crear vínculos es más una habilidad que un talento natural. *Puedes* aprender a hacerlo. Entonces, comienza a tomar medidas para relacionarte. Adopta los principios para establecer relaciones, empieza a usar las prácticas que di en este sentido y haz algo positivo en el rincón del mundo en el que te encuentres.

Colaboradores de
JohnMaxwellonLeadership.com

A Maroun, Aaron, Abaunza, Adam Coggin, Adam Henry, Adam Jones, Adam
Reineke, Adeyemi Adeleke, Al Fenner, Al Getler, Al White, Alan Humphries, Alana
Watkins, Aldo Raharja, Alejandro Pozo, Alessandra Bandeira Malucelli, Alexander
Polyakov, Alice McClure, Alisha Callahan, Alison C, Alison Dicken, Alison Gitelson,
Allen, Alyssa Lee, Amanda Bouldin, Amanda Kasper, Amanda Strnad, Amenze,
Amy King, Amy McCart, Amy Wood, Andrea, Andrew Suryadi, Andy Heller, Andy
Perkins, Angela Chrysler, Angela Conrad, Angela Hansen, Angela Mack, Angelina
Morris, Ani Victor, Anita Ryan, Annabelle, Anne, Anne Stavrica, Anne-Marie
Moutsinga, Anthea, Anthony, Anthony McLean, Anthony T Gitonga, Antoinette
Morales, Ardy Roberto, Ariane Ross, Arnold Ardian, B Cassandra Thornton,
Babou Srinivasan, Ban Huat, Barb Giglio, Barbie Buckner, Barry Cameron, Bart
Looper, Becca, Becca Chen, Becky Laswell, Belinda Hurt, Ben Dawe, Beth
Hovekamp, Bethany, Bethany Godwin, Betty, Bev A, Bill Fix, Bill Spinks, Billy
Hawkins, Binish, Bob Garbett, Bob Gio, Bob Starkey, Bobbie Nelson, Bobby Capps,
Bobby Robson, Bobby Rosa, Brad Cork, Brandon Best, Brandon Byler, Brandon
Reed, Brenda Ballard, Brenda McGinnis, Brenton Chomel, Brett Rachel, Brian,
Brian Heagle, Brian Jones, Brian Tkatch, Bridget Haymond, Brit, Brittany Turner,
Bruce Baker, Bruce Carden, Bryon Ownby, Bud Louse, Buddy, Burdette Rosendale,
C Hannan, Caleb Gallifant, Caleb Irmler, Candace Sargent, Carina Dizon, Carl
Boniface, Carla Conrad, Carlos Velasquez, Carol Shannon, Carol Shore-Nye,
Carolann Jacobs, Carolyn De Jesus, Carolyn Moosvi, Cassandra, Cassie, Cathie
Heath, Cathy Kilpatrick, Cathy Welch, Catie Perschke, Catrin Henslee, Chad
Payne, Chadwick Wilkerson, Char McAllister, Charlene Hatton, Charles Chung,
Charles Coachman, Charles D Martin, Charlie Kentnor, Charlotte, Cheryl, Cheryl
Lohner, Cheryl Navaroli, Chew Keng Sheng, Chia Hui Ling, Chike Ekwueme,
Chin M C, Christopher B Carrera, Christy Moosa, Chuck Bernal, Chuck Branch,
Chut Aleer Deng, Cindy Carreno, Cindy Fisher, Clancy Cross, Clint Neill, Colin
Tomlin, Connie Bergeron, Connie Cavender, Connie Martinez, Cora, Craig,
Crystal, Curtis, Curtis Howe, Cyndi Toombs, Cynthia Wesley, Cynthia Zhai, D
Jonelle Cousins, D Mann, Dagny Griffin, Daina House, Dale Hart, Dan, Dan Black,
Dan Dutrow, Dan Fishbeck, Dan H, Dan Holke, Dana Hayes, Dana Henson, Daniel
J Larsen, Daniel Schultz, Daniel Tillman, Daniel Ukpore, Danita Sanders, Danny
Anderson, Danny L Smith, Danny Simon, Darrell Irwin, Darren, Darret King,

Dave Findlay, Dave Pond, Dave Ramage, Dave Wheeler, Dave Williamson, David Dalka, David Kosberg, David Ligon, David Quach, David Seow, David Seow Sin Khaing, David Tally, Davis B Ochieng, Dawncheri Farrell, Dawnena Rodriguez, Deanne Tillman, Deb, Deb Ingino, Debbie, Debbie Reno, Debora McLaughlin, Debra Steeves, Deeleea, Delbert Ray, Dema Barishnikov, Demetric Phillips, Dennis Chavez, Detra Trueheart, Dewey Esquinance, Dhes Guevarra, Diana Dominguez, Diane, Diane Neff, Diane Stortz, Dominick Stanley, Donna McMeredith, Donna Reavis, Dorina Goetz, Doug Dickerson, Doug Jenkins, Doug Renze, Doug Wilson, Duke Brekhus, Dwayne Hutchings, E J Williams, Earl Waud, Ed Backell, Ed Hird, Ed Lopez, Edison Choong, Edith Fragoso de Weyand, Edwin Sarmiento, Elisha Velasco, Elizabeth Ann Yoder, Elizabeth Cottrell, Ellen Bunch, Emily, Emmanuel Eliason, Emran Bhojawala, Ericka Towe, Erin Shell Anthony, Erin Wilcynski, Esele Akhabue, Essy Eisen, Fasanya Adeola, Femi Fortune-Idowu, Folayemi Oyedele, Fradel Barber, Fran, Fran Foreman, Franisz Ginting, Freddy Villareal, Gail McKenzie, Gareth Stead, Gary, Gary Acosta, Gary Haist, Geoffory Anderson, George Dean, George Johnson, George Thimiou, Gerald, Gerald Leonard, Gerald Weathers, Gerry Carrillo, Giaco Higashi, Gilson Cesar Geraldo, Gina Brady, Gloria, Goran Ogar, Grace Bower, Graham, Grant Higgins, Greg Kell, Greg Lubben, Greg Schaffer, Gus, Hank Dagher, Hans Schiefelbein, Heidi Kraft, Helen McCutchen, Henry Will, Henry Yap, Hershel Kreis, Hope Hammond, Htaik Seng, Hydee Miguel VanHook, Intan Jingga, Irfan Simanjuntak, Isabelle Alpert, Ita Imelda, J Bruce Hinton, J Jayson Pagan, J Pinheiro, J R Agosto, J R Davis, Jack Sparling, Jackie Mendez, Jaco Junior, Jacqueline, Jacqueline Campbell, Jacques Fortin, Jake Sledge, James Higginbotham, James M Leath II, James Masimer, James Ost, James Richardson, Jana, Janet Cowan, Janet George, Janine Murray , Jasman Hazly, Jason Glenn, Jason Goss, Jason R Morford, Jason Vreeman, Jasz, Jay Benfield, Jay Stancil, Jeanne Goldman, Jeff Engebose, Jeff Hartley, Jeff Pinkleton, Jenni Baier, Jennie, Jennifer, Jennifer L McCarty, Jennifer Miskov, Jennifer Schwilling, Jennifer Wideman, Jennifer Williams, Jenniffer Vielman-Vasquez, Jeremiah Nyachuru, Jerry Stirpe, Jesse Giglio, Jesse Smith, Jill Beckstedt, Jill Wilberger, Jim Chandler, Jim Ericson, Jim Gore, Jim Johnston, Jim Smith, Jim Thompson, Jimmy Baughcum, Joan Charron, Joanna Holman, Joanna Jayaprakash, Joanne Maly, Jocelyn E Frasier, Jody A Smith, Joe St Germain, Joe Tipton, Joe Windham, Joel Dobbs, Joey Colasito, John Cattani, John Colyer, John Davison, John Gallagher, John Love, John Marker, John O'Donnell, John Sanabria, John See, John Vaprezsan, Johnny Benavides, Johnson Obamehinti, Johnson Tey, Jon M, Jon Rapusas, Jonathan Sutton, Jonell Hermanson, Jose Franco, Jose M Pujol Hernandez, Joseph DeVenuto, Joseph Garibay, Joseph Marler, Joseph T Duvall, Joseph V Morrone Jr, Joshua Robbins, Joshua Wulf, Joy Holder, Joy Lee, Joyce, Joyce McMurran, Jozel Jerez, Jr Davis, Judy, Judy Camp, Judy Fossgreen, Judy Montgomery, Judy White, Juli Thompson, Julia, Jun S, June Paul, Justin, Justin Joiner, Justin Westcott, Karen,

Karen Krogh Christensen, Kasaandra Roache, Katherina H, Kathleen Bankole, Kathy, Kathy Gerstorff, Kathy Nicholls, Kathy Nygaard, Kayode Ejodame, Keith, Keith Brown, Kelley Burns, Ken Anderson, Ken Karpay, Kendra St John, Kent Sanders, Kent Sanders, Keri Jaehnig, Kerry Atherton, Kevin Beasley, Kevin Card, Kevin Friedman, Kevin Leochko, Kevin Phillips, Kiera Roberto, Kim, Kim Andrews, Kim Kumar, Kimberly Tucker, Krissie Goetz, Kriszel Torres, Kunruthai, Kurt, Kurt Billups, Kyle Prisock, LaCinda, LaFern Batie, Lanny Donoho, Larry Baxter, Larry H, Larry Lanier, Larry Phillips, Lars Ray, Laura Morlando, Laura Nelson, Laura Surovik, Laura Wilkett, Laurie Akau, Laurinda, Laverne, Laverne Lai, Lea Carey, Leann Seehusen, Leonor, Lepang Ferguson, Les Stobbe, Leslie Hulbert, Lew, Lew, Lillian Ruiz, Lily Trainor, Linda G Smith, Linda Lister Reinhardt, Lindsay Fawcett, Lindsey Sparks, Lis Maxwell, Lisa Hale, Lisa Kovalchik, Lisa R Combs, Lisa Simmon, Lisa Thorne, Lisa Youngblood, Liza Schwartz, Lois, Lois Mwende, Lokesh S, Lonnie, Lorenzo McGrew, Lori Maas, Lori Mode, Lucas Nel, Lucia Diaz, Lucinda, Luis Fernando Rodriguez Patiño, Lydia Dross, Lydia Maria Gonzalez Dross, Lyn, Lynn Imperiale, M Jason Rump, MacNeal, MacNeal, Madhan, Mai Vu, Malachi O'Brien, Manraj Dhillon, Marc Hopkins, Marc Millan, Marcelo J Paillalef, Marcia, Marcia Neel, Marcos Gaser, Margret Howard, Mariam Bederu, Mariana, Maribeth Hickman, Maribeth Kuzmeski, Marie, Marie Clark, Marie Ruth, Marietjie Steyn, Mariette van Aswegen, Marissa Briones, Mark, Mark Clark, Mark Patrick Brooker, Mark Ralls, Markie Story, Marlene L Balingit, Marshal Ausberry, Sr, Martha Castillo, Martha Klein, Martin Gonzalez, Martin Press, Martin Thong, Marvin Penick, Marvin Quianzon, Mary Angelica Reginaldo, Mary Ballard, Mary Martinez, Mary Moh, Mary Toby Ballard, Mary West, MaryAnne, Maryjane Zavala Padron, Maswache, Matt Gaylor, Matthew Mattmiller, Maureen Craig McIntosh, Maureen Sherman, Maurice, Mauro Pennacchia, Mayowa, Mekru Bekele, Melanie Ray, Melissa Albers, Melissa M Frank, Melonie Curry, Metamor4sis, Michael, Michael Barnes, Michael C Tolentino, Michael Craig, Michael Hall, Michael Harrison, Michael Ray, Michael Shuffield, Michelle Pack, Michelle Swallow, Mike Driggers, Mike Henderson, Mike Otis, Mike Parker, Mike Torrey, Mikhaila David, Milton Solorzano, MinistryGeek, Miranda Martin, Miss C, Misty Phillips, Mohnish Bahl, Moises Mendez, Mollie Marti, Monica, Monica Allen, Morten Jacob Sander Andersen, Mr White, Munish Varma, Musho, N C Walker, Nacir Coronado, Nate Manthey, Naw Annabelle, Neil Atiga, Nicholas McDonald, Nicholas Yannacopoulos, Nicole Wyatt, Nigel J Wall, Nina Roach, Nivine Zakhari, Noel Powell, Nona W Kumah, Noni Kaufman, Ogunsakin Adeyemi, Olufunmike Nasiru, Opatola Olufolarin, P Waterman, Patricia, Patrick L Holder, Patty, Paul, Paul Kandavalli, Paul T, Paulas Panday, Pearlene Harris, People-power, Perry Holley, Pete Krostag, Peter Bishop, Peter G James Sinclair, Peter H, Peter Lee, Peter Nyagah, Petie Huffman, Phil, Phil Holberton, Phil Winn, Philip TFL, Pia, Pinkan Chrisnindia, Piya Medakkar, Polly, Polly Scott, Preston Lawrence, R Burt, R Lynn

Lane, R. Moreno, Rachel Bentham, Rachel Setzer, Rachel Shultz, Ralph Guzman, Rambu Elyn Kaborang, Randy Griffin, Raul de la Rosa, Raul de la Rosa, Ravi Butalia, Ray McKay Hardee, Raymond Figaro, Raymond Master, Raymond R Brown, Regina Stradford, Rena Williams, Renata Mandia, Rene Jones, Renee Rivera, Renu, Rhonda, Rhonda Baker, Rhonda Thomas, Rhonda York, Richard, Richard Bankert, Richard Boothby, Richard H, Richard Whitehead, Rick, Rick Alanis, Jr, Rick Brown, Rick Clack, Rick Costa, Rick Nelson, Rick Pollen, Rick Santiago, Rick Shafer, Ricky, Rita Diba, Robby, Robert Carey, Robert Ferguson, Robert Keen, Robert Nicholson, Robert Zullo, Robin Arnold, Robin Ley, Robin McCoy, Robin Willis, Rodney Stewart, Roger, Rolando Cubero Monge, Ron, Ron Pantoja, Ronnie, Roscoe Thompson, Rosemary Medel, Rowantre, Roy Gibon, Ruben Perez Bustamante, Russell Wright, Rusty Williams, Ruth Demitroff, Ruth Post, Ryan, Ryan Carruthers, Ryan Ladner, Ryan Maraziti, Ryan Tongs, S R Smith, Salman Yazdani, Sam Buchmeyer, Sam McDowell, Samantha, Sandi Benz, Sandie, Sandra Crosson, Sandra Kendell, Sandy Gorman, Sara Canaday, Sarah Doggett, Satinder Manju, Scott A Houchins, Scott Melson, Scott Nichols, Sean Willard, Selma Collier, Septi Suwandi Putra, Shalini, Shantanu Kulkarni, Shari, Shari Berry, Sharon, Sharon Smith, Sharon Tindell, Sharri Tiner, Shawn Ebaugh, Shawn Francis, Shawn Villalovos, Shelley Quiñones, Sheryl, Shiketa, Shiketa Morgan, Shireen, Shirley de Rose, Shyju, Simeone, Simon Herbert, Simone N Riley, Snovia M Slater, Sohail Pirzada, Sohan, Srikrishna, Stacey Lyn Butterfield, Stacey Morgan, Stenovia Curry, Steph, Stephanie, Stephanie Cruz, Stephanie Eagle, Stephany Hanshaw, Steve, Steve McMahan, Steve Payne, Steven Hiscoe, Subu Musti, Sue Cartun, Sue Duffield, Sumesh, Sun Yi Scott, Sunnie Templeton, Susan Davis, Susan Wright-Boucher, Suuprmansd, Suzanne Caldeira, T, Tamella Davies, Tami Rush, Tammie Dobson, Tanja van Zyl, Tara Lancaster, Tara Turkington, Ted Oatts, Teresita Vigan, Teri Aulph, Terri Trapp, Terry, Terry D Smith, Terry McReath, Terry Smith, Tes Casin, Theresia Halim, Thomas Kinsfather, Thomas Nyaruwata, Thomas Watson, Tiffany Wright, Tim Buttrey, Tim Skinner, Timothy, Timothy Teasdale, TJ Ermitaño, Tobi Lytle, Tochi, Tom Chereck Jr, Tom Cocklereece, Tom Martin, Tom McCrea, Tony L Jones, Tracy Hunter, Tran Bao Hung, Trudy Metzger, Twyla Allen, Val, Vera L E Archilla, Vicki, Vicki Znavor, Vickie, Vixon, VoNi Deon, Vskumar, W Dwight Kelly, Wade Sadlier, Wade Thompson, Waldemar Smit, Walt Kean, Wanda, Warren Blake, Wendi Weir, Wennie Comision, William Eickhoff, Wylie Rhinehart Jr, Yousuf Siddiqui, Yvette Kinley, Yvonne Green, Zcina.

NOTAS

CAPÍTULO 1

1. "Welcome to the Age of Communications" [Bienvenido a la era de las comunica ciones], Elway Research, Inc., http://www.elwayresearch.com/, consulta: 21 octubre 2008.
2. Matthias R. Mehl *et al*, "Are Women Really More Talkative Than Men?" [¿Realmente las mujeres hablan más que los hombres?] *Science*, 6 julio 2007, p. 82, http://www.sciencemag.org/cgi/content/full/317/5834/82, consulta: 11 noviembre 2008.
3. Citado en G. Michael Campbell, *Bulletproof Presentations* [Presentaciones a prueba de balas] (Franklin Lakes, NJ: Career Press, 2002), p. 7.
4. John Baldoni, *Great Communication Secrets of Great Leaders* [Los grandes secretos sobre la comunicación de los grandes líderes] (New York: McGraw-Hill, 2003), xv-xvi.
5. Bert Decker, "The Top Ten Best (and Worst) Communicators of 2008" [Los diez mejores (y peores) comunicadores de 2008], *Decker Blog* [El blog de Decker] http://www.bertdecker.com/experience/2008/12/top-ten-best-and-worst-communicators-of-2008.html, consultada: 6 enero 2009.
6. Tom Martin, comentario en el *blog*, 10 septiembre 2009, http://johnmaxwellonleadership.com/2009/08/31/connecting-increases-your-influence-in-every-situation/#comments.
7. Cassandra Washington, comentario en el *blog*, 13 septiembre 2009, http://johnmaxwellonleadership.com/2009/08/31/connecting-increases-your-influence-in-every-situation/#comments.
8. Lindsey Fawcett, comentario en el *blog*, 1 septiembre 2009, http://johnmaxwellonleadership.com/2009/08/31/connecting-increases-your-influence-in-every-situation/#comments.
9. Jennifer Williams, comentario en el *blog*, 31 agosto 2009, http://johnmaxwellonleadership.com/2009/08/31/connecting-increases-your-influence-in-every-situation/#comments.
10. Al Getler, comentario en el *blog*, 10 septiembre 2009, http://johnmaxwellonleadership.com/2009/08/31/connecting-increases-your-influence-in-every-situation/#comments.
11. Jay Hall, "To Achieve or Not: The Manager's Choice" [Ser o no exitoso: una decisión de la gerencia]. Adaptado de *California Management Review*, Vol. 18, No. 4, pp. 5-18, http://theraffettogroup.com/To%20Achieve%20or%20Not.pdf, consulta: 21 septiembre 2009.

12. Cathy Welch, comentario en el *blog*, 1 septiembre 2009, http://johnmaxwellonleadership.com/2009/08/31/connecting-increases-your-influence-in-every-situation/#comments.

Capítulo 2

1. Isabelle Alpert, comentario en el *blog*, 14 septiembre 2009, http://johnmaxwellonleadership.com/2009/09/13/connecting-is-all-about-others/#comments.
2. Barb Giglio, comentario en el *blog*, 14 septiembre 2009, http://johnmaxwellonleadership.com/2009/09/13/connecting-is-all-about-others/#comments.
3. Gail McKenzie, comentario en el *blog*, 14 septiembre 2009, http://johnmaxwellonleadership.com/2009/09/13/connecting-is-all-about-others/#comments.
4. Joel Dobbs, comentario en el *blog*, 15 septiembre 2009, http://johnmaxwellonleadership.com/2009/09/13/connecting-is-all-about-others/#comments.
5. Pete Krostag, comentario en el *blog*, 20 septiembre 2009, http://johnmaxwellonleadership.com/2009/09/13/connecting-is-all-about-others/#comments.
6. Michael V. Hernandez, "Restating Implied, Perspective and Statutory Easements", *Real Property, Probate and Trust Journal*, (American Bar Association, primavera de 2005), citado en el sitio electrónico May it Please the Court, http://www.mayitpleasethecourt.com/journal.asp?blogID=898, consulta: 20 noviembre 2008.
7. Calvin Miller, *The Empowered Communicator: 7 Keys to Unlocking an Audience* [El comunicador con poder: 7 claves para llegar al público] (Nashville: Broadman & Holman, 1994), p. 42.
8. Atribuido a Joann C. Jones, All Great Quotes [Las mejores citas], http://www.allgreatquotes.com/graduation_quotes.shtml, consulta: 8 diciembre 2008.
9. Bridget Haymond, comentario en el *blog*, 15 septiembre 2009, http://johnmaxwellonleadership.com/2009/09/13/connecting-is-all-about-others/#comments.
10. Chew Keng Sheng, comentario en el *blog*, 19 septiembre 2009, http://johnmaxwellonleadership.com/2009/09/13/connecting-is-all-about-others/#comments.
11. " Peter Irvine and Nabi Saleh: The Glory of the Bean", [Peter Irvine y Nabi Saleh: La gloria del grano de café] *Wealth Creator*, enero y febrero 2006, http://www.wealthcreator.com.au/peter-irvine-nabi-saleh-gloria-jeans.htm, consulta: 5 enero 2009.
12. Ibid.
13. "Lessons from Top Entrepreneurs: Cup of Re-charge Juice" [Lecciones de los mejores empresarios: un vaso de jugo energético], consulta: 8 enero 2008, Smart Company, http://www.smartcompany.com.au/Features/Lessons-from-Top-Entrepreneurs/20071211-Cup-of-re-charge-juice.html, consulta: 5 enero 2009.
14. "Gloria Jean's Coffees International" [Los cafés internacionales Gloria Jean's], Gloria Jeans Coffees, http://www.gloriajeanscoffees.com.au/pages/content.asp?pid=77, consulta: 13 enero 2009.
15. "Peter Irvine and Nabi Saleh: The Glory of the Bean", [Peter Irvine y Nabi Saleh: La gloria del grano de café], *Wealth Creator*, enero y febrero 2006, http://www.wealthcreator.com.au/peter-irvine-nabi-saleh-gloria-jeans.htm, consulta: 5 enero 2009.
16. Laura Surovik, comentario en el *blog*, 18 septiembre 2009, http://johnmaxwellonleadership.com/2009/09/13/connecting-is-all-about-others/#comments.

17. Calvin Miller, *The Empowered Communicator: 7 Keys to Unlocking an Audience* [El comunicador con poder: 7 claves para llegar al público] (Nashville: Broadman & Holman, 1994), p. 12.

18. Jerry Weissman, *Presenting to Win: The Art of Telling Your Story* [Presentar para ganar: el arte de contar tu historia] (Upper Saddle River, N.J.: FT Press, 2008), p. 7.

19. Emran Bhojawala, comentario en el *blog*, 16 septiembre 2009, http://johnmaxwellonleadership.com/2009/09/13/connecting-is-all-about-others/#comments.

20. Mike Otis, comentario en el *blog*, 20 septiembre 2009, http://johnmaxwellonleadership.com/2009/09/13/connecting-is-all-about-others/#comments.

CAPÍTULO 3

1. "Silent Messages—A Wealth of Information About Nonverbal Communication" (BodyLanguage) [Mensajes silenciosos: un caudal de información sobre la comunicación no verbal (Lenguaje Corporal)], http://www.kaaj.com/psych/smorder.html, consulta: 16 diciembre 2008.

2. Sonya Hamlin, *How to Talk So People Listen* [Cómo hablar para que las personas escuchen] (Nueva York: Collins Business, 2005), p. 59.

3. Ibid, 11.

4. John Love, comentario en el *blog*, 21 septiembre 2009, http://johnmaxwellonleadership.com/2009/09/20/connecting-goes-beyond-words/#comments.

5. Sue Duffield, comentario en el *blog*, 27 septiembre 2009, http://johnmaxwellonleadership.com/2009/09/20/connecting-goes-beyond-words/#comments.

6. Fuente desconocida. Esta cita se atribuyó a distintas personas: Mike Harrison, Madre Teresa, Maya Angelou, Mark Twain, Bonnie Jean Wasmund, Carl W. Buechner, Walt Disney, Thomas L. Garthwaite, Seven Krushen y Michael Port.

7. Steve Hiscoe, comentario en el *blog*, 21 septiembre 2009, http://johnmaxwellonleadership.com/2009/09/20/connecting-goes-beyond-words/#comments.

8. Hershel Kreis, comentario en el blog, 22 septiembre 2009, http://johnmaxwellonleadership.com/2009/09/20/connecting-goes-beyond-words/#comments.

9. J. Jayson Pagan, comentario en el blog, 23 septiembre 2009, http://johnmaxwellonleadership.com/2009/09/20/connecting-goes-beyond-words/#comments.

CAPÍTULO 4

1. Susan RoAne, "Capítulo Cuatro:Visibility Value," www.susanroane.com/books_tapes/booksecretschap4.html, consulta 19 enero 2010.

2. Laurinda Bellinger, comentario en el blog, 4 octubre 2009, http://johnmaxwellonleadership.com/2009/09/27/connecting-always-requires-energy/#comments.

3. Simon Herbert, comentario en el blog, 28 septiembre 2009, http://johnmaxwellonleadership.com/2009/09/27/connecting-always-requires-energy/#comments.

4. Lisa Thorne, comentario en el blog, 28 septiembre 2009, http://johnmaxwellonleadership.com/2009/09/27/connecting-always-requires-energy/#comments.

5. Trudy Metzger, comentario en el blog, 28 septiembre 2009, http://johnmaxwellonleadership.com/2009/09/27/connecting-always-requires-energy/#comments.

6. Ed Higgins, comentario en el *blog*, 4 octubre 2009, http://johnmaxwellonleadership.com/2009/09/27/conecting-always-requieres-energy/#comments.

7. José Manuel Pujol Hernández, comentario en el blog, 3 octubre 2009, http://johnmaxwellonleadership.com/2009/09/27/connecting-always-requires-energy/#comments.

8. Anne Cooper Ready, Off the Cuff: What to Say at a Moment's Notice [El arte de la improvisación] (Franklin Lakes, NJ: Career Press, 2004), p. 19.

9. Ryan Schleisman, comentario en el blog, 29 septiembre 2009, http://johnmaxwellonleadership.com/2009/09/27/connecting-always-requires-energy/#comments.

10. Clancy Cross, comentario en el blog, 3 octubre 2009, http://johnmaxwellonleadership.com/2009/09/27/connecting-always-requires-energy/#comments.

CAPÍTULO 5

1. Lars Ray, comentario en el blog, 5 octubre 2009, http://johnmaxwellonleadership.com/2009/10/04/connecting-is-more-skill-than-natural-talent/#comments.

2. Jesse Giglio, comentario en el blog, 8 octubre 2009, http://johnmaxwellonleadership.com/2009/10/04/connecting-is-more-skill-than-natural-talent/#comments.

3. Tim Arango, "Top 10 endorsement superstars" [Las diez principales súper estrellas que promocionan productos], Fortune, 31 diciembre 2008, http://money.cnn.com/galleries/2007/fortune/0711/gallery.endorsements.fortune/index.html, consulta: 27 febrero 2009.

4. "The Evolution of George Michael" [La evolución de George Michael] de Imaeyen Ibanga (Entrevista con Chris Cuomo), Good Morning America [Buenos días, Estados Unidos], 24 julio 2008, http://abcnews.go.com/GMA/SummerConcert/story?id=5432454&page=1.

CAPÍTULO 6

1. Adaptado de The Saturday Evening Post, mayo/junio de 2006, p. 6.

2. Terry Felber, Am I Making Myself Clear? Secrets of the World's Greatest Communicators Thomas Nelson, Nashville, 2002, pp. 118-120. [¿Me explico? Secretos de los más grandes comunicadores del mundo (Nashville: Caribe Betania Editores, 2003)].

3. Presentado por John Ross, Leadership [Liderazgo], primavera 1991.

4. Deb Ingino, comentario en el blog, 18 octubre 2009, http://johnmaxwellonleadership.com/2009/10/11/connectors-connect-on-common-ground/#comments.

5. Citado por Franisz Ginging, comentario en el blog, 16 octubre 2009, http://johnmaxwellonleadership.com/2009/10/11/connectors-connect-on-common-ground/#comments.

6. D. Michael Abrashoff, It's Your Ship [Es tu barco], Warner Books, Nueva York, 2002, p. 55.

7. C. Hannan, comentario en el blog, 18 octubre 2009, http://johnmaxwellonleadership.com/2009/10/11/connectors-connect-on-common-ground/#comments.

8. Jim Lundy, Lead, Follow, or Get Out of the Way [Dirija, siga o quítese del camino], Berkley Books, Nueva York, 1986, p. 5.

9. Ibíd., p. 50.
10. Hans Schiefelbein, comentario en el blog, 18 octubre 2009, http://johnmaxwellon-leadership.com/2009/10/11/connectors-connect-on-common-ground/#comments.
11. Dick Brekhus, comentario en el blog, 14 octubre 2009, http://johnmaxwellonlea-dership.com/2009/10/11/connectors-connect-on-common-ground/#comments.
12. Webster's New World Dictionary of American English, tercera edición universita-ria, Webster's New World, Nueva York, 1991.
13. Michelle Pack, comentario en el blog, 13 octubre 2009, http://johnmaxwellonlea-dership.com/2009/10/11/connectors-connect-on-common-ground/#comments.
14. Grace Bower, correo electrónico, 21 octubre 2009.
15. Citado en Pat Williams, American Scandal [Un escándalo estadounidense], Treasure House, 2003, pp. 230-231.
16. Joel Dobbs, comentario en el blog, 17 octubre 2009, http://johnmaxwellonleader-ship.com/2009/10/11/connectors-connect-on-common-ground/#comments.

CAPÍTULO 7

1. Ronnie Ding, comentario en el blog, 19 octubre 2009, http://johnmaxwellonlea-dership.com/2009/10/18/connectors-do-the-difficult-work-of-keeping-it-simple/#comments.
2. Sue Cartun, comentario en el blog, 19 octubre 2009, http://johnmaxwellonleader-ship.com/2009/10/18/connectors-do-the-difficult-work-of-keeping-it-simple/#comments.
3. "Engrish? Bad English Translations on International Signs", [¿Hinglés? Malas tra-ducciones al inglés de carteles de todo el mundo], http://www.joe-ks.com/Engrish.htm, consulta: 16 marzo 2009.
4. Janet George, comentario en el blog, 25 octubre 2009, http://johnmaxwellonlea-dership.com/2009/10/18/connectors-do-the-difficult-work-of-keeping-it-simple/#comments.
5. Harvard Business Review, 1989.
6. Anne Cooper Ready, Off the Cuff [El arte de la improvisación], Career Press, Franklin Lakes, Nueva Jersey, 2004, p. 66.

CAPÍTULO 8

1. Lars Ray, comentario en el blog, 26 octubre 2009, http://johnmaxwellonleadership.com/2009/10/26/connectors-create-an-experience-everyone-enjoys/#comments.
2. Joseph Marler, comentario en el blog, 26 octubre 2009, http://johnmaxwellonlea-dership.com/2009/10/26/connectors-create-an-experience-everyone-enjoys/#comments.
3. Robert Keen, comentario en el blog, 26 octubre 2009, http://johnmaxwellonleaders-hip.com/2009/10/26/connectors-create-an-experience-everyone-enjoys/#comments.
4. Jeff Roberts, comentario en el blog, 1 noviembre 2009, http://johnmaxwellonleaders-hip.com/2009/10/26/connectors-create-an-experience-everyone-enjoys/#comments.
5. 17:22, RVR 1995.

6. Nancy Beach, Celebration of Hope, Part 1» [Celebración de la esperanza, Parte 1], Recursos de Willow Creek, (20 abril 2008).
7. Duke Brekhus, comentario en el blog, 27 octubre 2009, http://johnmaxwellonleadership.com/2009/10/26/connectors-create-an-experience-everyone-enjoys/#comments.
8. Candace Sargent, comentario en el blog, 1 noviembre 2009, 27 octubre 2009, http://johnmaxwellonleadership.com/2009/10/26/connectors-create-an-experience-everyone-enjoys/#comments.
9. Billy Hawkins, comentario en el blog, 30 octubre 2009, 27 octubre 2009, http://johnmaxwellonleadership.com/2009/10/26/connectors-create-an-experience-everyone-enjoys/#comments.

CAPÍTULO 9

1. NY Journal-American, 9 marzo 1954, citado en Simpson's Contemporary Quotations [Citas contemporáneas de Simpson], compiladas por James B. Simpson, 1988, Bartleby.com, http://www.bartleby.com/63/34/4634.html, consulta: 30 marzo 2009.
2. Lea Carey, comentario en el blog, 8 noviembre 2009, http://johnmaxwellonleadership.com/2009/11/02/connectors-inspire-people/#comments.
3. Adam Henry, comentario en el blog, 5 noviembre 2009, http://johnmaxwellonleadership.com/2009/11/02/connectors-inspire-people/#comments.
4. Jacques Fortin, comentario en el blog, 5 noviembre 2009, http://johnmaxwellonleadership.com/2009/11/02/connectors-inspire-people/#comments
5. Bart Looper, comentario en el blog, 6 noviembre 2009, http://johnmaxwellonleadership.com/2009/11/02/connectors-inspire-people/#comments.
6. Doug Wilson, comentario en el blog, 2 noviembre 2009, http://johnmaxwellonleadership.com/2009/11/02/connectors-inspire-people/#comments.
7. Larry Phillips, comentario en el blog, 3 de noviembre de 2009, http://johnmaxwellonleadership.com/2009/11/02/connectors-inspire-people/#comments.
8. Brad Cork, comentario en el blog, 2 noviembre 2009, http://johnmaxwellonleadership.com/2009/11/02/connectors-inspire-people/#comments.
9. Joyce McMurran, comentario en el blog, 8 noviembre 2009, http://johnmaxwellonleadership.com/2009/11/02/connectors-inspire-people/#comments.
10. Jerry Weissman, Presenting to Win: The Art of Telling Your Story, Updated and Expanded Edition [Presentaciones exitosas: El arte de contar tu historia, edición actualizada y ampliada], (Upper Saddle River, Nueva Jersey, Financial Times Press, 2009), pp. xxvi-xxvii.
11. Maribeth Hickman, comentario en el blog, 5 noviembre 2009, http://johnmaxwellonleadership.com/2009/11/02/connectors-inspire-people/#comments.
12. Raymond Master, comentario en el blog, 8 noviembre 2009, http://johnmaxwellonleadership.com/2009/11/02/connectors-inspire-people/#comments.

Capítulo 10

1. Carl M. Cannon, "Ten Reasons Why Obama Won" [Diez razones por las que ganó Obama] Reader'sDigest.com, 5 noviembre 2008, http://www.rd.com/blogs/loose-cannon/ten-reasons-why-obama-won/post7386.html, consulta: 3 abril 2009.
2. Brett Rachel, comentario en el blog, 15 noviembre 2009, http://johnmaxwellonlea-dership.com/2009/11/09/connectors-live-what-they-communicate/#comments.
3. Ray McKay Hardee, comentario en el blog, 15 noviembre 2009, http://johnmaxwellon-leadership.com/2009/11/09/connectors-live-what-they-communicate/#comments.
4. Lindsay Fawcett, comentario en el blog, 15 noviembre 2009, http://johnmaxwellon-leadership.com/2009/11/09/connectors-live-what-they-communicate/#comments.
5. Adam Jones, comentario en el blog, 9 noviembre 2009, http://johnmaxwellonlea-dership.com/2009/11/09/connectors-live-what-they-communicate/#comments.
6. Roger, comentario en el blog, 15 noviembre 2009, http://johnmaxwellonleaders-hip.com/2009/11/09/connectors-live-what-they-communicate/#comments.
7. Bob Garbett, comentario en el blog, 9 noviembre 2009, http://johnmaxwellonlea-dership.com/2009/11/09/connectors-live-what-they-communicate/#comments.
8. Greg Schaffer, comentario en el blog, 8 noviembre 2009, http://johnmaxwellon-leadership.com/2009/11/02/connectors-inspire-people/#comments.
9. Bethany Godwin, comentario en el blog, 15 noviembre 2009, http://johnmaxwellon-leadership.com/2009/11/09/connectors-live-what-they-communicate/#comments

Conclusión

1. Éxodo 2:11-14.
2. Éxodo 3:11, NVI.
3. Éxodo 4:10, 13, NVI.

ACERCA DEL AUTOR

J OHN C. MAXWELL es un reconocido experto en liderazgo a nivel internacional, orador y autor que ha vendido más de 16 millones de libros. Sus organizaciones han capacitado a más de 2 millones de líderes en todo el mundo. El doctor Maxwell es el fundador de EQUIP y de INJOY Stewardship Services. Anualmente habla a compañías de la lista Fortune 500, líderes internacionales de gobierno y una variedad de públicos como la Academia Militar de Estados Unidos en West Point, la Liga Nacional de Fútbol Americano y los embajadores de las Naciones Unidas. Como autor de bestsellers de *New York Times*, *Wall Street Journal* y *Business Week*, Maxwell fue nombrado el mejor gurú de liderazgo en todo el mundo por Leadershipgurus.net. También fue uno de 25 autores y artistas nombrados para estar en la Sala de la Fama del Décimo Aniversario de Amazon.com. Tres de sus libros, *Las 21 leyes irrefutables del liderazgo*, *Desarrolle el líder que está en usted* y *Las 21 cualidades indispensables de un líder* han vendido cada uno más de un millón de ejemplares en inglés.